国家出版基金项目
NATIONAL PUBLICATION FOUNDATION

—明清野史丛书 第一辑—

李鹏飞 编

烈皇小识

（外一种）

〔明〕文秉等 著

北京出版集团
文津出版社

图书在版编目（CIP）数据

烈皇小识：外一种 /（明）文秉等著；李鹏飞编. —北京：文津出版社，2020. 2
（明清野史丛书. 第一辑）
ISBN 978-7-80554-696-4

Ⅰ. ①烈… Ⅱ. ①文… ②李… Ⅲ. ①中国历史—史料—明代 Ⅳ. ①K248. 06

中国版本图书馆 CIP 数据核字（2019）第 167994 号

出版策划：安　东　高立志
责任编辑：乔天一　张　帅
责任营销：猫　娘
责任印制：陈冬梅
封面设计：吉　辰
书名题字：老　莲

明清野史丛书　第一辑
烈皇小识（外一种）
LIEHUANG XIAOSHI
[明] 文秉 等　著
李鹏飞　编

出　　版：北京出版集团
文津出版社
地　　址：北京北三环中路 6 号
邮　　编：100120
网　　址：www.bph.com.cn
发　　行：北京出版集团
印　　刷：河北赛文印刷有限公司
经　　销：新华书店
开　　本：889 毫米 × 1194 毫米　1/32
印　　张：10.375
字　　数：179 千字
版　　次：2020 年 2 月第 1 版
印　　次：2023 年 5 月第 3 次印刷
书　　号：ISBN 978-7-80554-696-4
定　　价：58.00 元

质量监督电话：010-58572393
如有印装质量问题，由本社负责调换

出版前言

1925年12月10日、12日、25日，鲁迅在北京的《国民新报副刊》上分三次发表了《这个与那个》（后收入《华盖集》），在第一节《读经与读史》中，鲁迅说：

> 我以为伏案还未功深的朋友，现在正不必埋头来哼线装书。倘其咿唔日久，对于旧书有些上瘾了，那么，倒不如去读史，尤其是宋朝明朝史，而且尤须是野史；或者看杂说。
>
> ……
>
> 野史和杂说自然也免不了有讹传，挟恩怨，但看往事却可以较分明，因为它究竟不像正史那样地装腔作势。

1935年2月，鲁迅在《文学》月刊第四卷第二号上又发表了《病后杂谈》（发表时被删去第二、三、四节，后全文收入《且介亭杂文》），文末也提到野史：

> ……我想在这里趁便拜托我的相识的朋友，

将来我死掉之后，即使在中国还有追悼的可能，也千万不要给我开追悼会或者出什么记念册。……

现在的意见，我以为倘有购买那些纸墨白布的闲钱，还不如选几部明人、清人或今人的野史或笔记来印印，倒是于大家很有益处的。

鲁迅一向看重野史、笔记之类非“官书”的史籍，盖因官修正史常是“里面也不敢说什么”的，而通过野史的记载，却往往能提供官书有意无意漏略不言的细节，也就是前引文中所说的“看往事却可以较分明”。而明清两代的野史记述了大量官书所不载的人物和事迹，其中还有不少是时人亲见、亲闻，乃至亲历的，其重要性不言可知。这些史料早已为学界所利用，但对大众读者来说，往往还是陌生的。编纂出版《明清野史丛书》，想来还是“于大家很有益处的”。

当然，作为史料，野史杂说也有其不足之处。鲁迅说它“免不了有讹传，挟恩怨”，这在明末清初的一些史料中尤其明显。例如，《蜀碧》等书将明末清初四川人民遭遇的兵燹之灾一概归罪于张献忠，《汴围湿襟录》将决河淹没开封的责任推在李自成头上，《三湘从事录》作者蒙正发粉饰自己和恩主章旷、李元胤的所作所为，敌视由大顺军余部改编而成的“忠贞营”等，经过现当代学者的研究，都证明是不可靠的。由于本系列主要面向大众读者，我们不可能对书中记载一一进行核实和考辩，只能提请读者注意：尽信书，则不如无书。

另外需要说明的是，明清时期的野史，成书之后多通过抄录流传，不但鲁鱼亥豕在所难免，即残损佚亡，也不在少数。我们在编辑本丛书的过程中，尽量依据不同版本进行校勘，纠正了书中一些错字，特别是错误的人名、地名。但是，有一些人物在不同历史记载中的名字、行迹甚至最终下落都有不同，无法强求一致。如南明武将陈邦傅，一些史料写作“陈邦传”，由于没有第一手史料可供确认，在编辑本系列所收野史时，也只能各从其原书写法。至于明显由于避讳改写的字，如改“丘”为“邱”、易“胤”为“允”、书“弘”为“宏”，则径自回改，以存历史原貌。

总目录

烈皇小识

［明］文　秉

目　录

序

烈皇昔由藩邸入继大统，毒雾迷空，荆棘满地，以孑身出入于刀锋剑芒之中，不动声色，巨奸立扫，真所谓聪明睿智、神武不杀者耶！仪鉴于殷，尽撤诸内阉，政事俱归于外廷，诚千载一时也。然而逆珰遗孽，但知力护残局，不复顾国家大计，即废籍诸公，亦阅历久而情面深，无复有赞皇魏公其人者。且也，长山以改敕获戾，而上疑大臣不足倚矣；未几，乌程以枚卜告讦，而上疑群臣不足信矣；次年，罪督以私款偾事，而上疑边臣不足任矣。举外廷皆不可恃，势不得不仍归于内，适又有借不测之恩威，伸具瞻之喜怒者，事权乃尽归于内而不可复收。嗟乎！赫赫师尹，颠倒豪杰者乃尔。即后先臣以讲筵荷蒙圣鉴，超拔政府，真有虚己以听之意，而两月揆地，一语招尤，致负圣明特达，无以报称，天乎人乎，岂气运使然乎？先臣罢而韩城、武陵辈进，虽圣主日见其忧勤，而群小日流于党比，痼疾已成，不复可药矣。

不肖于十七年中，备集烈皇行事，以志尧舜吾君之恩，又以志有君无臣之叹，集成巨帙数十册，可备一朝史料。因遭家难，同世藏书翰墨等项，误行寄托，遂不可问，致烈皇遗迹孅行，湮没不彰，当亦有志所共痛心疾首者也。年来屏迹深山间，有客相过从，询及旧事，尚有一二仿佛胸臆间，窃恐失此不传，后悔无及，又承同志或一人一事相示，因纂抄成册，名曰《烈皇小识》，共八卷，意四方君子，当有识其大者。虽所纂者十不得二三，然以备修史者之采择，亦未必无小助。迨至天不祚明，帝星告殒，守正不屈，宁以身殉，辄悲愤填膺，扼吭欲绝，涕泗滂沱，几执笔而不能下矣。

竹坞遗民文秉书于考槃之煮石亭

卷　一

烈皇帝为光庙第五子，孝纯刘太后所出，而抚育于李庄妃。天启二年九月，册封信王。七年二月，出就外邸，成婚，册妃周氏。熹庙病危，魏忠贤遣腹阉涂文辅迎上入宫。上时自危甚，袖食物以入，不敢食宫中物。是夜，秉烛独坐，见一阉携剑过，取之，留置几上，许给以赏。悯逻者，欲以酒食，问左右何从取给，左右对：宜取之光禄。因传令旨遍犒之，欢声如雷。周后在外邸，祷卜无虚晷，亦虞入朝有他变也。

上既即位，廷议改元，礼部拟进者四：永昌、绍庆、咸宁、崇贞。御笔改“贞”为“祯”，点用之。

上即位后，追尊刘后孝纯皇太后，迁祔庆陵，加李庄妃谥号，立周后为皇后，尊张后为懿安皇后。孝纯母年七十五，封瀛国太夫人。侄刘文炳，封新乐侯。周后父周奎，授左都督。次年，册立太子，封奎嘉定伯。懿安父张国纪，封太康伯。凡四大朝，廷臣俱用朝冠朝服，内阉则否。惟除岁祭中霤之神，司礼监掌印太监代行祭礼，奏请祭服服之，大朝止磕头呼万岁而已。逆贤擅政，凡遇大朝，自王体乾至牌子等，俱僭用朝冠朝服，于乾清宫大殿朝内，照外廷仪行庆贺山呼礼，赞礼内阉，一如鸿胪班首，亦致辞焉。后魏良卿晋封，逆贤改戴貂蝉冠，班列王体乾上。及上登极，逆贤仍照熹庙行礼，继惮上英明，止用本等服色，同众叩头呼万岁。

逆贤用事，动以立枷示威，前后毙者以千计。上一日问及，逆贤时与王体乾侍侧，体乾对曰："大奸大恶，法所不能治者用之。"上蹙然曰："虽如此说，殊觉太惨，非国家盛事也。"逆贤默然，众共叩头，呼万岁而退。

上既登极，所以优容客、魏者，一如熹庙，而信邸承奉，尽易以新衔，入内供事。后将李朝钦、裴有声、王秉恭、吴光成、谭敬、裴芳等次第准其乞休，逆贤翼羽，剪除一空，复散遣内丁，方始谪逐逆贤。肘腋巨奸，不动声色，潜移默夺，非天纵英武，何以有此。时阁臣四员：黄立极、施凤来、张瑞图、李国橧，皆逆贤爰立也。上首放立极，而亟允枚卜之请，特点华亭钱龙锡、吴江周道登、萧山朱宗道、高邑李标、长山刘鸿训、晋江杨景辰六员。后宗道以礼部题崔呈秀父恤典，有"在天之灵"等语，景辰以掌院率诸翰林公疏颂美逆贤，俱为科道劾奏。次年，与三旧辅俱次第斥放回籍。

上谕兵部："各处镇守内官，一概撤回。凡相机度宜，约束吏士，无事修备，有事却敌，俱听督抚便宜调度，无复委任不专，体统相轧以藉其口。各镇督抚诸臣，及大小将领，务提起精神，殚靖忠画，以副朕怀！”

上谕户部：“封疆多事，征输甚烦，朕殊悯焉。苏松等处织造，朕不忍以衣被组绣之工，重用此一方民，其俟东南底定之日，方行开造，以称朕敬天恤民至意！”

上谕吏部：“魏忠贤、崔呈秀天刑已极，臣民之愤稍纾，而诏狱游魂，犹然郁锢，含冤未伸，着该部院九卿科道，将已前斥害诸臣，从公酌议，采择官评。有非法禁毙、情最可悯者，应褒赠即与褒赠，应恤荫即与恤荫；其削夺牵连者，应复官即与复官，应起用即与起用；有身故捏赃难结，家属波累羁囚者，应开释即与开释，勿致人淹，伤朕好生之心！”

上谕礼部：“朕览会典，自宫禁例一款：‘民间有四五子以上，许以一子报官阉割，有司造册送部院收补日选用。敢有私自净身者，本身及下手之人处斩，全家发烟瘴地面充军，两邻歇家不举者治罪。’我祖宗好生德意，真至周密，故立法严明。近来无知小民，希图财利，私行阉割，童稚不堪，多至殒命，违禁戕生，深可痛恨！自今以往，且不收选。尔部可宣布朕命，多列榜文，谕到之日为始，敢有犯者，按法正罪，仍许诸色人等，当时首告本地方官司奏闻。邻右歇家不举，从重治罪，有司知而不禁，并行究处。倘有强阉他人，希图诬赖的，讯明反坐，决不徇纵，布告中外，恪行遵守！”

御史杨维垣疏参崔呈秀后，拟与群奸共收余烬，力持残局。时已差河东巡盐河南掌道御史安伸题请留佐大计，削籍诸臣虽屡奉起用之旨，维垣一手握定，百方阻遏。新参萧山、晋江，系彼同志，协力护持。监生胡焕猷疏论黄立极等四人，谓当逆贤擅权，揣摩意旨，专事逢迎，浙直建碑立祠，各撰文称颂，宜亟行罢斥，并乞查究督抚按之建祠者。又言起废不公不广。维垣特出疏参驳，且请下法司究问指使。萧山已票严旨，御笔批：“胡焕猷虽必有贿使之者，但不必苛求，以滋葛藤。”珰党咸俯首丧气，中外颂大圣人举动出寻常矣。

时言路皆逆贤余孽，上特下考选之令，先后授曹师稗、颜继祖、宋鸣梧、瞿式耜、钟炌等为给事中，吴焕、叶成章、任赞化等为御史，咸以纠弹珰党为事，而朝端渐见清明矣。

崔呈秀子崔铎，北榜中式；周应秋子周录，南榜中式，虽经褫革，而衡文者尚逃指摘。南京国子监助教施元徵上疏劾之，于是中书林萃芳、江阴知县岑之豹俱下部议罢斥。主考时徐泰、陈具庆等各疏辨，以糊名为辞，萧山辈力庇之，有旨免议。

崇祯元年戊辰正月，大计天下吏。主计者吏部尚书房壮丽、左都御史曹思诚、考功郎中李宜培、吏科都给事中魏炤乘、掌河南道印御史安伸，佐计者杨维垣也。

是举也，为圣天子第一新政，宜将媚珰诸奸，痛加扫除。顾壮丽等皆珰孽也，互为容隐，咸逃吏议，人心颇为不平云。

江西巡抚杨邦宪，由陕西布政升任，当今上正位之后，犹进“厂臣功德巍巍”之疏，拆毁名贤子羽祠，并毁祠旁民居千余家，为造逆祠地。河南右参政周锵，造逆祠于开封，建标祠所，僭书大工，且致书魏良卿，欲为逆贤造渗金像。四川右参政郭士望，补官一疏，痛诋应山，其谀颂逆贤也，令人发指。江西副使李光春，已例转矣，犹疏论福清，备极丑诋。及申详逆祠，司道张福臻、王化行等，概置格外。即云抚按不行，开送科道，拾遗疏独不可纠举耶？伸与维垣不足道，炤乘亦漫无短长耶？

按：炤乘于甲子冬升吏垣长，见珰焰方张，遂力请告归里，似乎有品骨者，今临事如此，前后若两截矣。然炤乘虽非珰孽，而长垣一脉，渊源有自，后入政府，构黄、解之狱，其生平已见于此。

翰林院编修倪元璐奏“世界已清方隅未化疏”，略曰：“近攻崔、魏者，必引东林为对案，一则曰邪党，再则曰邪党，何说乎？以东林诸臣为邪党，人将以何名加之崔、魏之辈？崔、魏而既邪党矣，向之首劾忠贤，参提呈秀者，又邪党乎哉？且天下之议论，宁涉假借，而必不可不归于名义。士人之行己，宁存矫激，而必不可不准诸廉隅。自后之君子，以假借矫激深咎前人，于是乎豹虎之徒公然起，而背叛名义、毁裂廉隅矣，于是乎连篇颂德，匝地生祠矣。夫颂德不已，必将劝进；生祠不已，必且呼嵩，而人犹且宽之曰：'无可奈何，不得不然耳。'嗟！充一无可奈何、不得不然之心，又将何所不至哉？然今日之持议者，能以忠厚之心，曲原此辈，而独持已甚之论，苛责吾徒，亦所谓悖也。臣又伏读圣旨，有'韩爌清忠有执，朕所鉴知'之谕，深仰天聪旷然、知人则哲如此，而近闻廷臣之议，殊有异同，可为大怪。爌之相业光伟，他不具论，即如红丸议起，举国沸然，维时与事大臣，皆蓄缩闵默，而爌独侃侃条揭，明其不然。夫孙慎行，君子也，爌且不附，况他人乎？而今推毂不及，点灼横加，则徒以其票拟熊廷弼一事耳。夫廷弼固自当诛，在爌不为无说，封疆失事，累累有徒，而当日之议，乃欲独杀一廷弼，岂平论哉？此爌之所以阁笔也。然究竟廷弼不死于封疆，而死于局面；不死于法吏，而死于奸珰，则又不可谓后之人杀廷弼，而爌独不能杀之也。又如词臣文震孟，正学劲骨，有古大人之器，其乡人之月旦，比于陈实、王烈；三月居官，昌言获罪，人又以方之罗伦、舒芬。而今起用之旨再下，谬悠之谭不已，甚有加以窝盗之名者，岂以数十年前，有其兄某不逞之事乎？夫人知其有某之不逞以为之兄，而不知有某之至德、某之特行，以为之祖父。且愚贤相越，舜、象已然，世不闻柳下惠膺盗跖之诛，司马牛受向魋之罚，文震孟何罪，遭此嫌讥，将无门户二字，不可重提，聊用更端以相遮抑耶？”

时众论咸推蒲州旧辅，及先文肃、钱公谦益、姚公希孟等，户部员外王守履疏荐蒲州，奉有“韩爌清忠有执，朕所鉴知”之旨，而杨维垣一手障天，于蒲州、先文肃尤力行贬驳，舆情不平甚，故倪公出此疏。维垣随出“词臣持论甚谬，生心害政可虞疏”驳之。倪公亦出“微臣平心入告，台臣我见未除疏”，略曰：“臣读杨维垣入告诸疏，深讶其不能仰副圣心，且若力欲与皇上相反者。盖皇上之谕，一则曰‘分门别户，已非治征’，一则曰‘化异为同’，一则曰‘天下为公’，而维垣之言则曰‘孙党赵党熊党邹党’；皇上于韩爌、文震孟曰‘清忠有执’，曰‘已着起用’，而维垣于二臣曰‘非贤’，曰‘不检’。是皇上于方隅无所不化，而维垣于正气实有未伸。皇上事事虚公，而维垣言言我见，臣窃惑焉。据维垣折臣盛称东林之尊李三才而护熊廷弼也，然亦知东林有首参魏忠贤二十四罪之杨涟，及提问崔呈秀欲追赃拟戍之高攀龙乎？且当日之议，其于三才也特推其挥霍之略，未尝不指之为贪。其于廷弼也，特即西市之诛，未尝不坐之以辟，则犹未为失论失刑也。若以今日之事例之，以魏忠贤之穷凶极恶，积赃无算，而维垣犹尊之曰‘厂臣公’‘厂臣不爱钱’‘厂臣为国为民’，而何况李三才？以五虎五彪之交结近侍，律当处斩，法司奉有严谕，初拟止于削夺，岂不如骄儿护之？维垣身系言官，不闻驳正，又何尤昔人之护熊廷弼者乎？而以臣为谬，臣不受也。维垣又折臣盛称韩爌，夫舍爌抵触逆珰，及抗疏撄祸之迹，而加以说情罔利莫须有之言，已非定论矣。即如廷弼一事，爌但票免一枭，未尝赦而欲用之也。至廷弼行贿之说，自是逆珰借此为杨、左诸人追赃地耳。逆珰初拟用移宫一案杀杨、左诸人，及狱上，而以为难于坐赃，于是再传覆讯，改为封疆之案，派赃毒比，此天下共知者，维垣奈何尚守是说乎？至不附红丸，与孙慎行君子之说，臣言原非矛盾。盖慎行清望，与王之寀不同，议论深刻，亦不失春秋赵盾之法，使后之人加慎焉可耳。夫董狐不为卖直，赵盾未尝贬贤，而以臣为谬，臣不受也。维垣又折臣盛称文震孟，夫震孟臣不更论，即如王纪清正素著，以参沈㴶忤逆珰而谴斥，文则以救王纪而降削，均之得罪于逆珰者也。至以破帽策蹇傲蟒玉驰驿，此说胡可全非？夫刑赏出于朝廷，而荣辱因之。若王纪之时，已半是魏忠贤之刑赏矣。维垣试观年来破帽策蹇之辈，较之超阶躐级之俦，谁为荣辱？自此义不明，于是畏破帽策蹇者，相率而颂德建祠；希蟒玉驰驿者，遂至呼父、呼九千岁而不顾，可胜叹哉！至批炤告公祖之谤，吴人尽能辩之，当朱童蒙官吴时，偶一犯杖毙，其妻贫不能殓，乞丐里中，文震孟从众题助二金，事止此耳，有何把持放肆？而以臣为谬，臣不受也。维垣又极力洗发臣‘矫激假借’四字，夫臣之为此言，正为人之诋真狂狷为假名义者发也。当崔、魏之世，人皆任真率性，相与颂德建祠，使有一人矫激假借，而不颂不祠，岂不犹赖此人哉？认臣抑扬之辞，为一成之论，而以臣为谬，臣不受也。乃若维垣之持论，臣心未安者三：维垣以为真小人，待其贯满，可攻而去之，而臣以为非训也。即如崔、魏之贯满久矣，使不遇圣明御宇，谁有能攻而去之者？维垣到底以无可奈何之说，为颂德建祠者解嘲。假令崔呈秀舞蹈称臣于逆珰，其余诸臣，便亦以为无可奈何而尽舞蹈称臣乎？又令逆珰以兵劫诸臣，使从叛逆，诸臣亦以为无可奈何，俯首从叛乎？维垣又言今日之曲直，不当以崔、魏为对案，而臣以为正当以崔、魏为对案也。夫人意见不同，议论偶异，总不足以定真邪，如宋臣苏轼、程颐，交诋为邪，而两人并自千古，我朝大礼之争论者，亦两贤之，而惟至品节，大闲一失，遂成霄壤。夫品节试之于崔、魏而定矣，故有东林之人，为崔、魏所憎，恨其抵触，畏其才望，而必欲杀之逐之者，此正人也。有攻东林之人，为崔为魏所借，而劲节不阿，或远或逐者，亦正人也。以崔、魏定邪正，譬之以镜别妍媸，维垣不取案于此而安取案乎？总之，东林取憎逆珰独深，受祸独酷，在今日当曲原其高明之概，不当毛举其纤寸之瑕，而揭揭焉反代逆珰分谤，斯亦不善立论者矣。”

疏入，上为心动，维垣辈之毒网始破。人谓倪公二疏，实为廓清首功云。

光禄寺阮大铖上“合算七年通内神奸疏”，略曰：“汪文言以徽州库吏，逃罪投王安幕下，引左光斗‘入幕移宫’之疏，纷纷迎合，此内外谋倾宫闱之始。御史贾继春疏揭立争，汪文言等嗾台省谀王安，佐杨涟、左光斗，而继春削籍，此中外谋杀言官之始。吏部尚书周嘉谟雅重熊廷弼，复任经略，而重处姚宗文、冯三元，此中外谋危封疆之始。汪文言处霍维华以谢王安，逆贤效之，逐戚畹，撼中宫，此中外谋危母后之始。”后御史毛羽健劾其比拟不伦，党邪害正。有旨：“阮大铖前后反复，阴阳闪烁，着冠带闲住去！”盖长山所票也。

二月，会试天下士，命施凤来、张瑞图为考试官，取中曹勋等三百五十人。

时群奸力持残局，海内正人，概不得登启事，翰林必由内阁题请。元城既逐，平湖当国，亦力持不可。及是，平湖、晋江以会试主试入闱，高阳特题起升先文肃、姚文毅、虞山、朱继祚四人，兼及□者，以避嫌也，人谓老高阳怂恿成之。

三月，廷试策士，赐刘若宰、何瑞徵、管绍宁等进士及第出身有差。时上留心策士，进呈三十六卷，并贮名金瓯中，以金箸夹之，凡三夹，皆得若宰，遂定为状元。前是，枚卜，华亭少所推毂者，吏都垣魏炤乘，系华亭丙辰所取士，故与会推。上亦贮名金瓯，用金箸决之，首夹即得华亭。然两公勋业德望，俱无闻焉，何以邀有天幸乃尔？

御史吴焕疏参漕运太监崔文昇，略曰：“文昇引进李可灼，漫投寒泻之药，以致光庙宾天，实坐不赦之辟，而日为逆珰腹心。总督漕运，控扼江淮要害，与刘志选恣为纵肆，剥君虐民，几激大变，应行逮问！”

疏入，文昇拉同伴宫门哭，声达帝。上立拿倡首二阉，同文昇各杖一百，俱降净军发孝陵。焕疏留中。

倪元璐疏请毁《三朝要典》，略曰：“臣观梃击、红丸、移宫三案，议关清流，而《三朝要典》一书，成于逆竖，其义不可不兼行，其书不可不速毁！请详其说：盖当事起议兴，盈廷互讼，争梃击者，力护东宫；争风癫者，计安神祖。主红丸者，仗义之言；争红丸者，原心之论。主移宫者，弥变于几先；争移宫者，持平于事后。六者各有其是，不可偏非。以为忠悃，则皆忠悃；以为明见，则皆明见。总在逆珰未用之先，群小未升之日，虽甚水火，不害埙篪，此一局也。既而杨涟二十四罪之疏发，魏广微此辈门户之说兴，于是逆珰杀人，则借三案，群小求富贵，则借三案。经此二借，而三案之面目全非矣。故凡推慈归孝于先皇，犹夫称颂德功于义父，又一局也。网已密而犹疑有遗鳞，势极重而或忧其翻局，于是崔、魏诸奸，乃始创立私编，标题要典，以之批根今日，则众正之党碑，以之免死他年，则上公之铁券，又一局也。由此而观，三案者，天下之公议，《要典》者，魏氏之私书，三案自三案，《要典》自《要典》。今执为金石不刊之论者，诚未思也。若夫翻即纷嚣，改亦多事，如臣所见，惟有毁之而已。夫以阉竖之权，而屈役史官之笔，亘古未闻，当毁一。未易代而有编年，不直书而加论断，若云仿佛《明伦》，规模《大典》，则是魏忠贤欲与肃皇帝并圣，崔呈秀可与张孚敬比贤，悖逆非伦，当毁二。矫诬先帝，伪撰宸篇，既不可拟司马光《资治通鉴》之书，亦不得援宋神宗手制叙文为例，假窃诬妄，当毁三。又况史局将开，馆抄具备，七载非难稽之世，《实录》有本等之书，何事留此骈枝，供人唾骂？当毁四。当今正气日升，方隅渐化，自宜进以平饮，沃以温汤，然而逆珰之遗迹一日不灭，则公正之愤千年不释也。"

时上即欲将《要典》焚毁，萧山票旨言："所请关系重大，着礼部会同史馆诸臣详议具奏。"下增"听朕独断行"五字。既而廷议佥同，奉旨："《要典》着即行焚毁！"侍讲孙之獬诣东阁力争不可毁，继以痛哭，声彻内外。退，复上“力疾不能供职疏”，极言《要典》不可毁之故。御史吴焕上疏纠之，略曰：“孙之獬争《要典》不可毁者，云：‘皇上于熹宗曾北面事之，见有御制序文在，朕之一字，岂可投之火？’是明以‘御制’二字压皇上不敢动矣。又云：‘皇上同枝继立，非有胜国之扫除，何必如此忍心狠手？于祖考则失孝，于熹庙则失友。’是明咎皇上以不孝不友矣。夫孙之獬亦知今日《要典》之毁，毫无损于圣祖神孙之孝慈，而当日争梃击、争红丸、争移宫三案诸臣，原未尝陷主于不慈，陷主于不孝；特群邪奸党，欲杀忠良，苦无题目，借此为罪案耳。夫当张差之挺而驰至，排闼直入也，其有所使而然，何待辩？此而不问，将抗图鱼腹，踵发禁廷，东宫危矣。惟廷臣持破柱诘奸之威，神庙光考自行烧梁狱词之法，父子兄弟之间，所全实多，止慈止孝，得此益彰。而谓诸臣陷主于不慈，陷主于不孝，不亦冤乎？及光宗嗣宝，匝月之内，雨露滂沱，天下方庆万年有道之长。一旦哀思太过，圣体恇羸，崔文昇、李可灼以泻下之药进，鼎湖遽逝，攀髯无策，而涕泣号呼，归罪尝药，此忠臣孝子痛极不择音之言。乃遽以悲愤叫号，定诸臣不赦之罪，反以圣躬尝试之崔文昇立跻总镇，李可灼登用方新，亦大不平矣。至于移宫一案，诚嫌太骤，然当其时大故接踵，朝野震惊，宫府径庭，危疑纷起，诚蚤得元子升中出震，以定群心，则负扆奠鼎，他何暇恤？彼谓宫眷必宜从厚者，此痛定事后之言。迨至圣眷无改，恩礼有加，于先帝之孝益显。惟日争梃击，争红丸，争移宫，而初无损于三圣之孝慈，则又何刘志选、徐绍吉诸奸勒成《要典》一书，称之为孝而后孝，称之为慈而后慈也？如以为先帝叙文，必不可更，彼伪祠之建，伪爵之封，位上公，锡铁券，胙土田，何一非称皇称制？奸人邪党，正将借此以压群愚，欺当世，而不知斯民三代之直，断不可枉也。惟是公罪不明，邪正颠倒，所以辩言乱政，邪说横行。伏祈皇上将孙之獬立赐褫斥，以为无礼于君者戒！"

疏入，萧山辈竭力调护，得旨："孙之獬已经回籍，词林闲局，不必过求。"

原任尚宝司卿黄正宾上"圣世除恶务本疏"，略曰："前臣戍大同，目击内镇克减马匹银两，阳和各军鼓噪，毁官署，劫典铺，将吏叩头求免。此时抚按胁于内镇之威，莫敢据实奏闻，边防迄今坏尽，即一镇可推各镇也。是阉宦者，天下祸本也。至交结近侍，明律森然，乃虎彪肆行，而子孙蝓集。究其为作俑者，魏广微；发踪指示者，徐大化也。大化始以攻熊廷弼为媚珰贽见，既而逢恶魏广微，以担当共谋富贵，某宜戍，某宜削夺，一一疏记与广微，使大肆其排挤之毒手。夤缘督理大工，日奉魏忠贤色笑，克减工银无算。最后私受铜商厚贿，挪借惜薪司钱粮二千万，拂忠贤之意，勒令闲住，原疏可按也。及睹逆贤将败，令表侄杨维垣疏参崔呈秀，以为翻身转局地。目今大化、维垣虽奉谴斥，潜居辇毂，日与阉宦往来，世界翻云覆雨，已三转于大化之线索，何叵测也。”

时萧山票旨，有“不苛求”句。御批：“杨维垣不许潜住京师，徐大化着回原籍去。”

御史陈乾阳疏参赵鸣阳曾入逆贤之幕，有旨逮问。先是，有魏阉学颜者，侍神庙久，奏对便捷，能解圣意，神庙颇信任之，光庙时即休退矣，曾延吴江赵鸣阳训其侄。逆贤事败，乾阳误以学颜姓魏，疑即逆贤，故疏参之。后法司审鞫得实，鸣阳仍放回籍。

上于潜邸留心时艺，及入内，合诸阉而试之，出“事君能致其身”题，取郑之蕙第一，即升随堂掌尚膳监印，未几乞休。

上求治颇急，召对群臣，多不称旨，每加诮诘。群臣愈惶悚不能对，惟长山条陈稍捷，上每温颜以优礼之。时貂孽杨维垣等相继出逐，虽出圣断，而票旨多由长山，于是御史袁弘勋有疏攻之，略曰：“刘鸿训一入黄扉，扬扬自得，浃旬之间，革职闲住无虚日。可异者，杨所修、贾继春、杨维垣夹攻表里之奸，有功无罪，而诛锄禁锢，自三臣始。且军国大计，未暇平章，惟亟毁《要典》，谓水火玄黄，是书为祟。今毁矣，水火玄黄，息耶否耶？未毁以前，崔、魏借之以空善类；既毁以后，鸿训借之以殛忠良。以暴易暴，长此安穷？”御史高捷、史䇾相继纠参，锦衣张道濬亦有疏参，而工科颜继祖出疏争之，且言道濬越位妄言乱政，乞加重创。时上传谕，欲将弘勋等重处，鸿训三揭力求，乃免。

时当考馆选，龙飞首科，例应加额。侍读张士范上“馆额蒙恩”疏，内有“准加六名，以示优异之旨”等语。上因召对，问士范：“此旨从何而来？”士范对：“此疏臣不与知，乃新进士张星所作。”上曰：“既不与知，何以列名？”又曰：“既知张星名，又何云不知？”士范对：“疏入后始知之。”上诘责再四。阁臣刘鸿训奏：“此新进士功名念重，致有此举，诚为可恶。然在皇上登极弘恩，惟望优容。”上乃命查写本人来，又命士范具本回话。后士范回话疏上，有旨：“士范着回籍，张星不准授官。”

周起元之逮也，由于李实之疏，李实已逮问大辟矣。一日，上召对，特宣刑部署部事侍郎丁启濬问曰：“李实一案，有疑惑无疑惑？有暗昧无暗昧？”启濬奏：“奉旨，九卿科道会问过，据实回奏。”上曰：“李实何以当决不待时？”启浚对：“李实与李永贞构杀七命，不刑自招。”上曰：“岂有不刑自招之理？”因问吏部尚书王永光。永光对：“李实初不肯承，及用刑，然后承认。”上曰：“重刑之下，何求不得？李实为魏忠贤追取印信空本，令李永贞填写，如何含糊定罪？”启濬对：“威福出于朝廷，一凭圣裁。”上曰：“持法要平，朕岂为李实尔？五虎五彪，缘何不问他决不待时？”后又召对，上特携李实原疏示阁臣曰：“此李实参问周起元等原疏，卿等可详观之，看是朱在墨上，墨在朱上。”诸阁臣详览良久，俱对：“果是墨在朱上。”上曰：“可见是空头本。”复命传九卿科道递阅，皆然。宣阁臣改票：“李永贞决不待时，刘若愚次一等，李实又次一等。”

按：李实空本是矣，本内所列事款，远在江南，系何人开送？时为实赍奏者，孙昇也，何不请提孙昇鞫问，穷究到底？即云填写出于永贞，次一等足矣，何至又次一等也？永光窥瞰上意，全无执持，小人常态，固不必言。启濬身任司寇，不能执法廷诤，乃以“威福出自朝廷”一语卸责，亦安用司寇为矣？而阁辅科道诸臣，俱无一言纠正，此廷臣之所以见轻也。至“虎彪不问决不待时”，天语烺烺，法司置面孔于何地？窃谓苏茂相等之罪，尤浮于逆贤。

以给事中韩一良有“劝廉惩贪疏”，深当圣意，因召对，出此疏覆阅良久，命一良高声朗诵。甫读毕，取疏付阁臣阅。刘鸿训奏："弊有两端，有交际，有纳贿。"上问："何谓交际？"鸿训奏："交际，如亲友问遗之类，情有可原；纳贿则希荣求宠，便不可以数计矣。"上曰："朕阅一良所奏，大破情面，忠鲠可嘉，当破格擢用，可加右佥都御史。"吏部尚书王永光承旨，因奏："科臣露草，必有所指，乞皇上命科臣摘其尤者，重处一二，以为贪官之戒！"上召一良，指疏内"开之其源，导之有流"等语，着据实具奏来。一良对："臣今未敢深言，俟插辽平复之后具奏。若纳贿等事，臣疏中原说风闻，不曾知名。"上意怒曰："难道一人不知，遽有此疏？限五日具奏！"一良回，奏参周应秋、阎鸣泰、张翼明、褚泰初。后复召对，上曰："周应秋等自有公论，张翼明已下部听勘，俱无用尔参！"又取一良前疏，反复展视，御音朗诵，至"臣素不爱钱，而钱自至，据臣两月内，辞却书帕已五百余金，以臣绝无交际之人，而有此金，他可知矣。"读至此，击节感叹，厉声问一良："此五百金何人所馈？"一良对："臣有交际簿在。"上固问之。一良始终以风闻对。上遂震怒，谓其以风闻塞责也。上即谕阁臣曰："韩一良前后矛盾，他前疏明明有人，今乃以周应秋等塞责，都御史不是轻易做的，要有实功，方许实授！"刘鸿训等合词奏请："臣不为皇上惜此官，但为皇上惜此言。"上愠色曰："分明替他说话。他既不知其人，如何轻奏，岂有纸上说一说，便与他一个都御史？”召一良面叱曰：“韩一良所奏疏，前后自相矛盾，显是肺肠大换。本当拿问，念系言官，姑饶这遭。”

廷推袁崇焕为宁锦督师，崇焕赴任陛见。上召问曰：“建部跳梁，十载于兹，封疆沦陷，辽民涂炭。卿万里赴召，忠勇可嘉，所有平辽方略，可具实奏来！”崇焕奏：“所有方略，已具疏中。臣今受皇上特达之知，愿假以便宜，计五年而建部可平，全辽可复矣。”上曰：“五年复辽，便是方略。朕不吝封侯之赏，卿其努力，以解天下倒悬之苦！卿子孙亦受其福。”崇焕谢恩归班。上暂退少憩。给事许誉卿面叩五年之略。崇焕言：“聊慰圣心耳。”誉卿言：“上英明甚，岂可浪对？异日按期责功，奈何？”崇焕怃然自失。顷之，上出，崇焕即奏：“东建四十年蓄聚，此局原不易结；但皇上留心封疆，宵旰于上，臣何敢言难？此五年之中，须事事应手，首先钱粮。”上即谕户部署部事右侍郎王家祯着力措办，毋致不充于用。崇焕又请器械，谓：“东建蓄谋已久，器械犀利，马匹调习，今后解边弓甲等项，亦须精利。”上即谕工部署部事左侍郎张维枢：“今后所解各项，须铸定监造司官及匠作姓名，若有脆薄不堪者，俟查究治。”崇焕又奏：“五年之中，事变不一，必须吏、兵二部，俱应臣手，所当用之人，即与选授，所不当用者，勿致滥推。”上即召吏部尚书王永光、兵部尚书王在晋，谕以崇焕意。焕又奏："以臣之力，制全辽而有余，调众口而不足，一出国便成万里，忌功妒能，夫岂无人？即凛凛于皇上法度，不以权掣臣之手，亦能以意见乱臣之方略。"上起立，伫听者久之，寻谕："条对方略井井，不必谦逊，朕自有主持。"阁臣刘鸿训等俱奏，谓假崇焕便宜，赐之尚方。至如王之臣、满桂之尚方，应行撤回，以一事权。上深然之，命拟谕来看。

廷推王象乾以原官总督宣大。上召问，阁臣皆入槛内，去御案咫尺，盖异数也。上曰："卿三朝元老，忠猷素著，见卿矍铄，知袁崇焕荐举不差，有何方略，可面陈来！"象乾奏："臣年八旬，齿疏不能详奏，所有方略，具在疏中。"上固问之。象乾叙插汉卜哈诸酋离合始末，因奏："朵颜等夷三十六家，今日应与哈慎一同联络，可得数万，安插蓟镇沿边驻牧，为我藩篱，似亦可敌插酋。"上曰："观酋意，似不肯受抚者。"象乾奏："从容笼络，抚亦可成。"上曰："御夷当恩威并济，不可专恃羁縻！"阁臣刘鸿训奏："闻虎酋知王象乾至，退去六百余里。"上即问退去在何地方。鸿训不能对。象乾代奏："退去直北沙碛中。"上又问："倘款事不成，如何？"象乾密奏夷情约数百言。上始色喜，随谕象乾曰："卿年虽逾八旬，精力尚壮，朕心喜悦，卿抚插酋于西，袁崇焕御于东，恢复功成，皆卿等之力也。”象乾与阁臣俱叩首而退。

按：崇焕原知辽不可复，冀以款羁縻岁月耳，观其举荐象乾，意可知矣。盖象乾专主抚也。象乾既赴任，专任插酋抚赏事宜。旧例：属夷出马，中国出彩缯，互相贸易，名曰马市。虏中驹初生，系其母于山顶，驹从下一跃而上者，留充驰驱；跃至半而踣者，杀以为食；其懦不能跃者，则以与中国为市。象乾建议：虏中既以驽马相欺，不若却其马而以价之半与之。少司马申公用懋持不可，谓：“虏所市马，诚不堪用，然每岁征马以万计，于虏不可无少损，且以币易马，尚有名可举，今无故敛缯币与之，去岁币几何，毋乃为朝廷辱乎？”又插索数甚奢，申公谓：“遽损其数，虏未必俯首听命，塞外旧弃地甚多，盍以泰宁等地为名，虏能归我旧疆，我当如虏所请，虏必不肯划地，然后减损其数，在我为有辞矣。”时象乾耄，无远图，当事者急欲成功，遂苟且从事。未几，插酋内犯，入大同，杀戮甚惨，抚终不可成，而浪掷金钱数十万云。

上励精图治，而念切民艰。给事中黄承昊面陈水利，因言：“东南时患水灾，皆水利不修之故。”上问："水利何为不修？"阁臣周道登、钱龙锡同奏："水利是东南第一大事，但修理须要钱粮，臣等前已拟旨，着抚按酌议具奏。"上沉思久之，曰："要修水利，可扰民否？"龙锡奏："臣等惟恐扰民，故行彼处抚按酌议。"御史毛羽健有疏请苏驿递。上命羽健自读，因谕阁臣曰："驿递疲困已极，小民敲骨吸髓，马不歇蹄，人不息肩，朕甚恨之。若不痛革，民困何由得苏？卿等可即拟票来！"及票至，上以票内有"按抚司道公务外，俱不许遣白牌"，语属含糊，复命改票。御史高钦舜奏请令各边开炉铸造军器。上问可行否，阁臣皆奏可行。上曰："何谓可行？"李标奏："各边自为御夷计，定当坚好。"上曰："此非祖制。"御史梁子璠疏请汰兵饷，内有"各边虚冒"等语，上召户、兵二部问："兵饷何以冒滥至此？"户部署部事侍郎王家祯同兵部尚书王在晋奏："兵饷冒滥已久，各边有事，督抚累次请添兵增饷，情弊已非一日。"又读至"老弱之人，曾荷戈而弗克"，上矍然曰："荷戈者皆老弱，岂能御敌，如何不查？"即敕户、兵二部，速选廉干司官，往各边查核具奏。

上因召对，特命科道官至御前，谕曰："朕思进贤退不肖，故令尔等为耳目，司举核，就中无不冒滥，尔等试自思之，所举者果人人皆贤乎？所劾者果人人不肖乎？朕曾降谕切责，有'反坐'二字以求直言，今又面谕尔等，若藉口不言，要科道官何用？”上之孜孜求治求言若此。

袁崇焕至锦州，连疏请饷。上御文华殿谕曰：“崇焕前云‘安抚锦州，兵变可弭’，今又云‘军欲鼓噪，求发内帑’，与前疏何相矛盾？卿等奏来。”时百官有请允发者，有请发内帑者。上诘问户部。时尚书毕自严甫履任，极言户部缺乏，容当陆续措给。上曰：“据崇焕揭云‘初三日即变’，今已初二，即此时发去已迟，何救于鼓噪？”上又云：“将兵者果能如家人父子，自不敢叛、不忍叛。不敢叛者畏其威，不忍叛者怀其德，如何有鼓噪之事？”上又曰：“内帑外库，俱系万民脂膏，原用以保封疆，安社稷，若发去果实实有用，朕岂吝此！”礼部右侍郎周延儒奏曰：“国家最急，无如关门，但昔止防虏变，今并防兵变。前此宁远鼓噪，不曾处得，流水发饷与他，今又鼓噪，请发内帑，各边效尤，将何底止？”上曰：“卿以为何如？”延儒奏：“臣非敢阻皇上发帑，此时安危在呼吸间，急则治其标，固当与之，然非长策。还望皇上集廷臣，从长计议，画一经久之策！”上曰：“此说良是！若是专一请帑，各边比例，这内帑岂不涸之源，何以应之？”上又曰：“尔等不肯大破情面，极力担当，动称边饷缺乏，朕每下旨严催，通不解来，即如赃银充饷，至今不解，豆价行查，至今不曾回奏，如此拖欠稽迟，粮饷何时得足？”上又曰：“你们每每上疏，求举行召对，文华商榷，犹然事事如故，召对都成旧套，商榷俱属虚文，何曾做得一件实事来！”上又曰：“朕自即位以来，孜孜求治，以为卿等当有嘉谋奇策，召对商榷时，朕未及周知者，悉以入告，乃俱推诿不知，朕又何从知之？”时天威震迅，忧形于色，大小臣工皆战惧不能仰对。而延儒由此荷圣眷矣，时十月初二日也。

插酋入犯大同，总兵渠家祯闭门不出，任其杀掠。上召百官谕曰：“朝廷养士，费许多兵饷，一遇虏至，便束手坐视，只请兵饷。”上又曰：“插酋杀戮人民，满载而归，巡抚官不能防御，是功是罪？朕之封疆，止仗一喇嘛僧讲款，不令虏轻中国耶？”上又曰：“讲款一面讲款，整饬着实整饬，难道中国就胜不得他？”上又曰：“今边疆失事，只参总兵等官，难道叙功不升文官？朦胧偏心，朕甚恶之。”后渠家祯辩疏至，上示阁臣。俱言：“大同失事甚夥，家祯拥兵坐视，岂能逃罪？”上曰：“督抚如何令千余兵马，便要去敌插酋十余万众？渠家祯既有罪，督抚作何事？”刘鸿训奏：“武臣在外提兵，文臣在内调度。”上曰：“文臣还当节制武臣，今督抚一向人马不行操练，平日虚冒，临敌张皇，以千余弱兵，抵十万插酋，卿等试思如何抵得？”鸿训奏：“皇上责备文臣极是，但自皇祖静摄以来，至先帝时，二三十年，边备废弛已久，一时猝难整顿。”上曰：“而今何如？”钱龙锡等俱奏：“而今比前大不相同。”上曰：“此俱是赞扬之词，尚未见行一实事，如何便见不同？”呜呼！有君无臣之慨，上已显然于言外矣。

阮大铖之逐也，票拟出长山手。大铖先嗾袁弘勋等攻之，不动，因日夜伺其短。而长山恃有圣眷，颇肆招摇，复向人语：“皇上毕竟是冲主。”随有布此语于宫中者。上闻之，怒甚，适有擅增敕书之事，长山遂膺严谴。

惠安伯张庆臻营谋管事，用贿于长山，于敕书内擅增数字。大同失事，本兵王在晋隐匿不以实告。御史吴玉上疏参劾。上召对，命吴玉宣读，读毕，上问阁臣。李标奏：“在晋屡被人言，宜放他去！”上曰：“此事只有一个是非，封疆大事，中枢重任，自有祖宗之法，如何只教他去便了？”上又问阁臣：“张庆臻改敕书一事，卿等岂不知道？卿等先奏，兵部有手本，庆臻有揭帖，岂有不知？”上又问庆臻：“不上本，如何敢送私揭？”庆臻奏：“臣以一时盗贼生发，不及上本，又系小事，不敢渎奏。”上曰：“改敕书怎云是小事？”因令诸臣奏来。户部尚书毕自严等俱谢不知。上曰：“卿等在外边，都是知道的，今乃说不知！”又令科道官奏来。给事中张廷鼎奏张庆臻用贿改敕书是实。李觉斯与御史王道直俱奏如廷鼎言，但不知主使何人。吴玉奏主使系刘鸿训。张庆臻辩：“改敕书系中书之事，臣实不知。”吏部左侍郎张凤翔奏：“庆臻用贿改敕，窃弄兵权，大不敬，无人臣礼。中书不过颐指气使之人，如何擅敢改敕？”阁臣李标等合词奏：“臣等与鸿训同事，并不闻有此，还求皇上细访！”上曰：“这样明讲，何须更访？”即令阁臣拟票。阁臣逡巡未即拟，上正色严促者再。乃拟旨：“鸿训、庆臻，俱革职听勘。”又吴玉疏内有“时局”字。上问：“何为时局？”玉奏：“如当初是魏忠贤的局面，而今是皇上的局面。”上怒曰：“如何将魏忠贤比朕？”又吴玉奏事时，给事中熊奋渭私议疏中“开国元勋”等语为非是，其声颇高。上问班中有声是谁，奋渭长跽俟命。候召对毕，与百官同出，随传，熊奋渭着降三级调用。后部院会勘，有旨：“王在晋革职回籍，刘鸿训附近充军。”

袁崇焕屡疏请饷，上召对，谕诸臣曰：“袁崇焕在朕前，以五年复辽及清慎为己任，这阙饷事，须讲求长策！”又曰：“关兵动辄鼓噪，各边效尤，何以底止！”礼部右侍郎周延儒奏曰：“军士要挟，不止为少饷，毕竟别有隐情。古人罗雀掘鼠，军心不变，今各兵止少他折色，未尝少他月饷，如何辄动鼓噪，此其中必有原故。”上曰：“正如此说，古人尚有罗雀掘鼠的，今虽缺饷，岂遂至此！”“罗雀掘鼠”四字，深契圣心，延儒之盻盻于枚卜，其衷愈热矣。

上一日御讲筵，问阁臣曰：“‘宰相须用读书人’，当作何解？”周道登对曰：“容臣等到阁中查明回奏。”上始有愠色，继而微笑，嘻，甚矣。上又问阁臣：“近来诸臣奏内，多有‘情面’二字，何谓情面？”周道登对曰：“情面者，面情之谓也。”左右皆匿笑。

上究心利弊，尤留意边防。各边以缺饷告，司农仰屋无计，上因召对，谕诸臣曰：“朕记得先年有大工，有生祠，多少钱粮，无日不进益，有发有余，今大工完了，生祠毁了，如何不足？前日又撤了各处内镇，便该有许多钱粮下来，那里去了？”户部尚书毕自严奏：“外解不能全完，所以不足。”上问：“外解何以不全完？”上又曰：“太仓银两，原非边用，如何急了便要请帑？朝廷给饷养兵，原期实用，如此动辄鼓噪，养这骄兵何用！”随谕自严：“卿到部里，将新旧钱粮，多要彻底澄清，逐一查算具奏。”

按：祖制：省直各有预贮银两以备急用，多者几十万，少者十余万。如蓟镇则有银八万五千有奇，贮遵化县库，名曰备边。江南有银十万两有奇，贮镇江府库，浙江有银十七万两有零，贮温州府库，名曰备倭。他省仿是。地方猝有变乱，不烦催科，不支官帑，事可立办。自魏忠贤生祠开端，咸取给于是，造祠者十之二三，余皆入抚按司道私囊中矣。斯时若大臣有留心国计者，委曲详列其弊，并请严查各边各省，备边备倭原额钱粮几何，生祠开销几何，即勒令建祠抚按司道照额补偿，遴选风力科道究竟其事，俾国家收士饱马腾之用，而氓庶免头会箕敛之苦，且使世之为贪吏有余财者，知法制严明，不敢恣其谿壑，亦救世一策也。惜乎廷臣平日毫不究心，无以慰圣天子焦劳至念。自此以后，帝意天下自有余财，群臣不肯实心任事，虽兵荒洊臻，言赈言蠲，皆置不省。呜呼！真千古有余痛矣。

卷　二

天启元年辛酉，虞山钱谦益以编修主浙江试。归安韩敬与秀水沈德符预揑字眼，假称关节，令人遍投诸应试者，约以事成取偿。浙士子多堕其网中，钱千秋与焉。千秋字眼，以“一朝平步上青天”七字，为七艺之结，谦益在闱中，弗暇察也。比撤棘，敬等即发觉其事，复唆礼科顾其仁磨勘参送，谦益亦自具疏检举。奉旨下部，部拟千秋与居间徐时敏、金保玄俱依律遣戍，谦益与本房郑履祥失于觉察，各罚俸三个月。奉旨依拟。此天启二年事也。后时敏、保玄在狱病故，千秋发东胜右卫所充军，收管存案，随遇赦，抚按给帖释放，事结久矣。当枚卜，廷臣共推毂谦益，而宜兴周延儒以召对数语，上契圣衷，若一列名，必蒙点用。延儒又结好于戚畹郑养性、万炜，及东厂唐之徵以为内援。给事中瞿式耜恐两人不能并相，因力阻延儒。延儒大不堪，时吏部尚书王永光杜门乞休，势在必去，御史梁子璠特疏欲令侍郎张凤翔代行会推，廷议以尚书现在，无侍郎代行之理。于是式耜疏请永光料理枚卜，然后听其去。永光遂开籍见朝。会推疏上，首成基命，次即谦益，而延儒、温体仁俱不得预。延儒暗布流言，谓此番枚卜，皆谦益党把持。上阅会推无延儒名，遂入其说。体仁乃上“直发盖世神奸疏”，即举千秋关节事参谦益。上为召百官面讯。谦益奏辩：“千秋关节已经疏参，刑部勘问明白，现有案卷在部。”体仁称：“千秋在逃，过付者为徐时敏、金保玄二人，提至刑部，亲口供扳谦益，如何隐得？”彼此质辩良久，上命辩疏与参疏俱取上来。上问体仁：“疏内称‘神奸结党欺君’，奸党是谁？枚卜大典，谁人一手握定？”体仁奏：“谦益之党甚多，臣还不敢尽言。至于此番枚卜，皇上务求真才，其实多是谦益主张，所以说‘一手握定’。”吏部都给事中章允儒奏：“钱千秋一事，久经问结。体仁资俸虽深，品望甚轻，会推不与，遂不胜热中。如谦益关节果真，何不纠于未枚卜之先？今会推疏上，点与不点，一听圣裁。”体仁奏：“科臣此言，正见其党谦益。盖未枚卜之先，不过冷局，参他何用？纠之于此时，正为皇上慎用人耳。”允儒奏：“从来小人陷害君子，皆以党之一字，昔魏广微欲逐赵南星、杨涟等，于会推疏中，使魏忠贤加一党字，尽行削夺。留传至今，为小人害君子之榜样。”上怒叱曰：“胡说，御前奏事，怎这样胡扯?拿了！”时无人承旨。上问：“锦衣卫何在？”卫帅承旨，将允儒扶出。体仁又奏：“皇上试问冢臣王永光，屡奉温旨，何以不出？直待瞿式耜有疏完了枚卜大事，然后听其去，是冢臣去留，皇上不得专主，有此事否？谦益热中枚卜，先令梁子璠上疏，欲令侍郎张凤翔代行会推，此从来未有之事。”上召诸臣问曰：“朕传旨，枚卜大典，会推要公，如何推这等人，是公不是公？”王永光奏：“皇上召问吏科、河南道，与郎中耿志炜，便知道了。”体仁奏：“永光是六卿之长，用贤退不肖是他的职掌，如何推在司官身上？”河南道掌道御史房可壮奏：“臣等多是公议。”上曰：“会推大事，其中推这等人，还说是公议？诸臣奏来！”阁臣李标等俱奏：“关节与谦益无干。”体仁奏：“分明满朝俱是谦益一党，臣受四朝知遇，忠愤所激，不容不言，关节是真，若不受贿，如何得中？况今钱千秋现在京师，日入谦益之幕，指望谦益入阁，希图辨复，谦益可以枚卜，则千秋亦可会试。”李标等又奏：“前次招问明白。”上曰：“招也极闪烁，不可凭据。”礼部右侍郎周延儒奏：“皇上再三问，诸臣不敢奏者：一者惧于天威，二者牵于情面。总之钱千秋一案，关节是真，现有招案朱卷，已经御览详明，关节已有的据，不必又问诸臣。”上又诘问诸臣曰：“朕着九卿科道会推，便推这样人，就是会议？今后要公！若会议不公，不如不会议，卿等如何不奏？”延儒又奏：“大凡会议会推，皇上明旨，下九卿科道，以为极公。不知外廷止沿故套，只是一二个人把持定了，诸臣都不敢开口，就开口也不行，徒然言出祸随。”上命再奏。延儒复奏如前。体仁奏：“臣孑身孤立，满朝俱是谦益之党，臣疏既出，不惟谦益恨臣，凡谦益之党，无不恨臣，臣一身岂能当众怒？臣叨九列之末，不忍见上焦劳于上，诸臣皆不以戒慎为念，不得不参。恳乞皇上罢臣归里，以避凶锋！”上曰：“既为国劾奸，何必求去？”时谦益伏地待罪，上命出外候旨。次日奉旨：“钱谦益既有议论，着回籍听勘。钱千秋法司提问。”又章允儒、房可壮，各具疏认罪，瞿式耜、梁子璠各具疏回话，有旨：“俱着降三级调用。”

已而御史毛九华疏纠温体仁逆祠献媚诗册，任赞化疏纠体仁居乡不法事。上召对，体仁奏：“臣若有媚珰祠诗，必以手书为贽，万无木刻之理。既系刻本，必流传广布，何以两年来绝无人论及？且此册何不发于籍没逆珰之时，而得于九华之手？乞皇上敕下该部，严究所刻之人，此诗从何得来，则真伪立见。若但以刻本为据，则刻匠遍满都城，以钱谦益之力，何所不可假捏！”上如言诘九华。九华对：“八月买自途间。”上曰：“八月买的，如何到今才发？”九华对：“臣十月考选。”体仁奏：“臣参钱谦益在十一月，九华参臣在十二月。九华既得此册，何以不急具疏特纠册中媚珰诸人，而但于条陈疏末，单指臣名？种种真情，已自毕露。”上问阁臣如何说。首辅韩爌奏：“体仁平日硁硁自守，亦有品望；但因参论枚卜一事，愤激过当，致犯众怒，所以诸臣攻他。”体仁奏：“臣通籍三十年，并无一字挂人弹章，只因参了钱谦益，攻者四起，凡可以杀臣逐臣者，无所不至，岂一人之身，贤奸顿异至此。毛九华系谦益之党无疑。”上曰：“温体仁也辩得是。”又召御史任赞化，上曰：“毛九华参温体仁，一诗尚且不真，尔如何参他许多无根之言？如此亵语，在御前渎奏？”体仁奏：“赞化疏全是诬捏，凡宦游臣乡者俱可问，即如说臣与陈与郊儿女姻家，此一查可明，事事无影，虚捏如此。”赞化奏：“臣之所言，不过采访公论，长安万口如一。”体仁奏：“去年，谦益未入都门，赞化代谦益首攻御史陈以瑞。以瑞系崔、魏削夺，皇上赐环之人，因曾参谦益科场之事，赞化反以媚珰纠之。及谦益入都，把持吏部，覆之为民，此赞化为谦益死党之一证也。去秋，皇上未有枚卜之旨，赞化特出荐相才一疏，盖为谦益而发，至称谦益为伊周之班行，此赞化为谦益死党之二证也。若谦益幸入纶扉，赞化自居拥戴首功，一旦被臣参破，故恨臣最深，诬臣最甚。”赞化奏：“陈以瑞部覆冠带闲住，皇上独断着他为民，体仁如何力保以瑞？”体仁奏：“臣非敢力保陈以瑞，只因以瑞曾参谦益，故赞化还将以瑞参论。”上曰：“不必多奏，候旨行。”自是体仁以告讦见知于上，结党之说，深启圣疑，攻者愈力，而圣疑愈坚矣。

江西庶吉士朱统鉨与吴江相公有交，其得馆选也，吴江为之道地，虽云无私，而实有意。给事中阎可陛疏攻吴江，并及统鉨。着仍选中书，周道登准回籍调理。后统鉨朦胧起授简讨，上亦弗深究也。

上一日御日讲。讲官徐光启讲《中庸》毕，上忽问曰："既云'知天地之化育'，又云'其孰能知之'，是同是异？"光启以"化育"分内知，"孰能知"分外知。上哂曰："知也有内外的？"年终，讲官叙劳，内阁题光启以礼部侍郎加太子宾客，炤旧日讲。上抹去"炤旧日讲"四字。

二年己巳二月初四日，皇长子生，中宫周后出。我明中宫无生子者，三百年来，周后一人而已。

考圣躬燕寝之所，为屋三楹，而不并列，由第一间而后第二间，而后第三间。其第三间，圣躬宴息处也。其第二间，具大薰笼，贮衾裯之属。凡召幸宫眷，至第一间，则尽卸诸裳，裸体至第二间，取衾裯被身，乃进至第三间，所谓抱衾与裯也。即中宫与东西两宫赴召，不敢不遵用此礼。惟先后以曾同糟糠，不肯赴召。又圣驾幸宫中，旧例圣母趋出宫门外接驾，先后亦以糟糠故，废此礼不用。

蒲州再召，适当推敲逆案，右庶子杨世芳，其姻家也。世芳乃纂修《要典》者，自应入逆案中，蒲州力庇之。薛国观亦以沈维炳护持，俱邀漏网，而同事朱继祚、余煌、张惟一、袁鲸等，皆援例格外矣。以此蒲州相业，颇不协人心。

工部节慎库主给发商人上供颜料银两，最深称弊薮，设有监督主事一员，巡视、科道各一员，所以厘奸剔弊计，自至详也。而诸府奸更甚。四月，上特发其弊，监督主事刘鳞长、巡视给事中祖重烨、御史高赉明俱下狱。因追论元年同事诸臣，惟重烨与御史吴阿衡狼藉颇著，复征阿衡下狱。鳞长、赉明以无染，止行降调。阿衡于边警时，以边才拔为监军御史。重烨遣戍。

乌程既特疏参虞山，宜兴复于召对佐成之，举朝皆与为敌，弹章如羽，上坚留不放。时有四凶之目，指乌程、长垣、宜兴及少司马也。八月，部推乌程为南京礼部尚书，以骆从宇陪；推大理寺卿康新周为南京工部侍郎，以何乔远陪。御笔俱点陪。乔远以尚宝卿请告林下，仅五品耳，而躐跻九列，则乌程之提挈也。

九月，河南道驿传道缺，推原任副使路周贺填补。领敕之日，适上正视朝，路老迈甚，支离万状。上传谕阁臣云："路周贺举步蹒跚，语言蹇塞，河南虽不是边道，驿传也不是容易做的，卿等还传与吏部知道！"出言成章，真天纵也。

于时有三盛事，皆非人力可强致者。一则锦衣徐本高之八世一品也：本高为文贞公玄孙，文贞前以少傅赠其曾、祖、父如其官，连本身四世一品矣，本高承文贞武荫，历官都督同知，际遇覃恩，亦得赠其曾、祖、父如其官，连本身亦恰四世一品，虽总由文贞推恩，而一人不中断，一人不重叠，恰符八世，俱腰玉称一品，亦宇内所希观矣。一则南海黄士俊之父也：士俊登万历丁未状元，历官礼部尚书，际遇覃恩，封其父如其官，适百岁。士俊给假归家，称觞，有旨："准与建坊，锡名'熙朝人瑞'。"夫百岁称觞，异矣，乃其子以尚书顿首堂下，已亦受尚书封，绯袍犀带，称百岁老臣，且邀有煌煌天语，不尤异乎？一则晋江杨玄锡也：玄锡登崇祯甲戌进士，年才十六，释褐之日，发仅覆额，所谓其位可致，其年不可幸也。

浙江总兵王光有病，不任事。宁绍副将林某，勇而且廉，当事者拟以林继王之座。林某亦颇有望擢之思，遣役入都修候，王亦遣役入都，两役交遇于职方之门。王役谓林谋攘其主之缺也，不胜其怒，遂挥老拳。林役不敢抗，展侧之际，所赍候仪堕地。事既喧传，不可终隐，职方郎中方孔炤具疏参林，有旨："革职提问。"人皆冤之。

琉球国王新立，遣使告知，且请受封。旧例：给事中、行人各一员充正副使。时科已推山东杜三策，行人应属江西萧士玮，次则山东孔闻籍，两人交相推诿，至诟詈于司正杨抡之门。抡不胜其愤，遂自请行。有旨：“杨抡归，升京堂用，萧士玮降三级，调外任，孔闻籍不准考选，调南京用。”抡与三策皆赐一品服，以是年九月出都，至六年八月，始克航海完册封事。归时，飓风大作，几葬鱼腹。七年二月复命，三策升太常寺少卿，抡升尚宝司少卿。抡以惊悸成疾，未几卒。闻籍后升陕西西宁兵备道，适有番夷之变，合家自焚。

陕西饥民倡乱蔓延，廷推杨鹤以兵部右侍郎总督全陕。上召问方略。鹤第以清慎自持、抚恤将卒对。先是，天启丁卯，陕西大旱，澄城知县张耀采催科甚酷，民不堪其毒。有王二者，阴纠数百人，聚集山上，皆以墨涂面。王二高喝曰：“谁敢杀张知县？”众齐声应曰：“我敢杀！”如是者三，遂闯入城，守门者不敢御，直入县杀耀采，众遂团聚山中。巡抚胡廷宴老而耄，置之不问。又延、庆连岁荒旱，去冬，有王嘉胤者，倡乱于府谷，蔓延于西汉以南。今春，延绥巡抚岳和声、陕西巡抚胡廷宴各报略阳、淳化、绥德、宜川等处流贼孔棘，郧阳抚治梁应泽亦以汉南盗告急。三月，商洛兵备刘应遇，率毛兵至汉中合川兵击贼，贼奔汉阴，应遇追斩五百余人，诛其渠魁十余人，余悉北走，汉南盗平。八月，贼复犯耀州，参政洪承畴合官兵乡勇共万余人，击贼于云阳，败之。贼夜乘雷雨掠淳化入神道岭，此流贼之始也。

九月，奢、安二酋平。先是，土司奢崇明、安邦彦先后称叛，云贵不靖者，七年于兹。去冬复起，朱燮元总督云、贵、川、湘、广西五省，专任讨贼。而贼据大方，阻险负隅，崇明僭号大梁王，邦彦自称四裔大长老，谋先犯赤水。燮元侦知之，命守将许成名佯北，诱贼深入。度贼已抵永宁，分遣林兆鼎从三坌入，王国祯从陆广入，刘养鲲从遵义入。邦彦分兵四应，力颇不支。复遣监军副使刘可训同降将罗象乾以奇兵绕出其背夹击之。贼大惊溃，崇明、邦彦皆没于阵，官兵斩其首以献。捷闻，燮元等俱进爵赉银币，子荫有差。御史毛羽健疏请添设永宁巡抚，即以刘可训为之，以靖地方，以劝劳臣。不报。

是冬，拟册立东宫，中外皆望大赦。九月二十六日，上召阁臣进，先已素袍角带，决意行刑。二十七日，御笔勾逆案倪文焕、李夔龙、梁梦环、田吉，封疆则总督杨镐、抚臣张翼明、总兵渠家祯，监造则工部高道素，俱死西市。高道素偕内臣黄用督造桂王府第时，惠王封荆州，桂王封衡州，并在湖广。筦计者臆揣就国必以齿序，经费每急荆缓衡。天启七年夏，桂王之国，距惠王仅数日，巡按温皋谟疏乞展期，逆阉矫旨切责，有司仓皇那济。道素与用画工趱造，道素督正殿以外，用督寝殿以内，皆潦草塞责。今年三月初三夜，大风雨，雷震寝殿，压死宫女六人。以后每遇风雨，王同诸宫眷即露立庭中，盖深恐覆压之惧也。事闻，黄用司礼监拿问，道素革职，法司究问。用狱未具，道素在刑部，先拟赎徒。御史董羽宸疏激上怒，屡谳屡驳，加等论死，至是勾及之。阁臣韩爌以为请。上曰："朕若出藩邸，这就是榜样。高道素监造王府，而使数百宫人死于非命，即寸斩之，未足蔽辜，又何请焉？"是日，道素意必无他虞，沉醉以往。及行刑，则已醒矣，仓皇不能出一语，但连呼"如何如何"而已，人多冤之。黄昏大雨雪。

十月之朔，上御殿颁历，忽有声冤自刎于丹墀者，究竟之，乃民间词讼事。其人刎而不死，上命刑部提问其事，立案不行。时先文肃语当事曰："此怪兆也，宜修边！"逾月，即有辽警。

毛文龙向为辽东参将，辽阳陷没，文龙逃至海滨。适有难民数千人，文龙以术笼络之，遂同航海至皮岛。盖皮岛居辽东、朝鲜、登莱之中，称孔道。文龙斩荆棘，具器用，招集流民，通行商贾，南货缯币，北货参貂，咸于文龙处输税挂号，然后敢发，不数年，遂称雄镇。又掠沿海零丁，或指建州奸细，或称临阵斩获，以是积功官都督，挂平辽总兵印。逆贤时，各边出内阉镇守，文龙亦疏请内阉监其军。上即位，严核军饷，敕下山东抚按，檄登莱兵备王廷试往。廷试，多欲人也，既饱其欲，遂盛诩文龙忠勇可用，士饱马腾，绝无破冒。文龙亦惮上英明，思有以自立，乃通情于清，愿捐金三百万，易金、复二卫地，奏恢复功，邀上赏。已成约矣，袁崇焕督师出关，上召问方略，以五年为期，可以平辽。及履任，觇知文龙有成约，急遣喇嘛僧入清，啖以厚利，欲解文龙议以就己。而清最重盟誓，坚持不可，强之再四，不听。喇嘛僧曰："今惟有斩毛文龙耳，在清不为负约，在我可以收功。"崇焕遂以阅武为名，直造皮岛，大阅军士。文龙置酒高会。次日，文龙进谒，崇焕亦置酒留宴。酒半，称有密旨，即座中擒文龙，斩于辕门外。时崇焕立营严整，众亦不敢犯，文龙部下千余人，散往他处，余众悉就抚。事定，然后入告。朝廷亦姑容之，时七月间事也。先是，崇焕出都，阁臣钱龙锡叩以辽事，答以当先从东江做起。龙锡谓："舍实地而问海道，何也？且毛帅亦未必可得力。"崇焕云："可用则用之，不可用则杀之。"至是，疏中即入钱语。上以问龙锡，龙锡谓实有之。而文龙既杀之后，清来索赂，崇焕无以应，特疏请增三百万，谓："五年之后，全辽皆复，并从前所加各项，皆可蠲除，此一劳永逸之计也。"上集群臣廷议，皆执奏不可。崇焕无所出，遂听清入犯，由喜峰口、马兰谷、松棚路阑入，直抵遵化。时新令严汰冗兵，被汰者阴谋为乱，清兵临遵化城下，蓟抚王元雅尚汰兵四百人，兵即开门延师，元雅死于乱军，清兵遂破三屯营。蓟镇总兵朱国栋自缢，山海总兵赵率教统兵赴援，营于七家镇岭，猝与清兵遇，众溃，率教死之。报至，举朝震恐，上命蓟辽总督刘策戴罪立功，控扼石门，以防西轶。又命保定巡抚解经传同仓场总督南居益驻守通州，专护仓储。又命太监李凤翔提督京营，与总协二臣料理城守。又命兵部急征宣大、山西兵入卫。

枚卜一案，以乌程、虞山故，高阁不行。至是，蒲州乞休，力请点用。十一月初六，上点大名成基命（成后避讳改名靖之）一员，至岁底，复点桐城何如宠，又于会推外，特点宜兴周延儒及会稽钱象坤，共四员。

王在晋被谴后，上召对群臣，升工部右侍郎王洽为兵部尚书。洽山东人，相貌极伟岸，上私语云："好似门神。"卜者周生闻之曰："中枢之座不久矣。"以门神一年即易故也。至是，清兵阑入，十一月十一日，上召对。礼部右侍郎周延儒奏："中枢备御疏虞，调度乖张，既不能预授方略，拒敌于塞外，又不能整顿兵马，歼敌于城中，谁任中枢决裂？"检讨项煜继之，且引世庙庚戌丁汝夔故事云："斩一丁汝夔，将士震悚，虏闻风宵遁。"上遂下王洽于狱。说者谓既例丁汝夔，必有为杨守谦者矣。

以左侍郎申用懋代王洽，升口北兵备梁廷栋为顺天巡抚，起旧帅杨肇基为蓟镇总兵，起旧辅孙承宗于家，督师通州，诏天下勤王。

申甫者，游棍也，始为僧，号本初。游滇黔中，得彼中役鬼之术，小试辄验。庶吉士金声荐之。上召问，颇惑其术，特授为副总兵，捐内帑七十万金，听其造车募兵之用，授金声为御史，监其军。时庶吉士刘之纶，四川人，请缨甚锐。上壮其志，超授兵部右侍郎，募兵剿虏。

大同总兵满桂，夷种也，勇悍敢战，率兵五千入卫，营于德胜门外。虏骑以十一月初三破遵化，十五至坝上，二十日薄都城。自虏冲突而西，从城上望之，如黑云万朵，挟迅风而驰，须臾已过。满桂身带重伤，血染征袍，所存仅三千人。

袁崇焕入援，抵都城下。上召对，问行间方略，赐御膳，解上所御貂裘被之，与祖大寿皆赐盔甲一副。然崇焕虽名入援，听虏骑劫掠，焚烧民舍，不敢一矢相加。城外戚畹中贵园亭庄舍，为虏骑蹂躏殆尽，皆比而揭其罪状入告。民谣云："杀了袁崇焕，鞑子跑一半。"兼崇焕出言无状，对百官讼言："鞑子此来要做皇帝，已卜某日登极矣。"户部尚书毕自严至挢舌不能下，举朝皆疑之。

阁部孙承宗虽奉旨督师通州，而南居益、解经传皆不受调度。时都城盛传通州、三河等处皆陷，承宗遣人赍奏至，上喜曰："通州固无恙乎？"即奉旨，督抚等官，俱听枢辅节制。

时廷臣请缨者甚众，祭酒锡畴愿任募兵，可得二十万人。简讨项煜荐举尚书李腾芳可当大任。请面对者不一而足。上传，各官俱于本衙实修职业，诸臣俱废然而退。

十二月初一日，上复召崇焕、祖大寿入，上温谕大寿，而历数崇焕之罪，遂擒崇焕，下诏狱。阁臣力谏，谓："临敌易将，兵将所忌。"上曰："势已至此，不得不然。"大寿出朝，悍然竟率众东行。中朝无可如何，敕阁部孙承宗抚谕之。

初二日，上以城守潦草，下工部尚书王凤翔于狱，营缮司郎中管玉音、虞衡司郎中许观吉、都水司郎中周长应、屯田司郎中朱长世俱廷杖八十。临时，阁臣合词祈请宽宥。上曰："目下与虏止隔一墙，宗庙社稷，都靠这堵墙。若这墙一倒，宗庙社稷都没靠了，岂可不重处！"时观吉、长应以年老，长世以羸弱，俱毙杖下。玉音杖毕下狱，与凤翔俱拟赎徒。

上既下袁崇焕于狱，拔满桂为总理，宣府总兵侯世禄、昌平总兵黑云龙等皆属焉。又起旧帅王威、尤岱、杨御蕃、孙祖寿，出罪帅马世龙于狱，俱以原官立功。桂以十六日誓师而南，十八日，遇虏兵于良乡，时虏骑皆做官兵服饰，桂以为援兵，不设备，虏骑乘不意掩之，全军歼焉，桂与尤岱、孙祖寿皆死之，虏骑亦饱掠得意。二十三日，旐头尽望东而行，都城始解严。先是，桂乞饷二万金，遍馈诸台省，每人五十金，然后出师。

申甫漫为大言，其所募兵皆乞丐子及优人，三尺童子知其必败。亦以十六日誓师，至卢沟桥，猝与虏兵遇，所造车既不可用，试术复不验，所统七千人，跪而受刃，犹幸而不为郭京之续也。金声以在城中得免。

刘之纶募兵近万人，尾虏兵而东。适虏兵有零骑从后骤至，之纶急营于丫髻山上，虏兵立营山下，绝其水道。次日，众溃不能师，之纶遂遇害。

刘爱塔者，辽人也，莅孙阁部标下，改名兴祚。自虏兵入犯，从无敢与斗者，刘率劲卒千二百人，夜捣其营，杀虏兵千八百人，夺回器械、牛畜无算。天明，解赴阁部军前，令铁骑追及于半途，刘誓死斗，复杀数百人，而后援不继，力竭以死，千二百骑歼焉。孙阁部疏请立庙赐谥，廷议不一，遂不果。

二十二日，上召侍郎周延儒、罗喻义、李成名，河道总督李若星，御史饶京、喻思恂、赵延庆，又召吴阿衡于狱中，上面询方略。延儒但言愿捐躯报国，兵事实非所长。若星条奏颇迂缓，阿衡议论颇有气概。二十六日，特旨：梁廷栋升兵部尚书，提督援兵；吴阿衡着复原官，军前监纪；巡关御史方大任升顺天巡抚。大任老而且病，然巡关时，章奏皆有条理，人亦冀其成功。

袁崇焕既逮，御史高捷疏参钱龙锡，即指疏中与辅臣相商之话以为同谋。先是，文肃劝钱辩疏当痛言一番，明主可为忠言，而钱不能从也。引罪疏甫奉旨，不复再辞，随即入阁。二十三日，高捷再疏，语更加厉。得旨："着致仕去。"至是而始悔不用前言，则已晚矣。

二十六日之夜，刑部狱囚尽逸，几为大祸，幸虏兵退尽，外无接引耳目。次日，城门不启，为擒囚也。逮刑部尚书乔允升、左侍郎胡世赏下锦衣卫狱。先是，边警猝至，士夫有潜遣家眷南归者，右侍郎朱世守以借轿与御史刘廷佐家眷出城，刘止罚俸，而朱降二级调用，得免此祸。

上初政尽撤内阉，虏兵阑入，乃命太监李凤翔提督京营。时总督襄城伯李守锜，协理侍郎李邦华，邦华素持正不为下，又以严汰老弱，执法不少徇，至是守锜煽惑军心，几成鼓噪。邦华引罪回籍，以闵梦得代之。或询两人优劣。梦得曰："凤翔中涓耳，尚可耐，惟守锜则真凶恶无比。"守锜于逆贤建祠时，与灵璧侯汤国祚各疏捐赀附祠共祝者也。

山西巡抚耿如杞，率兵五千入援，皆劲卒也。至日兵部调守通州，次日调守昌平，又次日调守良乡。功令，初到之日，不准开粮，次日列营汛地，乃准开粮。西兵连调三日，皆不得粮，既饥且愤，遂沿路劫掠。虏兵既退，如杞以不戢军士逮问。如杞既逮，五千人哄然奔散，溃归山西，而晋中流贼从此起矣。

甘肃巡抚梅之焕统兵入援，兵以粮不时给，脱巾鼓噪，之焕查倡首数人正法，有千余人溃归陕西。后之焕亦以军令不严，革职为民。

时虏兵所至，望风奔溃，惟三河三攻其城不克。宝坻亦受攻，坚守得全。三河知县樊士英，陕西举人。宝坻知县史应聘，河南人，乙丑进士。昌黎知县左佩弦，亦以却敌功，超升山海兵备佥事，后以冒破军饷遣戍。

时红夷贡炮至涿州，虏骑充斥不能前进。虏骑甫退，冯铨躬率家丁护送入都，冀以回圣心为翻案计，中外皆为之地矣。上传旨："冯铨准复冠带，不必陛见。"铨怏怏而去，举朝叹颂"圣明真不可及"云。

三年庚午，正月，兵部尚书申用懋罢。本兵与司礼文移往来，向有定式，神庙末年，诸事丛脞，旧式遂废，后来者亦不讲究，文移违式，司礼拒不收，则以厚贿侑。申公莅任，重复旧式，厚贿禁不用，大珰皆不悦。又时上锐意功业，申公老成持重，不能仰副圣意，梁廷栋巧人也，甚为上所倚任。初五日，内旨："申用懋着解任回籍，梁廷栋着回部管事。"

大学士韩𤏡罢。𤏡忠厚拘谨，不能当圣意，左庶子丁进以升转愆期，遂出弹章，工部主事李逢申、中书原抱奇继之。𤏡三疏请告，得旨允放，其礼颇厚。进与逢申，皆圹己未所取士也。进后奉旨，以阴阳闪烁降调；逢申随以监督火药失事，下狱遣戍。

吏部从无以五品调者。二年八月，以南司官陆康稷给假，同乡共推毂无锡华允诚，华亭相公独推毂同邑王陛。王舆望未孚，而华一寒彻骨，退逊不前，以此久无定局。宜兴入政府，借江北司官解学夔降谪事，遂票旨："着破格推堪用的来看！"乃超调户部郎中吴鸣虞以文选郎中管员外事，真破格矣。吴年耄矣，无所短长，逾年，请告归。

虏骑既退，廷议：昌平陵寝所在，通州国储所寄，应各设重臣镇守。于是推河南巡抚范景文、太仆寺少卿侯恂俱以兵部右侍郎往。恂督治昌平，景文督治通州。又遣兵部主事王建侯、章应望各赞画军务。

二月初十日，册立太子，上以戒严免升殿，百官听宣敕于午门，行十二拜礼。赐三品以上及日讲官各花朵、红一匹，三品以下皆半红、花枝用角，日讲官红全匹、花枝用银。仪制署司事员外贺世寿叙劳，升光禄寺少卿，尚书李腾芳加太子少保。

方大任既放，复有"身虽去国，心不忘君"一疏，先臣特上疏纠之，略曰："臣初见大任疏，计必当以蓟门要害、将士情形，与夫战守防御、用兵治饷之策，沥将死之善言，酬破格之隆遇，乃缅缅洋洋，只剿袭朋党之唾余，复理东林之尘案。即今皇上起用东林诸臣，其无才而不称任使者则有之，其怀奸而恣为欺罔、盗用朝权者未之有也。近者诸臣之得罪，或以封疆，或以职守，皇上未尝有一毫成心，一毫偏听，乃曰‘时时因事扫除’。夫离照当空，大柄在手，当去则去之，当罪则罪之，何必借事为扫除之计哉？此奸回术数，奈何以诬圣主也？王言纶綍，炳若日星，惟真惟澹，晓然与天下昭揭之，亦何不可？而必欲但与密勿铨衡三五大臣私相告诫，成一家之私言，此又暧昧行径，不当入告明明之后矣。况真澹二字，大任亦仅言之已耳，七品小官，骤膺开府，煌煌节钺，不用以经武，而用以画锦，澹乎，不澹乎？佯死卸担，何其惫也；发愤挥毫，抑何壮也！反复如此，真乎，不真乎？其所献媚于三五大臣，恐大臣之公忠者，亦未肯任受也。大任试衾影自盟，斯亦不澹不真之极思矣。”

疏入，留中。

三月，上命出刑部尚书乔允升、左侍郎胡世赏于狱，寓所听勘。先臣以去年四月入朝班，秋讲即题充日讲官，同事者侍郎李孙宸、少詹事何吾驺、庶子丁进、姚希孟，而罗喻义以侍郎、先臣以谕德，则新题者。往例：春讲以二月，上御讲筵，是岁以边事孔殷，至三月初十日始开讲。先臣进讲“定公问君使臣”章，反复规讽，颇极剀切。讲毕，上传谕讲官暂留，久之，殿门皆闭，诸讲官退至东阁，则圣谕已宣付阁中，释允升、世赏于狱，乃知谕留讲官，俾知即见之行事也。阁臣俱拱手诵启沃之功，先臣不敢当也。以后进讲，大珰窥圣意所注，竞前致殷勤焉，先臣但一揖而已，不交片言。

一日，上御讲筵，足加于台楞上，意有惰容。先臣适进讲《尚书》，讲至“为人上者，奈何不敬”，因以目视御膝，上即以袍袖隐之，徐徐放下。

经筵开讲，词林诸臣，无不毕至。讲官二人，一讲《论语》，一讲《尚书》，上与讲官各自一桌，资浅者充展书等官。春讲秋讲，止举行一二次，天厨颇费，弗克给也。日讲则止用讲官六人，一讲《论语》，一讲《中庸》，一讲《尚书》，一讲《通鉴》，余二人轮替。上与讲官共一桌，真不啻天颜咫尺矣。讲之日，上出御文华殿，阁臣率讲官行五拜三叩头礼毕，内侍举桌安放讫，上宣：“先生们来。”讲官始入，讲毕，上复宣：“先生们吃酒饭。”乃谢恩而退。若遇斋祭之期，则云“茶饭”。春秋开讲后日日进讲，除上传免外，毋或废者。传免，皆于隔日薄暮传旨云：“明日暂停讲读一日。”虽或连辍十日半月，皆日日传免，但云“暂停一日”也。遇立春、端阳、中秋、重阳、冬至、除夕，日讲官每人各内赐酒馔一盒，大小五器，汤面二器，酒二瓶，圣寿、元旦各内赐银三十两。进讲之夕，光禄寺每人折供给银一两三钱，传免则否。

吴江吕纯如，护送惠王之国，其复命疏，于护送太监刘兴、赵秉彝皆极揄扬褒美，有云："其爱地方也，既一草一木之恐伤；而其自爱也，又一薪一水之若浼。仁声遐布，清节可师。"至归美逆贤，一则曰"厂臣之选良材"，再则曰"厂臣之率属严"云云，此系天启七年九月邸报抄传，四海共睹。而鼎湖之泣，纯如适以侍郎署中枢事，密算神通，私行改换，乘虏骑甫退之后，拟借边才以翻逆案，王永光等为之奥主。纯如遂首先上疏讼冤，谓："护送惠藩复命疏，未尝归美厂臣，不当列于逆案之内。"且引圣谕"须有凭据，不许借题"之旨。又谓"红本在御前，别本在通政司，抄案在礼科，如有'厂臣'二字，便甘附珰"云云。通政使章光岳即为封进。时纯如气焰甚张，言路俱喑，先臣特出"讲筵已辍"疏纠之，略曰："帝王之学，与经生学士不同，必以经术经世，乃为实用。窃见虏骑内犯，圣心焦劳，综核事功，须挈纲领；刑法虽峻，猜疑渐启，于事未有济也，故于'君使臣以礼'章，劝皇上培养士气，推心感人，而辨贤奸、酌用舍，尤惓惓焉。见命将出师，莫有定算，功罪未审，赏罚未明；今虏踞遵、永，十有余旬，瞬息长夏，又将秋高，彼时时可来，我着着无备，棼如繁丝，绝少成绪，故于'管仲器小'章，引管子言'兵主不足畏，则战难胜也，德必当其位，功必当其禄，信小人者失士也'。见群小合谋，必欲借边才以翻逆案，故于'子语鲁太师乐'章，愿皇上剖晰是非，辨别邪正，而曰‘一音杂而众音皆乱，一小人进而众君子皆废’。今有平生无耻、惨杀名贤之吕纯如，且藉奥援而必辨雪矣。消长剥复之关，甚可畏也。又见吏部尚书王永光，身为六卿之长，独蒙皇上眷注，而假窃威福，擅行私臆，故于‘甘誓’章，言‘战胜攻取，非独左右之共命，尤在六卿之得人’，而曰‘用舍不淆于仓卒，则国是定而王灵畅；威福不假于信任，则神气振而敌忾惕’。大抵皆为用人之人发也。又见永光机深计巧，投无不中，故以年例大典而变乱祖制，考选公典而摈斥清才，举朝震畏，莫敢讼言，故于‘五子之歌’章，言‘识精明，则环而伺者无所售其欺；心纯一，则巧于中者无所投其隙’。臣故知皇上聪明天纵，必能洞烛其情，犹为此语者，则忧治危明之极思耳。总之，今日大小臣工，当视国如家，除凶雪耻，不当分门别户，引类呼朋，此臣一念孤忠，九死不回者也。”

奉旨：“文某讲幄敷陈，寓规时事，知道了！所指吕纯如惨杀名贤、藉援求雪，及年例变制、考选摈才等语，还着据实奏明！”先臣再疏，略曰：“臣所谓吕纯如惨杀名贤，盖指故吏部员外郎周顺昌也。当纯如为福建守道日，以谄媚税监高寀为事。比高寀窘执闽抚，激成民变。纯如与寀，携手同步，扬扬市廛，万口唾骂。周顺昌为福州推官，剪除税棍，抚定人心，纯如忌之，屡肆下石。后纯如投身逆珰，躐取节钺，顺昌讼言攻之，语多过激。纯如遂挑怒巡抚毛一鹭，复时时走入京师，与诸用事者构成李实之疏，而顺昌被逮，且榜死狱中矣。同时惨死诸臣，所号为彻骨之清，及公忠亮直、人人心服者，以顺昌为第一，其致死之由，全出于纯如，此天下所共知。今当先上疏求雪，不但变天下之是非，且摇皇上之斧钺，则恃有吏部尚书王永光为之奥援也。夫逆案之定，其主持全禀宸断，而群小营营窥阚，以为旋转圣意，易于反掌，故首借边才之说进，而纯如之疏即继之，呼吸通灵，提掇如响。不然，通政司固喉舌之寄也，非大力者主之，此何等事、何等人，而辄具匭以进哉？至于台省，为公论所自出，凡会推年例等大关系事，则吏部不自主，而必会同吏科、河南道。若近日所推年例吏科都给事中陈良训，谁为开送，谁为商计哉？不过以其稍持公道，每多参驳，乃借外转以除碍手耳。至考选新资，贤才辈出，永光度无所施其笼络，乃独斥一才名素著、物望咸归之陈士奇以示有权，而十年冷署之潘有功，亦以猜疑见弃。迨人情汹汹，众议沸腾，则始为两请而终摈之。为大臣而心术如此，斯亦不忠之尤者矣。”

王永光疏辩：“前者阁部定案进呈时，臣被言注籍，吕纯如入案，臣不及知，何自援而出之？至陈良训滥厕首垣，与参廷议，人言啧啧，夫岂无因！至考选过堂，十六人内，选授科道十四人，部属二人，而此二人者，前途正远，因材储用，期待殊不薄也。”

时永光已密结大珰王永祚为之道地，谓士奇出姚庶子之门，姚与先臣渭阳谊重，考选时力为把持，既考后，复耸成此疏。于是圣意怫然，永光得旨甚温，而先臣奏疏，奉旨：“讲官怀忠启沃，循职自可敷陈，文某不得任情牵诋！”若夫逆案之坚持不动，虽由圣断，而此疏亦不无小补矣。

虏兵虽东，复破永平、滦州，盘踞不退。永平乡官白养粹首先迎降。孙阁部督师东行，奉抚谕祖大寿之旨，令马世龙冲重围而东，驰三日夜，追至芦峰口，说以利害，激以忠义，众皆耸听。大寿始率辽兵三万，世龙亦招集赵率教部下，及旧时部曲共万六千人，合队而西。世龙独薄敌垒而前，死伤者千余人，始抵都城，复蹑虏兵至蓟门。时洪桥、大安等处，虏兵掳汉人运所掠辎重。世龙侦知之，密以大炮先伏于路旁，俟其过，发炮，众皆惊走，世龙追击之，杀获百余人，遂以大捷闻。祖大寿统兵三万，立木栅于山海西关，不敢前进入援。总兵尤世禄、吴自勉、杨麒、宋伟、王承恩等各率所部，联营于滦州之西，相顾莫敢先发。世龙既连奏洪桥、大安之捷，乃贻书大寿曰：“辽兵每谓西南兵将怯弱，不若辽兵强健，今怯弱者皆奋不顾身，建两地之捷，而强健者何在？况各镇勤兵已渐鳞集，若不合谋共力，退虏兵，复故城，辽之强健将士，何颜复支朝廷厚饷乎？”大寿见书，始移营而西。孙阁部乃严檄诸将，期共攻滦、永，申明军令。有旧永平兵备张春者，素得民心，曾练有乡勇二万，皆精锐可当一面。逆珰时，张春被劾罢归，乡勇皆散。及是，上复起张春为永平兵备，永民闻之，皆不远百里来迎，向所练乡勇皆来会，军声大振。四川副使刘可训甫破水西酋，率胜兵入援。本兵梁廷栋，又使其所善司务丘禾嘉监纪军事，奉旨趣师期者再。高阳遂以五月四日誓师，六日诣抚宁，八日大寿先趋滦州，世龙令副将谢尚政等攻遵化，而身驰至滦，与大寿分地夹攻。世龙麾兵，人斫一柳，顷刻平其濠。世龙与张春、刘可训等皆披坚执锐，作诸军前茅，身冒矢石，誓不返顾，急以大炮仰击，虏兵稍却，师从间以登。十三日，克滦州。虏兵冒雨突出，而虏骑自永平趋救者，知滦已破，遂并迁安兵于永平，屠其众，从冷口出，所存者十之四五而已。师既复永平，而谢尚政等亦以十六日克遵化，生擒獏獏木等二十二人，及我叛人马思恭、贾维钥、吕及第等十一人，献俘阙下。先是，滦之叛将遣一老道士诣禾嘉，请献城。高阳授计大寿姑应之，而严其后劲以备不虞。及我师抵滦，莫有应者，最后中北伏兵几尽，人咸服高阳先见云。大兵之入城也，叛人白养粹已死，其母尚在。张春先至，尽封所有而出，绝无染指。世龙至，则尽取其所有。大寿至，空无所得，遂将白母用极刑，乃尽出窖藏，盖几百万云。永平粮储陈此心、乡绅郭巩，俱以屈节被逮。后刑部拟此心等以谋反律，大理寺卿金世俊力争之，乃拟监候处决。

当滦、永之未复也，高阳兴东江牵制之议，令茅元仪统龙武三协兵以往。中协兵哗，斥元仪，而以周文郁为中协副总兵，兼摄左右两协。甫行，而刘兴治之变作。兴治者，兴祚之弟。兴祚者，即刘爱塔也。兴祚没于阵，兴治居皮岛。东江副总兵陈继盛谍报兴祚未死，其弟兴贤自北营以书招兴治，兴治畜有夷丁，旦夕当有变。兴治大恨，伪为兄设醮，诱杀继盛等二十余人，扬帆至小平岛。适滦、永克复之信至，乃复返皮岛。高阳遣文郁以兴祚旧恩招之。文郁入兴治营，始以温言喻之，继以危言怵之，兴治心动。时部将逃匿双岛者，与东师相哄而斗，兴治怒，令岛众绕舟号诉。文郁呼其将语之曰："陈继盛流言岛众谋反，今若杀我，是实其言也。岛众不足惜，刘氏从此无噍类矣。"兴治大悔悟，明日，饮饯文郁，搏颡大哭而别。九月，兴治败虏骑于青山、凤凰城，高阳奏捷，并上文郁首功。当国者恶其无所馈，绌其功不叙。高阳又请移兴治于旅顺，责以恢复金、复，部议逡巡不果。逾年，兴治为岛众所杀。

蓟镇总兵朱国栋自缢，以旧总兵张世显署镇事，与总督刘策率兵堵御，俱以逗留不前被逮，至是俱伏法。先是，河南巡抚缺，升太仆卿张泼往。泼既领敕矣，复上乞休一疏，阁中票旨，遽准其请。山左诸公大哗，以为摧折东人太甚也，适蓟辽总督喻安性罢归，共推毂刘策。不半年，遂罹此祸。

滦、永既复，廷议添设山永巡抚。适方大任以病乞休，王廷试、梅之焕相继罢斥，乃升四川副使刘可训巡抚顺天，兵部司务丘禾嘉巡抚山永，前屯兵备孙元化巡抚登莱，汉中兵备刘应遇巡抚甘肃，皆孝廉也。张春加太仆寺少卿，候巡抚缺推用。

按：丘禾嘉以九品务郎躐跻节钺，尤属异数，非中枢梁廷栋之力不至此。似当以张春抚山永，禾嘉升永平道为妥。

先臣既以疏言不当圣意，且永光辈侧目甚切，欲乞南京掌院以归。时大名为李逢申所劾，在告，宜兴许为题转矣，大名开籍出，以为此例转不便，乃题封差以行。是秋，赍节册封进贤王及益府世子妃。

乌程之参虞山也，宜兴实佐之。宜兴既爰立，所以为乌程地者甚力矣。吴宗达，宜兴姻也，于是时揭二人奏请。上亦以乌程孤忠可任，六月十一日特旨："温体仁、吴宗达俱着以原官兼东阁大学士，同首辅成基命入阁办事。"

袁崇焕在诏狱，尚未定罪，至是，狱具，八月十七日旨下：袁崇焕着即会官处决。钱龙锡着革了职，法司议罪。随即逮问。其甫逮也，人皆以高忠宪期之，迨其至，则辱国甚矣。且牵扯同事两辅，呶呶不置，又有导之倾陷蒲州，以快其睊睊之忿者。然圣意已定，盖其奏对语入于天聪，不可援人以自解也。然不如此，株连起大狱，则又共仰圣主离明之照已。陆澄源疏参御史毛羽健为崇焕党，亦革职下狱。

崇焕既决，群小合计，欲借此以起大狱，翻逆案。御史田唯嘉疏荐杨维垣、贾继春，通政使章光岳疏荐吕纯如、霍维华、徐扬先、傅櫆、虞廷陛、叶天陛六人。有旨："逆案奉旨方新，居然荐用，成何政体？"而后群小沮丧，始不敢妄冀云。

时上以封疆多故，群臣蒙比为奸，削谪逮系，毫不少贷。河南府推官汤开远上疏，略曰："皇上急于求治，诸臣救过不给。临御以来，明罚敕法，自小臣以至大臣，与众推举，或自简拔，无论为故为误，俱褫夺配戍不少贷。甚者下狱考讯，几于乱国用重典矣。皇上或以荐举不当，疑其党徇，四岳不荐鲧乎？绩用弗成，未尝并四岳诛之也。皇上又以执奏不移，疑其藐抗，汉文不从廷尉之请乎？亦以张释之曰：'法如是止耳。'不闻责其逆命也。皇上以策励望诸臣，于是多戴罪。夫不开以立功之路，而仅戴罪，戴罪无已时矣。皇上以详慎望诸臣，于是有认罪，夫不晰其认罪之心，而概行免究，认罪亦成故套矣。侵粮欺饷之墨吏，逮之宜也，恐夷、齐之侣，不皆韩、范，宜稍宽之，不以清吏诎能臣。今诸臣怵于参罚之严，一切加派带征余征，行无民矣。民穷则易与为乱，皇上宽一分在臣子，即宽一分在民生。而尤望皇上宫府之际，推诸臣以心；进退之间，与诸臣以礼。锦衣禁狱，非系寇贼奸宄不可入。如是而大小臣工不图报为安攘者，未之有也。”

时左副都御史易应昌、御史李长春皆以言事下狱，长春几至西市，阁臣力救得免，故开远疏及之。

先文肃虽奉使出都，而群奸修怨未已，吕纯如辩疏甫至，而锦衣张道濬随疏参劾，其氛甚恶，奉有“不必苛求”之旨，圣主明照，固自万里。后先臣亦有疏辩，略曰：“微臣立身，粗有本末。仕版初登，即触权奸之烈焰；谪居五载，复撄罗织之凶锋。朝端公论难诬，海内清评俱在。夫昏夜夤缘，望尘罗拜，正狐媚蝇营之故态，盖纯如尝谓生祠之建不妨委蛇，媚珰恶名所不必讳，种种无将之言，昭著耳目，有必不能抵赖者。臣尚不欲尽揭之，奈何反以相诬？臣亦不屑与较。至于虏骑临城之日，正臣阖门自誓之时。臣子应试南都，去在城守解严之后，迨乎奉使辞都，顾骡觅辆，眷属累累，该门可查。若曰君父恩轻，妻孥念重，此又小人肝胆中事，臣死不为也。夫臣所深恨者，逆珰之私客，而必坐之曰‘背公’；臣所深怜者，惨死之忠魂，而必坐之曰

‘死党’。推其意，仍欲穷钩党之流殃，刈贞臣如草菅，而后快于心，恐光天霁朗，宿雾澄清，似不必续晓残之梦，嘘众溺之灰矣。至若张道濬未谙文义，谬析臣疏，代人报复，彼固欲陷臣以危法，而皇上已洞悉其隐情。夫猘噬固能伤人，而豺声亦当自毙，臣尚不屑与纯如辨，何屑与道濬辨？第臣虽不才，备员讲幄，纯如何人，哆口雌黄？微臣何足惜，其轻朝廷而羞当世之士，亦已甚矣，岂可复靦颜清班，以负皇上之礼遇哉？”

奉旨：“奏内事情，公论自明，文某依限前来供职，不必陈请。”

去冬，甘肃援兵鼓噪，溃兵千余，逃回陕西。二月，王子顺、苗美勾连逃兵，掠米脂、清涧、绥德，遂南围韩城。总督杨鹤、巡抚刘广生提兵扑剿，斩首千余级。贼北走，复犯清涧，官兵追逐之，降三百余人。苗美叔苗登雾啸聚于安定，总兵杜文焕击败之。四月，王子顺、苗美自神木渡河，陷蒲县，适山西逃兵亦至，遂与合，其势颇炽。子顺自号“横天一字王”，苗美自号“混天王”。王承胤亦攻陷府谷，渡河，入山西，犯吉州、太平等处。五月，王子顺等复归陕西，掠同官，破金锁关，杀参将王廉。六月，王嘉胤亦还陕西，陷黄甫川、清水二营，遂据府谷。延绥巡抚洪承畴、总兵杜文焕击败之。延安知府张辇、参将艾穆蹙贼于延川，贼求抚，王子顺、张述圣、姚三儿皆降，王嘉胤等分掠延、庆等处，多陷。总督杨鹤主抚，匿不以闻。贼首黄虎、一丈青、小红狼、混江龙、掠地虎等俱牒免死，安插河西地方，民罹毒益甚，有司莫敢告。八月，王嘉胤勾套虏入犯，洪承畴、杜文焕从孤山进击破之。十月，嘉胤复陷清水营，杀游击李显宗。宁夏总兵贺虎臣击贼于盘谷，斩首六百余级，又败之宁州。十一月，山西总兵王国梁击贼于河曲，发炮，炮炸，众乱，贼乘之，大溃，遂陷河曲。十二月，神一元作乱，破宁塞，杀参将陈三槐，遂围靖边。时又有高迎祥，聚众称乱，自号“闯王”，米脂李自成入其党，号曰“闯将”。

卷　三

四年辛未，正月，外察。姚庶子门人永城知县贺鼎、武进知县岳凌霄皆被察。凌霄，于丁卯乡闱中抗言以折张士范者，本邑相公恶其强项，遂以酷处。鼎则以师门之故，欲断其考选之路也。虽云肆毒者王永光，而助纣为虐者，则考功郎中程国祥实尸之。

二月，会试天下士，命大学士周延儒、何如宠为考试官，取中吴伟业等三百五十人。

吏部尚书王永光罢。给事中葛应斗疏纠御史袁弘勋、锦衣张道濬通贿鬻权等事，指弘勋得参将胡宗明银三千两以嘱兵部尚书梁廷栋，又得主事赵建极银一千七百两以嘱吏部尚书王永光。而廷栋随上疏佐之，并列道濬诸奸状。有旨："俱革职提问。"先是，旧枢王洽之逮也，虽事属封疆，而召对之日，宜兴实开其端，旧督刘策又以失事服法，东人摧折已甚，东省诸公多不平。乌程专以笼络人为事，人多啖其狐涎，于是江西、山东诸公俱以乌程胜宜兴也，一意以去宜兴为主。时弘勋、道濬日夜入长垣之幕，夤为奸利。道濬先既参御史刘芳革职，继又助吕纯如参先文肃，毒焰甚烈。而从中保护长垣，因并护袁、张者，宜兴也。时长垣之伎俩穷，而上之眷注已移，鄢陵拟除去之，而以己继其席，且卸中枢之重担。乌程亦拟藉此倾宜兴，而自居首揆，故乘宜兴入闱日发之，乌程即票严旨以进。给事中吴执御，浙人也，而合于东，疏论王永光诲贪崇墨，不可以表率群僚。永光再疏请告，回籍。

三月，廷试策士，赐陈于泰、吴伟业、夏曰瑚等进士及第出身有差。

大学士钱象坤、兵部尚书梁廷栋罢。宜兴之出闱也，不能急收后着，与此辈香火之情甚笃。行人司副水佳胤悍然操戈，直攻鄢陵，显为袁、张报复。水疏入，分会稽票拟。会稽，鄢陵房师也，宜兴直从会稽手拉去，颇左袒佳胤。佳胤再疏，则发鄢陵私人沈敏与蓟抚刘可训往来诸奸状，据有手书盈握，且有暮夜之迹。鄢陵几不免祸，幸中涓左右之，乃得旨闲住，会稽与可训俱株连而去。可训奉旨削去巡抚职衔，以四川副使致仕。

四月，京师大旱，皇上苎袍步祷，百官俱斋宿本衙门，而最冷淡之詹事府，经年不一到者，掌詹协理等官可二十余员，皆群居其中，亦一奇也。

五月，上为雩祷不应，遂释张凤祥、易应昌、李长春于狱。始，阁臣以云间旧辅为请，圣意断断不可，继而俯从廷臣之请，慨然出之圜扉，真可谓尧仁如天矣。

时群小侧目，姚公希孟为甚。去秋，姚与姚明恭主试北闱，搜索无所得，乃借武生冒籍一事，给事中王猷上疏参之。猷，弘勋门人也。理应严查冒籍与否，与衡文者无预，宜兴乃票旨："覆试金允治以文理粗疏，罚停会试三科。高岱以不能完篇，褫革。正副主考俱下部议处。"

廷推阁臣，宜兴以护持长垣故，至于助水佳胤而逐会稽、鄢陵，人心愈愤。会稽、鄢陵虽去，俱不能忘情于宜兴，而其力焰犹足以使人。适会试廷试两元，一以文，一以行，俱大不协于众口，廷元尤为公论所不许。给事中吴执御，一疏再疏，竟借两元为题。然在伟业，不过云迷五色；在于泰，则实受其万金之馈。而于泰亦疏参执御，揭其有无不可知之事，欲倾人以自救，而适以动天下之兵，则宜兴之至巧而实至拙也。嗣继执御以攻宜兴者，不下十余疏，上概行留中，圣心已不能无动。宜兴因其留中也，付之不闻不见，入直票拟如故，则为从来阁臣之变局。既而揭请广阁员，俞旨随下，且准廷臣会推，似悟特简之为非者，圣意盖可知矣。

自虏骑入犯后，上复命内阉提督京营，自是衔宪四出。命太监王坤往宣府，刘文宗往大同，刘允中往山西，各监视兵饷。又命太监张国元往蓟镇东协，王之心中协，邵希韶西协，各监军。又命太监李茂奇监视陕西茶马。又命太监张彝宪总理户工二部钱粮。

从来文场有会试、廷试，有传胪，武则否。十月，复当武会试，有董某者，以勇力闻，达入帝听。时主武试者庶子杨世芳、中允刘必达，某以策不中程被格，上谓诸臣故拂圣意也，两主考及两监试俱下狱。阁臣揭救，反奉严旨重令会试，另点谕德方逢年、中允倪元璐主试事，董某中式。复创廷试、传胪礼，一如文场，董遂赐武状元及第，选昌平游击。次年，边警，阵亡。

是夏，虏骑围锦州，恣掠三日，隳大凌、双堡而去。高阳于是倡城右屯、大凌，以图进取之议，本兵梁廷栋主之。上从部议，命祖大寿率马步兵四千领其事，以班军一万四千供版筑，护以石砫兵一万，改丘禾嘉巡抚宁锦，亲往相度。高阳欲先城大凌，禾嘉不从。廷栋去，中朝尽反其所建置，谓屯、凌荒远，不当筑，令撤班军赴蓟。时尚存粮万石，高阳欲运粮散军，委空城而去，禾嘉又不从。八月，虏骑进围凌城，祖大寿与副总兵何可纲固守，丘禾嘉率监军张春、总兵宋伟、吴襄来援。禾嘉怛悸，屡易师期。宋伟主进，吴襄不可，两不相下。高阳至锦，克期进兵。襄曰："日者言大寿命宫难星将出，少待之！"越八日始进，遇虏兵于长山。襄营主近水，伟主近草，议未定，而虏兵前驱至。伟营栅甚固，虏兵连攻不能入，移攻襄营，襄众乱不能军，遂溃。伟力战至晡，亦溃。张春陷。而锦人高应元、陈二、韩五从北营拔归，愿自效其奇，知四王子营于白云山，乞以通夷语者百人，裹火药入营，乘不意纵火，勾王子帐而刺之。即不成，八营皆扰乱，可走也。大寿之弟大弼，敢死战，喜结客，战于锦州。四王子免胄掠阵，大弼笑出搏之，刃几中马腹，虏号曰“祖二风子”。四王子啮指称之。三人在北营，知大弼名，乐从之。高阳以三人属大弼，结为兄弟。夜三鼓，三人为导，大弼率死士百二十人斫四王子营，火药发，烟焰蔽帐前，四王子跣而免，八营皆大乱相蹂杀。既辨色，我兵伪为胡语，混虏兵而出。先一日，凌城食尽，虏兵招降甚急，何可纲为文自祭而死，大寿降于清。四王子劳来甚至，赍酒食鞍马，约下锦州。大寿以养子为质，与之盟而还。至是，我师劫北营，大寿养子逸出，清兵乃复毁大凌城引去。而中朝喧言长山之败，丧失师徒辎重无算，皆以开衅咎高阳，坐以矫旨复城，诏冠带闲住，削宁锦叙功世荫。张春既陷，其妻翟氏六日不食，自经死。而春通书求款，庙堂计无复之，乃授张春副都御史，黑云龙带都督俸以羁縻之。后禾嘉与大寿相讦，大寿抗章抉摘其贪秽，高阳力止之，而闻之中朝，迁禾嘉南京太仆卿以去。

日讲官罗喻义进讲《尚书》，先期草讲章送阁，内有伤执政语，乌程裁其半，喻义执不可，直至中堂，动色而争。体仁遂出疏参之，言：“旧例惟经筵多进规语，日讲则正讲多，进规少，今喻义以日讲而用经筵之例，驳改不听，自愧不能表率后进。”有旨：“喻义闲住。”此真词林怪事，究竟所指之例，不知出何典故也。

少詹事姚公希孟，在讲筵为上所识，每讲毕归班，上未尝不目送也。众咸谓大拜可期。时适有枚卜之旨，宜兴所以阻拦后辈者，不遗余力。当会推时，众共推毂姚，冢宰闵洪学语人曰：“首揆不欲。”众复面恳宜兴，宜兴极相引重。众再诣冢宰，冢宰坚以首揆为辞。众乃促总宪陈于廷同冢宰往见宜兴。宜兴令门役两次延见，先冢宰而后总宪，冢宰出语人曰：“首揆终不欲也。”最后，乌程显然排挤，谓：“姚科场有话讲，部覆未上，岂可预推？”少詹公乃急喻同人止弗复言。若不见几，则虞山之故辙，必复见于当日矣。御史迟大成特上“资浅望重”一疏，本为少詹公及姜曰广而发，奉有再奏之旨。少詹公力免之，乃指先文肃之家居者以对，其并及陈谕德仁锡，则迟有戒心焉，借陈以免于诘责也。宜兴以是有歉于心，岁终置讲筵诸臣不叙，而单疏特题少詹公升正詹，以谢过云。

时当考选，开封府推官张瑶、杞县知县宋玫皆莱阳人也。宋玫考选得给事中，张瑶得同知。瑶大不平，因发玫贿营情状，列疏上闻。吏科都给事中宋鸣梧特出“悍吏劣考犹轻疏”参瑶，乞加重处。有旨：“张瑶降四级调用。”后瑶补河州判官，流贼破河州，瑶殉难，恤赠光禄寺丞，荫一子入监。（时玫与鸣梧通谱，推毂甚力。瑶颇薄之，且不向鸣梧父子投诚。鸣梧等大怒，劣转同知。）

是年正月，流贼神一元陷保安，副将张应昌击败之，一元死，弟神一魁领其众。二月，总兵贺虎臣、杜文焕合军围保安，神一魁突围出，都指挥王英不能御，诸道兵皆溃。一魁遂攻庆阳，破东关。游击伍维藩击斩五百余人。时总督杨鹤驻邠州，不即援，而宜君贼赵和尚等复南犯泾阳、三原、韩城、澄城等处。三月，张应昌等援庆阳，贼围解时，议招抚神一魁等。癸未，贼首孙继业、茹成名六十余人来降，总督杨鹤受之，设御座于固原城楼上，贼叩首呼万岁，因宣圣谕令设誓，各解散归原籍，自是群贼视总督如儿戏矣。四月，神一魁降于杨鹤，鹤侈其事，上言请数万金赈济其胁从饥民，各给牒回籍。而余贼刘五可等据铁角城，混天飞、独行狼、混江龙等据芦保岭，分犯平、固、耀、泾等处。混天猴分犯宁、环，王虎围庄浪，不沾泥攻米脂。总兵王承恩、侯拱极率兵至葭州，洪承畴、张应昌亦至。贼分两营以待，官兵愤击，大破之。不沾泥逃奔关山岭，副将马科等追之，尽歼其众。不沾泥手杀贼首双翅虎，缚献紫金龙以自赎。五月，王承恩击宜川贼，败之，贼首王虎、金翅鹏降，金翅鹏即王子顺侄王成功也。余贼走宜君。参将曹变蛟逐宁塞贼于唐毛山，四战皆捷，先后斩一千四百余级，贼大溃。延安贼赵四儿掠韩城、郃阳，参将张全昌击斩三百余级。贼走鄜州，复进击，斩六百余级。是月，满天星降于杨鹤。曹文诏攻河曲贼克之，斩贼千五百余级。六月，击王嘉胤于阳城，斩之。其党又推王自用为首，号曰紫金梁，其党皆自相名目，除混天猴张孟金、不沾泥张存孟外，张献忠号八大王，赵四儿号点灯子，张有义号一盏灯，王之臣号豹五，罗汝才号曹操，高嘉计号险道神，张大受号满天星，刘国能号飞来虎，常国安号托天王，贺一龙号革里眼，李万庆号射塌天，惠登相号过天星，张一川号扫地王，杨旭号一只虎，马守应号老回回，张胖子号整齐王，伍林号一杆枪，王光恩号小秦王，杨光甫号一连鹰，刘正国号关索，其他蝎子虎、翻山鹞等名类甚多。

鄜州混天猴谋袭定边，张应昌邀之于真水川，败之，追斩四百余级。洪承畴又败之甘泉山中。王承恩、曹文诏等击诸贼于太平原等处，连败之，延、庆之间，稍息肩焉。

癸未，以神一魁等复叛，逮杨鹤下狱，以洪承畴总督全陕军务。点灯子东渡至山西，入沁水，攻窦庄。窦庄，故张公铨里居也，聚众拒守，矢石并发，贼伤甚众，乃退。复陷隰州、蒲县，总督魏云中削职听勘，以张宗衡代之，以宋统殷巡抚山西。

八月，王承恩击斩中部贼七百余级；贺虎臣击斩庆阳贼刘六，杀其余党六百余人，西路渐平。

神一魁劫守将吴弘器，官兵围之，其党黄友才斩一魁以降。

独头狼、满天星、一丈青、上天猴等沿劫同、郃等处，副总兵赵大胤在韩城，去贼营二十里，不敢邀击。士绅强之出，报斩五十级，验之，则皆妇女首也。给事中魏呈润劾之，有旨提问。洪承畴击点灯子，擒之，伏诛。其党黑煞神、钻天哨等皆起，黄友才亦叛。洪承畴升任，延绥巡抚缺。时御史吴甡奉旨赍银十万，赈济陕西饥民，兼行招抚。部推甡为正，布政陈奇瑜陪，上用奇瑜。

十一月，陕西贼谭雄陷安塞，王承恩诱雄等五人斩之，复安塞。不沾泥等陷安定，王承恩进攻安定，贼走绥德。混天猴陷甘泉，劫饷银十万八千两，杀知县郭允图，河西兵备张允登阵亡。洪承畴遣王承恩进剿，而自率六百人趋鄜州。十二月，甘泉贼陷宜君，又陷葭州，兵备郭景嵩死之。于是诸降盗皆叛，承畴日不暇给矣。

山西贼陷掠闻喜、河津等处，孙显祖讨之，与贼六战皆捷。

五年壬申，正月，孔有德等据登州以叛。先是，孙元化以前屯兵备超升登抚，随带辽丁三千人，驻防登州。辽丁贪淫强悍，登人不能堪。适是冬有大凌河之警，孙令孔有德等率辽丁往援，即于原籍着伍，亦两全之术也。行至吴桥，后队尚滞新城，夺取王氏庄仆一鸡，王氏大族，势凌东省，随禀领兵官，必欲正法。领兵官不得已，查夺鸡者穿箭游营，众乃大哗，遂杀守庄仆。王氏申详抚按，必欲查首乱者，戮以徇众。辽丁急至吴桥，邀前队改辕而南。时统兵者，左步营参将孔有德、右步营都指挥陈有时、东江副总兵毛承禄、登州参将李九成也。辽丁三千人，皆歃血立誓，若不雪此耻而北行者，众共杀之。遂拥孔有德以叛，尽灭王象乾家，王象春等皆易服前窜，抄劫新城一空，越临清、德州，取间道而东。过青州，知府汪乔年馈牛酒犒师，令无相犯，辽兵果结队而过。距登数十里，于马塘店扎营，曰："为王氏所逼，非敢反也。"元化令旗鼓游击耿仲明传谕扎营城外教场候抚。教场故有三千营房，援辽将卒家属居焉，令欲移入城，出房以舍步兵，城中坚拒不纳，有德说仲明亦反。尚有辽人在城中者，绅民必欲搜戮，辽人遂开门纳师，登城陷，时正月初三日也。

吕纯如复有疏参论多人，通政章光岳送还之。至是复上疏，止于自辩，不及他人。御史吴彦芳驳之，上遂留纯如疏不发。彦芳者，愦愦人也，去秋曾有一疏，为宜兴解嘲，公论哗然，有教之忏悔者，故出此疏，疏亦不为无功。后复有疏荐李瑾、李邦华，而给事中吴执御亦疏荐黄克缵、刘宗周。上责其朋比，俱下狱。说者谓执御之处，显然修廷元之怨，而彦芳则前疏之故也。

上点礼部尚书徐光启、郑以伟入阁办事。登城之变，孙元化自刎不死，孔有德等欲奉以为主，亦不可。东省之人，以其不死也，遂以朱泚目之，言路欲借以倾宜兴。宜兴与元化同举于乡，最相昵也。时调总兵王洪、杨御蕃往剿，相持不敢进，于是转而为主抚之说。而旧岁枚卜事，一推再推，未奉俞旨，于是宜兴、乌程各欲树其同志，以为薪传之计。而宜兴所急欲引进者巴县，次则上海，乌程亦注意巴县及首推。盖巴县故宜兴素所昵爱，而上海者，则宜兴因言路借登抚以攻之，颇有危机。上海与登抚师生莫逆，此老迂戆，勇于任事而不顾利害，日夜为主抚之说，以祈纾登抚之死，故宜兴欲借之自助，且卸前担。至是具揭以两人为请。上乃点用上海徐光启，及上饶郑以伟，而首推竟不用。先是，首推投诚乌程以求必济，乃奉旨另推者再，终于圣意未惬。林下某公意首推必蒙点用，遂飞书长安，极相推许，书中复纵论某正，某邪，某可推戴，某可联络，某可摈弃，书中全注毒宜兴而不及乌程。又邮致锦衣吴孟明，吴，首推姻家也，复落中书周大成之手，都下哄传，而首推遂不用。其不用之故，皆以为此书既露，政府从而尼之，首推之恨不可言。若上饶，盖以恬静得之，则天也。（首推为姜逢元。）

登州既陷，山东巡抚余大成革职逮问，以徐从治为山东巡抚，谢琏为登莱巡抚。又令兵部主事张国臣往谕解散，一面议抚，一面进兵。孔有德等因统兵直薄莱州城下。谢琏等复申抚议，有德等必欲邀登抚至彼营中，方肯受抚。琏不得已，同莱州知府朱万年抚其营，俱被拘留。于是复主剿，乌程特出疏力攻主抚者。时总兵刘国柱、王洪、邓玘统兵三万，由沙河西路以进，副总兵吴安邦、徐树声统兵二万，由八角东路以进，天津参将孙应龙统水兵三千抵庙岛，断其入海之路。既而三路皆败，树声、应龙被擒，东抚徐从治为炮所击死，于是复令莱州推官屈宜阳入营议抚。抚亦卒不就，更调榆林、蓟、昌各边兵，统以总兵杨御蕃。升金华朱大典为山东巡抚，拒堵于莱州。元化航海至天津自投，刑部以封疆律正法。有德等祷于海城小圣庙，抗天朝与投清孰吉，卜得投清，随得顺风，出海归清，登人随毁小圣庙。

吏部尚书闵洪学罢。长垣既去，闵洪学为吏部尚书，亦乌程人也，每事收人心以归温，有过则皆诿之宜兴，而宜兴不觉也。登抚之变，乌程显出疏攻主抚者，以阴倾宜兴，宜兴危甚。又洪学莅任，惟奉行乌程意旨，于宜兴不甚照管，左侍郎张捷至不能进参一语。斯时操鳌弧者，不在宜兴而在乌程，一时捷足者竞走乌程，宜兴之党皆怨闵冢甚。于是张捷与太仆少卿贺世寿投诚诸君子，谓言路若能攻闵冢而去之者，乌程之去，宜兴力任之有余。时给事中王绩灿、御史刘令誉、周堪赓先后疏参闵冢，兵部员外华允诚疏尤切。允诚疏略曰："当今时势有三大可惜、四大可忧。夫以皇上圣德，加之励精，何难于握大权坐跻至治？乃当事者借皇上刚严，而佐以舞文击断之术；借皇上综核，而骋其讼逋握算之能。遂使和恒之世，竞事刑名，皇上图治之圣心，为诸臣斗智之捷径，可惜一。帅属大僚，惊魂于回奏认罪；封驳重臣，奔命于接本守科。直指风裁，徒征事件，长吏考课，惟问钱粮，以多士靖共之精神，为案牍钩校之能事，可惜二。今何时乎？非大小臣工同舟遇风之时乎？庙堂不以人心为忧，政本不以人才为重，意识互持，议论滋烦，遂使诡劓诡抚，等于筑舍；忽用忽舍，有似举棋。以兴邦启圣之日时，为即聋从昧之举动，可惜三。夫人主所以尊于天下者，法也。丧师误国之王化贞，何以与杨镐异辟？洁己爱民之余大成，何至与孙元化并逮？甚而一字偶误，一言偶失，执讯随之，刑罚不中，铁钺倒置，一可忧也。国家所持以为元气者，公论也。今直言敢谏之士，一鸣立斥，指佞荐贤之章，非奸即党，不惟不用其言，并锢其人，又加之罪，谗奸得志，忠党屈抑，二可忧也。国家所赖以为防维者，廉耻也。近者中使四出，大臣俱不敢谏阻，小臣又安敢抵触？与之抗衡者，仅二三人耳。其余奔走之辈，惟恐后时，谄曲趋承，犹宜获戾。皇上以为近臣可任，而不知幸窦已开，以为内任可惟我操纵，而不知其屈辱士大夫已如此矣，三可忧也。国家所藉以进贤退不肖者，铨衡也。我朝罢设丞相，用人之职，吏部掌之，阁臣不得侵焉。今次辅与冢臣同邑为朋比，惟异己之驱除，阁臣兼操吏部之权，吏部惟阿阁臣之意，造门请命，夜以为常，统均大臣，甘作承行之吏，加膝坠渊，惟其所欲，黜陟大柄，只供报复之私。甚至庇同乡，则逆党可公然保举，而白简翻为罪案；排正类，则讲官可借题逼逐，而荐剡遂作爰书。皇上恶诸臣之欺，欺莫欺于此也；皇上怒诸臣之专，专莫专于此也；皇上疑诸臣之党，党莫党于此也。威福下移，正气消磨，四可忧也。”

疏入，与令誉等皆奉严旨，而绩灿寻以他事革职。时关外议款，众论谓张春失节不死，反加副都御史，何以报袁崇焕于地下？黑云龙输诚通款，反都督府带俸，何以谢郭巩、陈此心于狱中？故疏内复及杨、王一案。闵冢果不安其位，连疏请告以去。闵冢既去，张捷辈意足志满，宜兴复饮乌程狂药，谓死生决不相负，于是尽反前言，于同志举动不复照管矣。张捷者与仆少公虑乌程知其谋而修郤也，转而入乌程之幕，尽以始末告之，且谓华疏出詹事姚公手，故乌程恨詹事与总宪最深。北闱冒籍事，部覆既上，乌程密揭入大内以挑圣怒。至尊初念颇佳，忽然中变，遂奉旨：“姚希孟着降二级调用。”总宪后以考核御史毕佐周事，有旨：“毕佐周着降三级调用，陈于廷着革职为民。”

詹事公之处也，宜兴实知之而不救。旨下之日，宜兴休沐不出。简讨徐汧、庶吉士张溥适在坐，宜兴见旨，顿足曰："惜我出直，朝端又去一正人矣。"然而人之视己，如见其肺肝矣。

御史史堃为长垣私人，北方悍将也。时以巡按淮阳回道考核。淮阳素称膻地，前按曹暹未及半年，赃罚已积十七万有奇，猝当例转，百计仅支二万金归，余俱留贮库。继任者为史堃，尽掩取之。史堃又署巡盐事，欺匿盐课二十一万，考核时啧有烦言。总宪长子陈贞裕屡次干谒，婪有数千金，堃执其手书相挟。总宪惧，乃考核称职，回道管事。

尔时为总宪者，正当胪列史堃奸贪诸状，奏请提问追赃，如高宗宪于崔呈秀故事，并首其子干谒说情罪状，而自束身待罪。圣明必深加矜亮，不特可称埋轮破柱之职，而一番举动，自足令人心振耸。乃畏首畏尾，坐失事机，终为当轴挤去，良可叹也。为大臣者，当于此处着眼。

工部右侍郎高弘图疏，略曰："臣部有公署，中则尚书，旁列侍郎，礼也。内臣张彝宪奉总理二部之命，俨临其上，不亦辱朝廷而亵国体乎？臣今日之为侍郎，贰尚书，非贰内臣。国家大体，臣固不容不慎，故仅延之川堂相宾主，而公座毋宁已之。且总理公署，奉命别建，则在臣部者，宜还之臣部，岂不名正言顺而内外平乎？”

上以军兴，饷事紧急，彝宪应到部验核，不听。弘图遂引疾求去，疏七上，上怒其悻悻无人臣礼，竟削籍。

南京礼部主事周镳疏，略曰：“内臣用易而去难，此从来之通患，然不能遽去，犹冀有以裁抑之。今张彝宪用，而高弘图之骨鲠不可容矣。金铉之虽幸免罪，以他事中之矣。王坤用，而魏呈润以救胡良机处矣，赵东曦以直纠扶同处矣。邓希诏用，而曹文衡以互讦投闲矣，王弘祖以礼数怠缓斥矣。若夫孙肇兴之激直，李日辅、熊开元之慷慨，无不罢去，未易屈指。尤可叹者，每读邸报，半属内侍之温纶，从此以后，草菅臣子，猥亵天言，只徇中贵之心，将不知所终矣。”

上怒其切直，削籍为民。礼部员外袁继咸疏救，不听。

是年正月，延绥贼伪为米商入宜君，陷之。复陷保安、合水，而宁塞余贼复合环、庆诸贼，屯镇原之蒲河，欲犯平凉及凤翔。汉中巡抚练国事檄固原兵备王振奇同副总兵王性善等截守各隘口，檄平凉兵备徐如翰同副总兵董志义守泾州各要害，又檄总兵杨嘉谟等缉捕奸细，获贼塘马杀之，断其耳目，贼遂不敢出。适洪承畴从鄜州间道疾至庆阳，曹文诏以临洮兵至，贺虎臣兵亦至，齐集于西澳夹击之。与贼大小十余战，斩首千余级，追奔数十里，伤堕者无算，而宁塞之贼尽矣。惟混天猴等尚据襄乐，练国事遂移镇宁州。时以西澳之捷为从来用兵第一，而延西诸贼，郝临庵、可天飞屡为官军所败，独行狼复入其伍，据铁角城，耕牧其中，为持久计。洪承畴、曹文诏进击之，斩可天飞，其二贼亦生擒伏诛。自西澳捷后，军声大振。文诏忠勇善战，承畴与下同甘苦，得士卒心，转战四载，斩级三万余，西人稍稍休息，然亦惫甚矣。

三月，宁塞余贼夜袭鄜州，兵备郭应响死之。关西余贼亦攻陷华亭，知县徐兆麟甫任七日，城陷，逮问伏法，人皆以为冤。

八月，山西巡抚宋统殷击贼于长子，贼奔沁水。贼首紫金梁、老回回、八金刚围窦庄，张道濬率其族御之，贼多死，且闻秦兵至，甚惧。紫金梁、老回回皆乞抚。惟张献忠、闯塌天不受命。紫金梁归款未决，官军乘贼不备，轻骑袭其营，贼遂南奔，犯济源，陷温阳。

九月，山西贼豹五等破临县，据之。滚地狼等南犯，陷修武，杀知县刘凤翔，焚掠武、涉，遂围怀庆。上以藩封重地，切责河南巡抚樊尚燝，令杀贼自赎。贼既尽向河北，山西巡抚宋统殷、冀南兵备王肇生帅兵次陵川，扼贼归路。贼北归，遇官军，殊死斗，互有胜负。会夜与贼争险，对营两山头，贼缘谷潜登，大哗，官军乱，统殷、肇生皆走，与诸军相失。宣大总统张宗衡提兵至高平，统殷、肇生以兵来会，大破贼于桑子镇，贼复入沁水。

十月，山西巡抚宋统殷以陵川失律，回籍听勘，以许鼎臣代之。

十二月，张宗衡、许鼎臣同逐临县贼，贼入磐磨山。山方六百余里，贼首独头虎、摇天动据交城、文水，北窥太原。邢满川、上天飞据吴城，东向汾州。紫金梁、乱世王屯红梯关吾儿峪，遂乘虚从沁州北掠榆次及寿阳，距太原止六十里。许鼎臣撤兵北归。时乱世王与紫金梁争一掠妇，构小隙，遣其弟混天王来投诚。廷议方主进剿，诸将讳言受降，权辞谢之，约得紫金梁头，方为请于朝。混天王唯唯而去，诸贼遂分为三，陷霍州、垣曲、长子等处。壬辰，陷辽州，是日除夕也。

癸酉六年，三月，给事中陈赞化疏劾周延儒招权纳贿，游客李元功借丛威人。又云："延儒尝语去辅李标曰：'上先允放，余封还原疏，上即改留，颇有回天之力。今上，羲皇上人也。'此系何语，岂徒小人之轻泄乎？至指借停刑以图贿利，此固通国所共知也。"且引科臣李世祺为证。世祺亦奏延儒曾有此言。给事中朱又焕复疏参延儒重负国恩，毫无补救。宣府太监王坤亦疏攻延儒。左副都御史王志道疏争王坤不宜侵辅臣，语颇过激。上召廷臣于平台，谕志道曰：“遣用内臣，原非得已，朕谕甚明。尔等不自省察，徒事争执。王坤之疏，朕已责其诬妄，乃群臣举劾，无不牵引内臣，岂处分各官，皆为内臣耶？”志道对曰：“王坤疏劾辅臣，举朝惶惶，皆为纪纲法度之忧，臣为纪纲法度惜，非为诸臣地也。”上曰：“廷臣于国家大计，不闻一言，惟用内臣在镇，不利奸弊，乃借王坤疏要挟朝廷，诚巧佞也！”诘责志道者再三。延儒奏：“志道非争论内臣，实责臣等溺职。”上曰：“职掌不修，沽名立论，何堪风宪之任！”志道退，即引罪乞罢。时乌程同召，竟无一言相助，宜兴亦以是憾之。

宣府巡抚马士英甫莅任，冒侵饷银六千两。镇守太监王坤疏发其事，士英逮问遣戍。旧例：巡抚到任，修候都门要津，侑以厚贿，赎锾不能猝办，则撮库中正额钱粮应用，而徐图偿补。此相沿陋习，各省各边皆然，不独一宣府也。士英莅任未几，一时不及抵偿，遂为王坤所纠。坤既以发奸为功，上亦心喜内臣之果能绝情面而剔积弊也，故凡言内臣者皆不听。

六月，大学士周延儒罢。陈赞化复疏参宜兴，宜兴循例请罢。第三疏拟邀俞旨，即出，乌程心图首辅，巧用机权，准予休告。旨下，出其不意，宜兴殊不能堪，乃谋于内，召桐城旧辅以压之。宜兴在政府，每借力于内，以示其威权，其语人也，辄以喜怒不测，归之圣意，而实阁中之权，尽归于中涓矣，是阁体之坏，自宜兴始也。而其罪之大者，在不能沮内阉之出镇，几与昆山等，惟乌程能踵其智，他辅皆不能及。

上饶、上海相继告殂。阁臣复请枚卜，上点用嘉善钱士升。士升虽浙人，与诸君子颇相周旋，唐世济力言于乌程，当急收之，无为彼中所用，遂由南京礼部侍郎，入正揆席。宜兴既去，又点用巴县王应熊、香山何吾驺。香山亦以投诚乌程得之。巴县则宜兴所最注意，而乌程援以自助者也。给事中章正宸疏言，爰立命下。吾驺人无间言，应熊则竟以奸邪目之，应听休致。有旨革职提问。正宸方以馆选外授也。

王承恩败安塞贼于西川，胡堡贼目乔六斩其魁以降，余众悉遁。自是秦中稍宁，而晋豫之间多暴骨矣。

正月，副总兵左良玉提兵援怀庆，败贼于涉县西，斩其渠，既而击林县贼，败绩于武安。麾下兵七千，先后失亡殆尽，乃请邓玘兵相援，贼遂掠真、大、井陉，兵备□□檄守备李定、王国玺御之，陷贼伏中，贼遂长驱而东，大名兵备卢象升御却之。

曹文诏连败贼于忻、代间，斩首千五百级，又败贼于榆社。时文诏屡捷，张应昌逗留不进，紫金梁、老回回从榆社北奔。三月，山西兵击贼于阳城北。张道濬设伏于三缠凹，贼至，伏起，击之，斩贼渠满天星，贼大奔逃，巡抚许鼎臣奏道濬功第一。五月，曹文诏夜袭贼于偏店，贼惊走，坠山谷者无算，诸将会兵逐之，贼尽南走。总兵邓玘率川兵三千，同石砫土司马凤仪驰援河南，未几，凤仪败没。六月，川兵溃于林县，潞王告急。上念中州流寇蔓延，令总兵倪宠、王朴分将京营兵，赐二将弓矢战马，监以太监杨进朝、卢九德，驰赴南河夹剿。

上以剿贼诸将，一时功罪勤惰，应有监纪，特命太监陈大金、阎思印、谢文举、孙茂霖分监曹文诏、张应昌、左良玉、邓玘军，仍发内帑银四万两、红素蟒缎四百匹、红素纻缎二千匹，军前给赏。

七月，张应昌进剿汾州诸贼，内监纪需索百倍，汾阳知县费甲镳以供应不能给，投井死。左良玉破贼于怀庆，贼奔太行山。山西贼陷永和，复陷沁水。贼自秦入晋，五犯沁水，至是始破。

八月，陕西贼复起，攻隆德，杀知县费彦芳。固原兵备陆梦龙进剿贼于绥德城下，死之。

贼流入真定者，杀掠宁晋、南宫甚惨。九日，张应昌败贼于平山，获贼首张有义，即一盏灯也。贼遂走五台山，据显通寺，其中薪储皆具，阻险自守，官军不敢击。

十月，山西、河北诸贼二十四营乘冰渡河，而南犯阌乡，陷渑池。

十二月，己未，河南贼陷伊阳。庚申，陷卢氏，遍掠汝州、淅川、内乡。戊寅，犯南阳。遂流入湖广，掠均州、光化。庚辰，贼假称进香，陷郧西。癸未，陷上津，郧阳抚治蒋允仪、河南巡抚曾偶皆被逮。

按：郧阳不过一聚村耳，以其介川、陕、河南三省之交，山川绵亘，盗贼易于盘踞，故设重臣，建牙以镇抚之。又以抚绥流民，故易巡抚为抚治。奉宪、孝二宗敕旨："抚治管辖地，三省巡抚不得干预。"万历初年，核饷犹有一万六千之额，王公世贞在事，以六千改充边饷，以四千发荆商两道，自募标兵，而数止六千矣。由军有官无俸，令食缺官俸，后以搜刮故，开饷俱解太仓。旗鼓官日廪二钱，取之饷银，而饷又不时给。标兵三百，岁粮十两有奇，皆各县有身家者，买顶首以免门户，而觅人充当。又义勇二百，岁粮六两，且糊口不足。而南下之贼动称数十万，将何所施其堵御？说者谓但易郧镇之官，而不为郧镇计长久，重事权而增兵饷，虽武侯复生，终无济也。

延绥贼钻天哨、开山斧独据永宁关，前阻山险，下临黄河，负固数年不下。巡抚陈奇瑜简锐卒八千人，出不意，疾走入山。贼不虞大兵至，溃走，纵击，斩首一千六百级，二贼死，遂焚其巢。复击贼首一座城，斩之，河西盗悉平。

七月甲戌，正月，山西提学佥事袁继咸疏，略曰：“士有廉耻，然后有风俗；有气节，然后有事功。如总理户工太监张彝宪有请令入觐官员投册，以隆体统之奏，皇上从之，意在厘剔奸弊，非欲群臣屈膝也。乃上命一出，靡然从风，藩臬守令，参谒屏息，得免呵责为幸。嗟乎！一人辑瑞，万国朝宗，而相率趋拜内臣之座，士大夫尚得有廉耻乎？国家自有觐典二百余年，未闻有此，可为叹息也！”

上以其越责言事，切责之。既而彝宪奏辩，谓：“觐官参谒，乃尊朝廷。”继咸再疏，略曰：“尊朝廷莫大于典例，知府见藩臬行属礼，典例也；见内臣行属礼，亦典例乎？诸臣入觐，投册吏部，典例也；参谒内臣，亦典例乎？事本典例，虽坐受犹可以为安，事创彝宪，即长揖只增其辱。高皇帝立法，内臣不得预外事，若必欲以内臣绳外臣，《会典》所不载！”

上再切责之。时当国者乌程也。

二月，会试天下士，命大学士温体仁、吴宗达为考试官，取中李青等三百人。又特旨：“五经颜茂猷准列正榜前一名。”颜茂猷，福建人，五经俱拈就，知贡举官礼部左侍郎林钎具疏题请，奉旨：“准与誊录。”先文肃同考，领《易》一房，分送先文肃房中，先文肃力请中式，乌程坚拒，五上堂而终不允榜出，亦具疏奏请。奉旨："准列正榜前一名。"茂猷遂列李青之前。于是海内咸识圣天子破格用人盛心。以后丁丑揭重熙、癸未冯元飚等皆以五经中式，遂循为故事矣。

先文肃本房首拔临川陈际泰，陈老宿，名震都下。次如皋许直，甲申以吏部殉难者也。又次，新昌漆园，首题"其行己也恭"四句，篇末痛言不恭不敬之害，先文肃毅然取之。呈卷时，意乌程必当见驳，当有一番质辩。既呈上，即批允，心内窃以为疑。比撤棘，乌程于阁中扬言曰："外人说我们要进场收几个门生，我们今日地位，也靠不着门生了，况场中即有人骂我。"嘉善曰："场屋中如何骂得？"乌程曰："他篇末竟说不恭之臣如何，不敬之臣如何，岂不是骂？"嘉善曰："老先生如何打发他？"乌程曰："本房批'伸眉抗手，想见其人'，敢不中？敢不中？"其阴忍如此。

是时，场中皆推陈际泰为会元，检讨项煜欲令会元出其门，以计使先文肃，谓渠首卷乃杨廷枢也。廷枢乃名重江南，为庚午解元。先文肃雅不欲与人争元，遂力让之。及拆号则李青也。项煜向有"项黑"之称。故"项黑得李青"之号，哄传一时。是科虽乌程为主考，而力行阻抑。如榜额每科三百五十名，甲戌止得三百名；会元多入鼎甲，而李青不得列；每科考选馆员，独甲戌则否。又倡为内外兼用之说，而考取知推为馆选，至欲令三甲就选县丞主簿。众议沸腾，以为不可行，乃止。

给事中李世祺降级调用，以其论温体仁、吴宗达也。山西提学佥事袁继咸上疏，略曰："养凤欲鸣，养鹰欲击。今鸣而箝其舌，击而绁其羽，朝廷之于言官，何以异此？使言官括囊无咎，而大臣终无一人议其后，此大臣所甚利，忠臣所深忧，臣所谓太息也！且皇上所乐听者谠言，而天下误以攻弹贵近，为天子所厌闻，其势将波靡不止。"

上终以其越职言事，切责之。

三月，廷试策士，赐刘理顺、吴国华、杨嘉祚等进士及第出身有差。

五日，陕西副使贺自镜奏监纪太监孙茂霖纵兵劫掠，玩寇殃民。宣府太监王坤代辩："监纪，纪功罪耳，追剿自有将吏在，如果如自镜所言，则行间文武、地方官员，罪俱不在茂霖下矣。"

七月二十六日，上为外警焦劳，召对九卿科道，天语详明，下莫有能酬对者。

八月十一日，吏部尚书李长庚削职为民，下文选员外程良筹于狱。长庚素见憎于乌程，欲因事除之久矣。是时，适议起废，先是，宽恤条款议及罪谴诸臣，奉旨下部。刑部方具招列名疏请。旨尚未下，有语长庚者，当俟刑部疏下，先释罪而后起废。乌程欲陷之罪，促其急上。疏上，胪列无遗，共一百一十六人。上以其屈法徇私、朋比欺蒙也，故有此重谴。

良筹为吏部，甫莅任即作誓文，誓于伏魔城隍之神，随刊其文，遍都市门，众咸耸动，谓必刻意简饬，关节不到如包老也。后狼藉异常，较无誓文者更甚。辛未词林程其搀，其叔也，每乞假之夕，两人俱易更衣入青楼家，为卜夜之饮，众论益鄙之。至是下狱，索赃者趾相错于路也。正搀以次年京察。

长庚既去，左都御史张延登亦以请告去。旨："府部九卿科道公举堪任冢宰、总宪者来看。"时吏部左侍郎张捷署部事，特疏荐逆案吕纯如及原任兵部侍郎唐世济。八月二十一日，上特御平台，召五府六部九卿科道官面对，上谕曰："吏部尚书乃用人的官，须要天下第一才品。若据会推故套，不过精心定力两语混题，止须一二人把持足矣，何名会推？卿各举所知来。"

张捷奏："臣昨辞部印，正为会推一事。年来诸臣党同伐异，误尽朝廷，在外会推，自然瞻顾局面，孰敢犯忌？今蒙皇上召对，谕臣等各举所知，务得天下第一才品。须不论方隅，容臣等破格推举。"

上曰："立贤不以其方，卿等举来。"时定国公徐允祯等、大学士温体仁等共举谢升、唐世济等十余人，张捷仍独举吕纯如、唐世济。诸臣举讫，捷又奏："臣已举两人，但此两人，皆举朝所不欲用者。"随取奏本呈御览。上问："科道官何为不举？"吏科都给事中卢兆龙奏："会推大典，科道例无保荐，九卿推举当，则听皇上点用；不当者，臣等纠参。"圣旨深然之，随取张捷疏细阅讫，上问曰："吕纯如是钦案有名的，张捷如何举他？"捷奏："吕纯如有才有品，臣所深知。钦案列名，谓其颂美逆贤，今红本具在，并无一字相及，岂可坐以颂美？"上曰："他已曾辩过，但不可开端！"因以目视科道官曰："科道如何说？"卢兆龙奏："诸臣荐举，各有本末，抑听圣明裁夺。至张捷所举吕纯如，系钦案有名，臣等正拟纠参，适蒙圣谕，已有明鉴，臣等不敢复有争执。"张捷再奏："臣实见吕纯如清执可用，今弃之草野，实为可惜。"御史张三谟奏："廷推冢臣，所关甚重，即使事非钦案，亦须昭雪。吕纯如生平贤否，姑且勿论，业已身负重累，何以服人？况钦案久定，此端一开，渐何可长？"张捷又奏："臣实知吕纯如是真贤者，故从公推举，即在钦案中，亦须分别！倘皇上用之不效，如李长庚削职，臣亦与同削职，或处分更有甚于此者，臣亦甘与同罪。"捷又奏："小民作奸犯辟，朝廷五年大审、每年热审，唯恐其冤，何况大臣，如何冤得？"给事中孙晋奏："张捷如此，如何比拟？今日皇上郑重冢臣，特召诸臣公同咨询，乃以开释罪囚相喻乎？"卢兆龙奏："臣任清江知县时，记得吕纯如护送惠藩之国，沿途骚扰，只此一事，已见无才，况屈身逆贤，其品可知。"时给事中姚思孝、顾国宝、蒋德琼、吴南灏等，御史金光宸、韩一光、杨绳武等俱奏吕纯如身在钦案，断不可用。捷犹呶呶置办。给事中姜应甲叱之曰：“张捷所举如此，心事可知，还敢在皇上前巧辩？”上即命张捷下去，随将诸臣奏本传示各官遍阅，乃退。明日，旨下：“升南京吏部尚书谢升为尚书，南京右都御史唐世济为左都御史。”

先臣上“先朝实录未正”一疏，略曰：“臣顷因纂修《熹宗皇帝实录》，从阁中恭请《光宗皇帝实录》副本较对，见其间舛误甚多，而悖谬之大者，如失帝之册立，与梃击、红丸大事，皆祖《三朝要典》之邪说而应和之。盖天启三年七月十六日实录进呈，则礼臣周炳谟等、吏臣庄际昌等所纂修，而阁臣叶向高、韩炉等所总裁者也。至天启六年，逆党崔呈秀等谓《实录》非实，请旨重修。则崇祯元年二月十七日所进，今实皇史宬之所藏者是也。是时，皇上初登大宝，《要典》未毁，逆案未定，阁臣施凤来等不行奏明，含糊从事，凡先帝二十年青宫之忧患，与夫一月天子、万年圣人等事，俱隐而不彰，斯固臣子之所痛心者也。若先帝纪载尚未清明，则今日编摹将何所据？倘谓一入史宬，不可复出，则逆珰之矫旨，且能行于当年；圣明之独断，岂不易于反掌？臣谨摘其甚者，上渎睿览。一云‘当命哲之日，诏诰恩赉，俨然负震器之重，储宫既定，典制文明。乃浮议外滋，无端蔓引，皆好事者之过’云云。臣谨按先帝册立一事，自万历十四年以至二十八年，诸臣羽翼国本，有贬谪者，有削职者，有廷杖者，忘身殉国，九死不移，诸臣亦何利于己而为之？纵皇上有主，未敢言挟日之功，而精忠自盟，岂可没回天之力？乃谓浮议外滋，无端蔓引，一语抹杀，谓皆好事者之过，此与《三朝要典》所称奸党构衅，希图定策，与三案诸奸一脉相贯者，同一邪说也，宜改正者一。一云‘四十三年五月，有男子张差，持梃入东宫殿檐下，击伤门者。巡视皇城御史刘廷元回奏：张差话不情实，语无伦次，按其迹，若涉风魔，稽其貌，的是黠猾。而刑部提牢主事王之寀揑谋危东宫之说，词连二珰。科臣何士晋、行人陆大受、主事张廷等附和其说，愈加激聒’云云。臣按此即《要典》中梃击一案也，即据刘廷元疏，亦明言‘稽其貌，的是黠猾’，而必欲以风癫二字草草结局，不容王之寀揭奏张差口词，指为揑谋，何也？且张差有口，举朝岂应默然？而一有言者，辄曰附和、曰激聒，则必使东宫无一护卫之人而后快乎？正与《要典》同一邪说，宜改正者二。一云‘工科给事中惠世扬疏论刘廷元，遂谓张差狂闯蓟道，阑入宫门，廷元巡视皇城，按状风魔，皇祖是其奏，谳决平允。自王之寀突揭构衅，徒党因以为利，借他事蔑廷元，未几果显攻风癫之案。一时邪说，世扬实为之倡’云云。

臣按王之寀摘发张差之逆，至于察处，至于削夺，后逮死诏狱，莫敢议恤。即惠世扬身被五毒，体无完肤，所以不即死者，逆珰欲借为戎首，遍杀天下名流，非宥之也。幸遇圣明御宇，仅免一死，尚稽启事。乃云党徒因以为利，斯亦何利之有焉？况风癫之案，忠臣义士所共明目张胆而攻者，何俟世扬为倡，始显攻之？《要典》邪说宜改正者三。一云‘张差闯入东宫，言者纷纷，御史刘光复言致辟行刑，一狱吏任，似不必言官诧为奇货，居为元功，以此二语，为异议者刺骨’云云。臣按刘光复之得罪也，实以奏对越次，然据其语，但言‘皇上极慈爱，皇太子极仁孝’两言，亦未见其有功于神祖及先帝，而奇货元功之语，不可谓非抹杀忠义矣。大抵闯宫一事，梃及殿檐，近侍俱踣，真天下奇变也。必欲视为当事，不当根究，以为仅一狱吏之任，此何心哉？《要典》邪说宜改正者四。一云‘方上疾大渐，召李可灼并趣和药，悉出圣意，一时臣工所共闻共见。其后有造为许世子止不当药之喻，群小附和，嚣然鼎沸，污蔑君父，几成晦暝之世。迨正论大明，邪说渐灭’。且云‘李可灼往来思善门，中使以闻，其传奏姓名莫可得而问’云云。臣按：此即《要典》中红丸一案也。昔唐宪宗殁，杖杀方士柳泌，泌盖为宪宗制长生药者，彼岂不愿其主之长生？而饵药不效则杀之，而不以为过，后世亦不以为冤。今可灼进药，而先帝宾天，纵谓之误，庸医误伤平人，律有明条，况误伤天子乎？乃与顾命大臣同赐金帛，比屡经论劾，仅准致仕回籍，此何以解于天下后世？且宫闱之中，传奏姓名岂遂不可穷诘？稍欲穷诘，即曰群小，曰污蔑，曰晦暝，此皆《要典》邪说也，宜改正者五。以上五条，皆其尤悖谬者，伏乞圣裁，即敕史馆逐一改正，以信千秋，以光大典”云。先是，八月初六日，先臣入阁，进所修《实录》，特致一揭于政府，欲题请改正，与乌程、巴县辩折良久，意思拂然，故无辞以难也。先臣遂于十二日拜疏，十三日发票，嘉善票云：“《要典》已毁，是非自明。据奏，皇考实录，是否与《要典》同异？并天启三年所进《实录》，该部一并查议具覆。”票入不发。至九月二十七日，上御平台，召阁臣，手出此奏，面谕曰：“皇考潜德青宫几四十年，忧勤惕励，靡有宁晷。虽长幼固有定序，皇祖意无偏向，然储贰为国家大事，诸臣上疏催请，是其职掌，如何说他浮议，说他好事？”温体仁奏：“无嫡立长，皇祖屡有旨申明，因诸臣不行静听，屡疏扰渎，以致大典久稽，实是诸臣之罪。”上曰：“虽如此说，然诸臣催请之疏自不可少，还是有功国本。又如张差持梃闯入东宫，此何等大变，王之寀揭称其强壮不类风癫，请集多官会审，正是他敬慎处，如何反说他揑谋？”王应熊奏：“王之寀原系官箴有玷，知不能免，故揑出此段，心图自全。”上曰：“张差直到殿檐，韩本用聚众擒拿，可是王之宷捏造的？后多官会审，张差口供历历，是风癫不是风癫？”温体仁奏：“王之宷此揭原不差，但其本意欲借此以自免。”上又曰：“皇考病亟时，李可灼轻进红丸，以致宾天，尔时廷臣还是不闻不见的是，还是据法执奏的是？”王应熊奏：“李可灼本意，原祈皇考速愈，因皇考病久，后一时挽回不转。”上曰：“君父有疾，岂是臣子可以尝试，以希望富贵之地！当时诸臣不行执奏，已是错了，反说执奏的不是，有此理否？”温体仁奏：“此皆是逆珰时群小附会，造为此说。今《要典》已经焚毁，是非已明，今又屡奉皇上申饬，便可垂示万古。”上乃将此疏付阁臣改票。二十九日，奉旨：“奏内册立大典，皇祖渊衷默定，外廷未知，故屡有渎请。然诸臣羽翼国本，忠贞难泯。张差实系风癫，虽无别情，然梃击异变，法应重究。红丸轻进，诸臣无一执奏，殊欠敬慎。但其意亦忠爱，谕旨明申，即为定案，实录不必议改，该部知道。”巴县所票也，阁臣护奸如此。上有尧、舜，下有共、驩，可奈何？自是圣意属注先臣，欲大用矣。

十月初十日，日讲官姜曰广误读《通鉴》引罪。上传停《通鉴》，讲《春秋》。阁议《春秋》非专经不可。时词林止先文肃习《春秋》，举朝相庆，谓圣意之有在也。十一日，阁中题先文肃习《春秋》。日讲官旧例：日讲官止六人，今始增七人，为例矣。十二日，先文肃日讲命下。十七日，进讲“元年”一传。十八日，进讲“春王正月”一传。十九日，进讲“盟蔑”一传。二十日，进讲“克段”一传。圣上御讲筵，向未有连讲四日者，天颜甚和，御月白龙袍，亦向所未睹也。二十四日，进讲“祭伯”传，而“宰咺”系归赗，“盟密”系阙疑，俱不进讲。随奉圣谕：“‘宰咺’一章，正见当时朝政失宜，所以当讲，今后以此类推！”读之使人凛然，真不世出之英主也。

二十六日，廷遣登莱总兵倪宠，仿古授钺之意，满朝俱角素。

此条与七月二十六日召对记注，及贺兵部王盛参论乌程诸疏、山西巡抚吴甡陛辞疏，皆炙脍人口，因同遗书寄出不返，日久不能追忆，故举其概。

卷　四

癸酉，应天乡试论题“圣心如日明水清”，墨卷多用“青山绿水”等句，皆《性理》中语也。上阅之大骇，又御笔涂出文理纰缪者八卷，以礼部不行纠驳回奏，反行曲庇，尚书李康先闲住，主考庶子丁进降调，举人李愫、王佩等停革有差。

乌程倡论行取推知考选馆员，于是徐开禧、胡守恒、张居、赖垓、林增志、王用予、梁兆阳、郭之祥、李仕淳、李景濂、鲁元宠、薛所蕴等十二人考授编修检讨等官。十二月十九日始命下。又考选徐耀、范淑、秦之麒、宋学显、辜朝荐、叶向标、荆可栋、李汝璨、商用初等为给事中，邓铉、张肯堂、张缵曾、刘呈瑞、张孙振等为御史。其改授者，张孙振拟兵部，而上改御史，郑尔说拟御史，而上改刑部。尔说曾疏参温、王二辅者也。

崇德知县龚立本考选，授兵马。张孙振为归安知县，系乌程父母官，有奥援，因拉龚同营捷径。先是，龚梦有人言：“他日有张姓者，邀与同事，慎勿预！”至是龚果辞，张遂由他途改换御史。

温体仁，乌程籍，归安人。王应熊，巴县人，同恶相济。吴宗达奉行两人意旨，毫无短长，时目为篾片。适礼部尚书黄士俊，丁未状元；左右侍郎孔贞运、陈子壮，己未榜眼、探花，京师为之语曰：“礼部重开天榜，状元、榜眼、探花，有些惶恐（黄孔）；内阁翻成妓馆，乌归、王巴、篾片，总是遭瘟（温）。”一时传以为笑，虽云出轻薄少年手，然赫赫师尹，而令人鄙夷至此，其生平可见矣。

是年正月，降贼王刚、王之臣等至太原挟赏，巡抚戴君恩诱刚等斩之。王之臣，即豹五也。而岢岚大盗高嘉计号险道神者尤横。会山、陕大旱，饥民投贼者甚众，河南贼自郧阳薄谷城，掠新野、光化、襄阳，一时六路贼俱集，官兵不能支，贼遂围均州，掠荆门、景陵，陷房县及保康。

陕西贼陷洵阳，西乡土寇乘之，汉中震动，贼遂连陷紫阳、平利、白河，围兴安，兵备王在台固守，适洪承畴赴援，乃退，破凤县。

二月，特设五省总督，以延绥巡抚陈奇瑜为之。去岁廷议，流贼孔炽，拟特设总督，共推兵部侍郎汪庆伯。庆伯不欲往，乌程力庇之，遂止不设。至是始设，用奇瑜。奇瑜受命，檄诸将会兵于陕州。贼在汉南者，为土人所拒，乃趋夔州，入四川矣。

上发帑金五万两，命御史梁炳赈济山西。山、陕自去秋八月至是不雨，大饥，人相食，永宁州民苏倚哥至食其父母。

张应昌兵败于均州。贼还屯郧阳之黄龙滩，分三股：一趋洛阳，一趋淅川，一趋卢氏。时调宁远边兵剿贼，加副将张外嘉为总兵统之。行之中途，饷不时给，辽丁直哄至帐下，外嘉抚驭无术，遂遇害。辽丁结队，溃入流贼营中。

四川贼复入陕，陷两当、凤县，将由阳平关渡河趋巩昌。洪承畴追至成县，见贼势方盛，乃檄副总兵贺人龙、刘成功等统兵赴蓝田夹击。贼南奔汉中，承畴令断栈道，据守鸡头关，贼不得前。从间道犯城固、洋县，官兵御却之。南犯川中，而川兵复扼守诸险，贼首李自成、张献忠等坐困于汉中之车箱峡。会连雨二旬余，贼饥无所得食，贼马乏刍，死者过半，弓矢俱脱，指日束手就擒矣。李自成等大窘，乃求抚，密遣人贿奇瑜，每抚一名，纳银五十两。奇瑜利其贿，许之，凡降贼三万四千有奇，勒令还乡，仍归原籍，檄诸军按甲无动。每百人以一安抚官押送，所过郡邑，为具糗粮传送之。既度栈道，出诸险口，至草凉楼地方，一夜众贼尽缚诸安抚官，或杀，或割耳，或杖责，或缚而掷之道旁，攻掠宝鸡、麟游等处，始纵横不可制矣。

七月，陕西贼陷文县，官兵逐之，东走辋峪川，遂陷潼关。既而走凤翔，趋汧阳、陇川。初，贼之甫叛也，猝至凤翔西关口，称："奉督抚檄，安插城内！"守臣知其诈，给以门不敢启，须缒上城，先登三十六人，尽杀之。总督陈奇瑜因借为辞，劾地方官绅挠偾抚局，以激上怒，于是知县李加彦、绅衿孙鹏等皆逮问下狱。

洪承畴知降贼复叛，统兵进剿，至岐山，贼众大至，承畴兵仅三千，张疑设伏，贼遂趋耀州。时汉中兵三千四百有奇，总兵左光先等将之。临巩兵三千五百，总兵孙显祖等将之。平凉兵二千，副总兵艾万年将之，止可城守。总兵张全昌等统兵六千，专视贼所向以为援剿。是时猖獗甚，烽火直彻于耀州、富平、三原、泾阳。叛兵杨国栋拥三千骑，披双铠，直抵西安城下乞抚。巡按范复粹不敢应，巡抚练国事在鄠县闻之，驰还，登南城，檄国栋至，语一日未决。度不受抚，必西走盩厔，密檄沿途官兵饬备，更设伏于盩厔之夹水沟。时禾茂泥淖，骑不任驰，伏发，歼其半，一贼斩国栋以献，余入终南山。贼混世王等从凤翔东趋，欲犯西安。洪承畴一昼夜驰入西安，檄诸路兵赴西安合击之。贼至西安东境，官兵以力疲不能出。承畴恐贼东出潼关，先令张全昌、曹变蛟间道趋渭南遏其前，而自率兵驻潼关红乡沟。贼至，游击李效祖、柏永镇力战，贼却，不得入关，因登玉山。承畴驰赴蓝田，欲从山后间道剿之。贼惧，夜走商南。初，老回回等先据洛南山中，今又益以诸贼，共阻险自守。承畴帅诸将驻潼关大峪口，以防其出，仍饬备阌乡、灵宝等处。闰八月，关西贼陷陇州，屯城中浃月，参将贺人龙剿之，贼围之数重。十月，承畴遣左光先等援之，围始解，而西走之贼陷灵台及崇信、白水，又至泾州。是时北至庆阳，西至巩昌，西北至邠州、永寿，西南至盩厔、鄠县，遍地皆贼，众殆二十余万。陈奇瑜至是始悔其见迟，分兵堵御，而力已不支矣。御史傅永谆疏言："汉南降盗，陷城破邑，所在骚然，皆由陈奇瑜专主招抚，谓盗已革心，不许道途讯诘，故郡邑不敢问，开门揖盗，剿抚两妨，皆奇瑜之流毒也。"十月，上以秦贼猖獗，逮陕西巡抚练国事，以李乔代之。十一月，陈奇瑜削职听勘。时廷论俱罪奇瑜误国，应逮问正法，而乌程一力护持，仅遣戍。李自成于七月陷澄城，围郃阳，闻洪承畴至，解围去，转寇平凉、邠州。八月，陷咸宁，杀知县赵济昌，适承畴至，西走乾州。十月，左光先击自成于高陵、富平间，斩首四百余级。自成佯求抚于监军刘三顾，真宁知县王家永遽出城招抚，失其印，三顾即登陴拒守，自成乃奔邠州。张献忠同自成陷澄城，转掠平凉。闰八月，自成先锋高杰降于副将贺人龙。

七月，郧阳抚治卢象升剿竹山、竹溪诸贼，连战，斩七百余级，复败之于硖石，堕崖及投水者又千余人。

十二月，进洪承畴兵部尚书，总督五省。先是，西宁兵变，兵备孔闻籍阖室自焚，承畴还师定乱，贼遂陷陇州、汧阳。西宁既定，承畴整师而东，贼悉众东奔，分道尽入河南，集汝、洛间。左良玉军渑池，总兵陈永福合邓玘军南阳。

八年乙亥，正月，下吏部左侍郎张捷于狱。张捷自荐吕纯如之后，倚乌程为奥援，乞休疏凡三十二上，皆温旨不允。疏内唁唁狂吠，无复顾忌。最后奉旨："张捷佐计在迩，着即出供职。"正拟于计典肆其凶锋，而适有御史刘宗祥之疏。先是，宗祥巡按四川，成都知县贺儒修者，张捷姻也，捷特作柬托宗祥，欲得卓异一举，华阳一调，末又有"忠言不入，朝事日非"等语。宗祥入川，儒修狼藉甚著，宗祥不能讳，据实纠劾。有旨革职逮问，捷大恨。时宗祥回道考核，捷一力把持，拟加重谴。宗祥具疏剖辩，以捷手书上闻。宗祥甫投疏，还过太常少卿祝世美，告之故。世美力止以为不可，急趋会极门取索原疏，则已封进御前矣。次日，旨下："张捷革职提问。"后都察院拟："宗祥降三级调外任。"御笔批："刘宗祥着回道管事。"

二月，流贼犯凤阳，焚毁皇陵。报至，传辍经筵。是日十二，正当开讲也，百官皆角素，九卿上慰安公疏。二十四日乙巳，上御布袍，慰祭太庙。二十六日丁未，廷遣驸马都尉王昺慰告皇陵，百官俱布服从事。下诏罪己，减膳撤乐。随命逮凤阳巡抚杨一鹏、巡按吴振缨下之狱。振缨者，乌程幕客也，在台中七年，规避不差。及甲戌，台中沸然，谓："此番吴再规避，当上公疏以正台规。"振缨不得已，乃就差次，应得贵州，胡平运应得凤阳。振缨挟以乌程之势，请以贵州易凤阳。盖凤、庐、淮、扬素称膻地，又与浙江邻近，平运压于乌程，从之。至是，以陵寝失事，同一鹏被逮，一鹏正法，振缨以乌程力庇，仅从遣戍。然乌程为振缨祈哀大珰，屈膝者再，阁体皆扫地矣。

又杨一鹏者，筮仕成都府推官。游峨眉山，有狂僧踞佛座，睨杨而笑曰："汝犹记下地时，行路远，啼哭数日夜，吾抚汝顶而止耶？"杨追忆儿时事，大惊异，曲致礼焉。因留同宿，耳语达旦，临别，嘱曰："二十年后，当会汝于淮上！"及是，杨开府淮安。一日薄暮，有野僧击鼓，称峨眉山万世尊寄书。发函，得绝句诗七首。急索寄书僧，已不知所往矣。未几，流贼犯凤阳，焚祖陵，杨坐失事论死，其诗始传于世，其诗云："谪向人间仅一周，而今限满恐难留。清虚有约毋相负，好觅当年范蠡舟。"其二云："业风吹破进贤冠，生死关头着脚难。六百年来今一遇，莫将大事等闲看。"其三云："浪游生死岂男儿？教外真传别有师。富贵神仙君两得，尚牵缰锁恋狂痴。"其四云："难将蟒玉拒无常，勋业终归土一方。欲问后来神妙处，碧天齐拥紫金光。"其五云："颁来法旨不容违，仙律森严敢泄机？楚水吴山相共聚，与君同跨片霞飞。"末二首不传。万世尊即前狂僧也，密语受记。杨之子稍向人吐露，杨闻而诃之。临刑，神气如常，时预知定数不可违也。事颇怪，并附记。

先臣上“皇陵震动疏”，略曰：“顷者流贼不靖，乃致侵犯皇陵，焚烧禋殿，则真古今未有之奇变，君辱臣死之秋也。顾不亟灭此贼，无以泄神人之愤；而不追溯乱源，亦无以施戡定之功。天纵圣明如皇上，励精求治如皇上，而纷纭恇扰，寇盗相寻，斯其说在《易》之《蛊》矣。《蛊》之败坏，必易世而后见，故文皆以‘干蛊’之辞，明前人养其疾，至后人始受之也。皇上御极于乾纲解组、国步几危之日，一番振涤，日月重光，深得先甲之维新，而于后甲之丁宁似稍略焉。盖戊、己之际，废籍诸臣汇征连茹，而谋国罔效，边疆失事，以致圣衷怀疑，群邪伺隙，沿至于今，谬种渐芽，蔓延滋长，孤阳时翳于阴曖，砥柱莫挽于狂澜，魍魉或啸舞于离明，狐鼠且纵横于城社，逆气足以召逆，妖氛足以成妖，此致乱之源也。堂陛之地，欺猜愈深；朝野之间，刻削日甚。缙绅甓靡骋之怀，士子嗟束湿之困，商旅咨嗟，百工失业，本犹全盛之海宇，忽见无聊之景色，此又致乱之源也。边事既坏，修举无谋，兵不精而自增，饷随兵而日益，饷益则赋重，赋重则刑繁，复乘之以天灾，加之以饥馑，而守牧惕功令之严，畏参罚之峻，不得不举鸠形鹄面无食无衣之赤子而笞之禁之，使愁苦之气，上薄于天。皇上虽有恤民惠下之德意，而九重邃密，何由得闻？下民无知，直谓有司仇我虐我，今而后得反之也。此又致乱之源也。将无纪律，兵无行伍，淫污杀劫，惨不忍言，尾贼而往，莫敢奋臂，所报之级，半是良民，民间遂有'贼兵如梳，官兵如栉'之谣，民安得不为盗？盗安得不日繁？此又致乱之源也。具此乱源，而当事诸臣不能忧国奉公，反躬省已，加膝堕渊，总由恩怨，张罗布网，费尽机关。试观数年以来，所为振纲肃纪者何事？推贤用能者何人？安内攘外者何道？富国强兵者何策？即如流贼一事，飘忽已久，既失一夫当关之势，纵虎出林；复误各抚分镇之谋，教猱升木。今日庙社怨恫，幽明胥痛，国事至此，诸臣之肉，岂足食乎？凡食君之禄、担君之爵者，皆当伏铁锧之诛，膺放流之典，固非角素盈朝可以塞责，慰安一疏可以毕事者也。在皇上宜赫然一怒以安天下，发哀痛之诏，明罪己之怀，按失事之诛，正误国之罪，行抚绥之实，蠲民间之积逋，使恺悌循良，得专意于牧民，徐议财源之浚，无徒竭泽之渔！尽斥患得患失之鄙夫，广集群策群力以定乱。《蛊》之《象》曰'振民有德'，盖振取荡涤之义，育有补救之方，若复养痈不决，弛瑟不张，俞咈无闻，而但云已有旨矣，方圯既极，而尚言戴罪立功，忽忽悠悠，将安底止哉？"

奉旨："本内追溯乱源，亟图妙算，殊属剀切，并理财用人等事，该部悉心筹划，以备采择！”

三月，升卢象升兵部左侍郎，总督五省军务，赐尚方剑，统关辽兵，剿东南贼。洪承畴剿西北贼。升山东巡抚朱大典总督漕运，巡抚凤阳，同象升协剿。逮河南巡抚玄默，以陈必谦代之。

复召大学士何如宠，坚以疾请，允之。东阁直房前第一间，为首辅所居，若未正首辅之称者，虽次叙第一，不敢居也。桐城再召，疏辞，不允，勉强就道，至临淮，复以病坚辞，始蒙谕允。乌程竭力邀首辅之称，不可得。端阳，阁臣例有赐馔，大珰传谕，口称首辅，乌程即开首辅之室居之。

七月二十六日，皇上辟门，遍召群臣，试以票拟。先臣以病不能出，倪庶子元璐无病而亦不出。三十日，旨下吏部，取姜逢元、陈子壮、先臣、张至发、蔡奕琛、张元佐、闵仲俨、马之骥、张居九人履历。次日，廷推林钎、孙慎行、刘宗周三人，阁票：“再推几员来看。”越三日，御笔批：“兵部马上差人召来。”七月二十六日，奉旨：“文震孟、张至发俱升礼部左侍郎，兼东阁大学士，即行入阁，与首辅体仁等协同办事。”阁中初票礼部尚书，御笔批礼部左侍郎，真特达之知也。二十八日上辞疏，二十九日旨下。八月初二日复上辞疏，午上而旨未刻即下。次日，即宣圣谕：“尽撤各镇监视内官。”真有拱己以听之意。先臣欲坚以病辞，香山力止以为不可，遂于十三日面恩，入阁办事。

罢各镇监视大监，谕曰："朕御极之初，撤还内镇，举天下事悉以委之大小臣工。比者多营私图，罔恤民艰，廉谨者又迂疏无通论。己巳之冬，京城被攻，宗社震惊，此士大夫负国家也。朕不得已，用成祖监理之例，分遗内臣监视，添设两部总理，虽一时权宜，亦欲诸臣省咎引罪。今经制粗定，兵饷稍清，诸臣应亦省改，其将总理监视等官，尽行撤回，以信朕之初心。张彝宪俟漕竣，即回监供职！惟关宁密迩奴寇，高起潜着削去总监字样，督理如故。"

先臣供事日讲，上甚属意。宫中尝言："文震孟到阁中倒好，只是他还是板金绦。"时先臣官少詹，止四品也。乌程侦知之，年终，讲官应叙劳题升，先臣应升正詹，乌程寝阁不题。傅祭酒冠应升正詹，仍升少詹，阻遏后进，亦已甚矣。六月至八月，乌程大病不能起，上乃得点用先臣。使乌程不病，此举不可几也。

时圣恩深重，捐躯莫能图报，而尔时天下事实有不可为者：政府之事权日轻，貂珰之盘踞已久，能尽削之以归中书乎？疆场之饬备无期，内地之流毒愈炽，谁为宗岳之选乎？真小人张弧以伺我隙，伪君子甘言以售其奸，能一一烛照之，俾勿堕其网乎？虽欲佐圣天子以转移天下，将安从措手也？窃为先臣计，不若坚以病辞，使圣天子知能辞宰辅者，惟先臣一人耳。宋神宗论温公辞枢密曰："若他人，虽迫之使去，亦不肯矣。"惜乎！香山诸公，见不及此也。

上为流寇事，于二十一日召阁臣及府部科道官平台面对，诸臣各有敷陈，先臣奏："今调官兵剿贼，本以为卫民也，乃官兵不能剿贼，反以殃民，以致民间有'贼兵如梳，官兵如栉'之谣。今惟严申号令，凡兵丁扰害民者，必杀无赦，将官能钤束兵丁，秋毫无犯，监军御史立刻奏闻，破格优擢。"

上曰："卿说得是。"又召入门内，先臣奏："民间团聚村堡，正人自为守、家自为战之意。官兵不得以索粮为名，到处骚扰，以致流贼亦冒装官兵，混入村堡。欲堵御之，则虞以杀伤官兵，致干法网；欲拱手听之，则子女玉帛，听其捆载而去，民害何由得除，寇氛何由得靖？臣意请天语申饬：今后凡官丁所过，地方官预备糗粮，勿得以恶草塞责，违者参处！兵丁亦不许入村堡，违者听民间堵御，将官不得故纵！"

五府中某有言此不可行者，先臣复相辩折。时跪奏良久，上曰："先生起来！"称"先生"，亦异数也。

故事，新参入直后，以名帖同礼帖致意大珰，大珰亦以名帖礼帖致意，此旧规也。先文肃由特简入政府，此例遂废。大珰曹化淳，系王安名下，素附正人，疑先文肃有意外之□。托王安之侄中书某转致同人，且盛称曹珰皈依先文肃之意。又云："若循例往来，外廷惟所欲为，大珰无不奉命。”同人以告，先文肃坚持不可，曰：“极大珰之力，使我不为宰辅耳。不为宰辅，于我何损？而名帖既入，此辱岂能洗耶？”同人乃止。曹珰久不见复，以为大耻，遂与乌程比而呼吸相应。先文肃顿失圣眷，盖由于此。

乌程于内廷，凡有执事人员，极小者，节中俱有礼相候，掌印及秉笔者，又不必言。先文肃乃孤行一意如此，欲久居揆席，得乎？

先文肃壬戌廷试，大珰王体仁以御批第一，持名帖报喜。旧例以晚生帖复之。先文肃语其人曰：“我新进书生，不知回帖怎样写，今姑以原帖奉复。”盖甫进即与内阉抗。姜桂之性，老而弥辣如此。

时杭州解到龙缎三万匹，内阉索贿不遂，驾言不中用，令票旨驳还。先文肃与乌程言：“龙缎虽云不堪御用，然以充赐赉杂赏，似亦无妨。况三万匹入京，不知费民财几十万，若行驳还，复造以进，民不堪命矣！明主可以情告，宜出一揭，为杭民请命，乞行暂收。以后不得以不堪者塞责。”乌程不可，票旨尽数驳还。后征之数年，始克补解。

总兵曹文诏以剿贼阵亡，奉有恤典，其子曹变蛟任副总兵，有谢恩疏，阁票者再四，仍发出改票。御笔将奉恤典月日，及上疏月日，各加一点，阁臣咸不解其故。后数日，乌程入直，反复良久，曰：“得之矣。”

乃恤典之旨尚新，与谢恩疏日月不相应，盖变蛟托人在京干当，邀旨后随即具疏，即汉昭察霍光之明也。乃票旨诘问其故，次日即下。先文肃谓“乌程亦有小才”，谓此。

浙江提学佥事黎元宽以文体事褫革。元宽出揭，尽发乌程嘱托诸私事，谓执法不阿、乌程修怨所致。御史姜思睿据揭具疏参论，给事中姜应甲助之。思睿疏有为代草者，事颇泄，乌程乃得预为地。上果主先入之言，欲加降处，屡发改票，先文肃与香山竭力调护得免。

九月，部推操江，正为太仆寺卿张元佐，光禄寺卿王道直陪。上召对于暖阁。元佐剿拾陈言，率尔殊甚，道直兢兢，言不能出口。上点用道直。后四年己卯，浙江巡按题涂必泓，云南巡按题王范，上亦召对。必泓条奏两浙利弊甚悉，上改王范巡按浙江，必泓巡按云南。盖圣意用人不测如此。

十月，上以流贼未平，震惊陵寝，特颁圣谕，避正殿，撤乐减膳，以初三日始居武英殿，百官俱宿公署，阁臣俱宿于朝房，诏曰：

“朕以凉德，缵承大统，不期倚任非人，边虏三入，流寇七年，师徒暴露，黎庶颠连，国帑匮绌，而征调未已；闾阎凋敝，而加派难停。中夜思维，不胜愧愤。今年正月，流氛震惊皇陵，祖恫民仇，罪实在朕。今调边兵，留新饷，立救元元，务在此举！惟是行间文武吏士，劳苦饥寒，深切朕念。念其风餐露宿，朕不敢独卧重帏；念其饮水食粗，朕不敢独享甘旨；念其披坚冒险，朕不敢独衣文绣。兹择十月三日避居武英殿，减膳撤乐，非典礼事，惟以青衣从事，与我行间文武吏士共甘苦之，以寇平之日为止。文武官其各省过淬厉，用回天心，以救民命！"

七日，上御笔起用黄道周。十日，上御笔放王应熊。此两日，乌程皆以待罪不入直，而十日，嘉善、香山皆以暂假不入，惟先文肃与淄川司票拟。说者谓巴县之放，先文肃实为之，由是忌者益耽耽不能旦夕容矣。

给事中许誉卿削籍为民，福建右布政申绍芳革职，法司提问。誉卿由壬戌考选，历任工科都给事中，计今十四年，资俸俱极深，以母老欲得南京太常少卿，以便迎养，同人俱不可，德州遂欲题升南缺。先文肃愠甚，语侵德州过当，德州怀恨。适台省同时攻德州及总宪，许公谓必须舍德州而专攻总宪，盖总宪与乌程朋比肆恶，尤不可缓。户科姚思孝，已具弹章，以德州总宪并列，以许公言，遂去德州，德州稍稍相忘矣。而御史张缵曾不通商确，特疏独参德州。张寓与许比邻，德州疑此疏出先文肃及许公意。又山东左布政劳永嘉，辇金六万两，主兵科宋之普家，营升登莱巡抚，已入启事矣。劳故三案漏网，诸台省拟合力以攻之，德州三过户科宋学显，曲致殷勤，求诸君稍徐之，候旨下而攻之未晚，盖旨既下，则前金可分享也。又曰：劳公之座，即申公之座也。申系寒家姻戚，时以右布政赍表入都，瓜期已及，盖直以此相挟。而台省竟不能待，交章连牍，有旨："登抚着另推。"而东省诸人又无不怀恨矣。宋之普力怂德州，谓先文肃决不相容，自当以铨席待南冢及大司农，岂能久留汝耶？德州已心动，适又值张缵曾之疏，以之普语为信然，遂具疏参誉卿与绍芳，坐以"争官讲缺"，而参绍芳中有"凭藉奥援"等语，阁中相顾错愕。嘉善谓"争官须有实迹，当令回奏"。不应乌程票，而悍然抢去，票旨云："大干法纪，着降级调用。"夫既云大干法纪矣，而仅仅降调乎？次日，果改票，"着削籍为民"。先文肃力争之，不能得，乃言："科道为民，极荣之事，敬谢老先生玉成之。"又二日，旨下："誉卿为民，绍芳提问。"

十一月，大学士何吾驺与先臣同罢。许给事誉卿复有去国一疏参乌程。乌程辩疏即参先文肃，即指前"为民极荣"之语，谓："皇上所以鼓励天下者，止有此爵禄位号，而文某乃云云，以股肱心膂之臣，为此悖伦灭法之语。"曰悖曰灭，盖深以激圣怒也，上览之果怒，有旨："吾驺、震孟，不宜徇私挠乱！"疏未及吾驺，而旨突及之，知乌程所以相中者，非一朝一夕之故矣。吾驺与先臣俱具疏引罪。再疏，吾驺奉旨："着致仕去。"先臣奉旨："着冠带闲住去。"

下庶吉士郑鄤于锦衣狱。鄤为壬戌庶吉士，建言蒙谴，林居亦十四年矣，与嘉善皆出华亭之门，称先后同门。郑之得馆选也，宜兴口诛笔伐，不少宽假，郑心怒之。辛、壬之际，攻击宜兴、乌程者甚重，郑因昌言："宜兴决不可留，而乌程实可大用，言路不当并攻！"嘉善心善其说，既入政府，即力誉郑于乌程，乌程唯唯。嘉善邮寄郑书，谓："当急来，吾致子情于乌程矣。"郑复寄讯先文肃，先文肃力阻其来，郑反有愠心，以文肃之相为不如嘉善也。至是，赴京补官，嘉善复言于乌程，谓："某已来，是人可备老先生药笼中物，当以馆职畀之。"乌程复唯唯。武进旧辅，郑族母舅也，力毁郑于乌程，乌程信之。适时乌程新逐香山与先文肃，长安哄然不平其事，郑亦随众持愤激之论。乌程侦知之，谓郑特假语以欺嘉善耳，遂具疏纠郑。疏成，语嘉善曰："今为郑某事具疏，当与老先生同题。"嘉善欣然，及取视，则纠其杖母事，嘉善面赤股栗，不能出一词。乌程冷笑曰："固知老先生不愿预也。"遂独具名以进。上方欲以孝弟风励天下，览疏震怒，下鄤于锦衣狱。杖母者，郑为孝廉时，父振先私宠一婢，为嫡吴氏所虐。振先与子谋假乩仙以怵之，吴氏惧，甚愿受杖以赎罪。即令此婢行杖。行杖之次，鄤不禁失笑。吴氏大怒，谓渠父子私构此局，遍诉三党，由是喧传有杖母之事。然其事已三十年，不可得而究竟也。

十二月，在籍礼部左侍郎林钎、顺天府尹刘宗周行取到京。有旨：林钎着以原官兼东阁大学士，入阁办事。刘宗周升补工部右侍郎。

是年二月，流贼犯凤阳。先是，总兵尤世威等统兵扼守潼关诸隘口，露宿凡十旬，皆患疫疠不能军。闻贼大至，遂溃。贼乃越卢氏，超永宁，转陷荥阳，攻汜水，屠之。又破固始，复分为三路，一趋凤阳，一趋六合，一趋颍、亳。颍州知州尹梦鳌、判官赵士弘率士民固守，城破，俱阖家殉难。遂犯凤阳。凤阳无城郭，贼至，官军无一人敢迎敌者。贼焚皇陵，楼殿俱烬，燔松柏三万余株，杀守陵内阉六十余人，纵放高墙罪宗百余人。留守朱国率家丁巷战，斩贼二十七人，力竭以死。贼首扫地王、太平王入府治，知府颜容暄囚服匿狱中，贼纵囚，获之。贼首张盖鼓吹，杖容暄于堂下，杀之。推官万文英等六人，武弁四十六人俱被杀，士民被杀者数万，剖孕妇以视男女，注婴儿于槊，观其宛转呼号以为乐，焚公私邸舍三千余间，光烛百里，恣掠三日。太监卢九德、总兵杨御蕃统京营兵至，南京兵亦至，贼乃拔营趋庐州，沿途杀掠无孑遗。陷巢县，杀知县严觉。攻舒城，知县章可试塞三门，止开一门以诱贼，暗设坑以陷之，贼入，死者千余人。援兵亦渐相逼，贼遂掠霍山，抵庐江。庐江敛金求免，贼伪许之，乘不意，夜袭城，城陷。复陷无为州。

贼首满天星张大受等攻桐城，乘舆绕城呼降。守将射中其腰，遂趋潜、太诸县，山民皆习猎，以毒注矢，人辄毙，所在结寨杀贼，贼遂走麻城。

三月，江北贼掠安庆，陷潜山，应天巡抚张国维率兵御之。江南兵素不习训练，猝与贼遇，陆营守备周佑望风先逃，总练指挥包文达阵亡，全军溃散。贼遂入湖广，陷麻城及罗田。

蕲黄民擒获贼首爬天王，身长八尺，日啖人心数十，双目与发肉俱赤，自言："此天亡我，非我过也。倡乱九年，陷州县十余，所向无敌，今乃为村民所擒，岂非天哉？"解至军门伏诛。

总兵邓玘为叛兵杀于樊城。玘素无纪律，所将川兵淫掠尤甚。俄骑营叛，玘登楼以避之，见势逼，赴火死。举营北窜，惟步兵未动。洪承畴令参将贾继选、周继元分统之。

五月，汉南贼陷宁羌，曹文诏进剿，夜至王峪，贼伏险以待，文诏击败之。张全昌自咸阳出兴平之东，贺人龙入子午谷断其南奔，刘成功同游击王永祥驻金牙关遏其北走。贼夜渡河，趋鄠县。承畴亦渡河追之，至王渠镇，贼方出恣掠，贺人龙击败之，追至大泥峪，贼舍骑登山，张全昌复击败之，贼尽入终南山。

六月，陇西贼摇天动等袭陷西和。曹文诏赴援，至娑罗寨，大军在后，而贼十余万骤至，力竭自刎。文诏敢战能杀贼，为贼所畏。报至，官军为之夺气。

陕西巡抚李乔革职议罪，甘学润代之。

七月，贼高迎祥、张献忠等陷澄城，八月陷咸阳。先是，贼翻山鹞降于承畴，贼首高迎祥——即闯王——屯乾州。承畴令翻山鹞说之，不听，南走武功。承畴追击，败之。迎祥率大队自武功、盩厔分道渡河。十月，张献忠、老回回突出潼关，守将艾万年等兵溃，遂犯南邓，而一字王等部众十余万，高迎祥统十二万，亦自潼关出犯阌乡、灵宝。大队东行，尘埃涨天，阔四十里，络绎百里，老弱居中，精骑居外。总兵祖宽、左良玉两军相对，遥望不敢邀击，贼遂屯于陕州。十一月，祖宽破贼整齐王于九嵩，贼溃而为二，东走偃、巩，南走汝、郏。丙辰，群贼大合于龙门、白沙，连营六十余里。祖宽分兵袭击张献忠于姑家庙，大败之，斩首千余级。献忠奔光、固，陷霍丘，进逼凤阳，朱大典率兵驰赴寿州，献忠遂陷巢县、含山，又陷和州，沿江下犯江浦。

十二月，贼高迎祥、罗汝才——即曹操——破光州，官吏士民，屠戮无遗。参将罗于莘击败汉南贼，追至子午谷，又败之，贼奔饶风关。

补录毛、马、魏、傅四公疏略

周延儒未枚卜之前，上独召对，日西而入，星移始出，语秘莫传，举朝惊骇。御史毛羽健疏言其事，略曰：“国家设阁臣以备顾问，设九卿以课职掌，设台省以司纠弹封驳，大小相维，壅蔽不生，祖宗立法，良有深意。皇上每事法祖，今日欲访军国大务耶？一二执政，谁敢不竭股肱。欲探机密隐情耶？二三言路，谁敢不披肝胆。乃舍葑菲之遗，独结鱼水之契，皇上将无谓举朝皆不足信，惟延儒一人可信乎？延儒果有嘉谋谠论，亦宜昭示中外，宣付史馆，俾天下万世晓然知圣眷之专有所属，而大小臣工，划然于进退之不可苟如此。昔汉武帝非冠带不见汲黯，宋臣苏轼耻由他途进。今皇上于延儒召见，不以朝参，而于晏暇，非宣室之鬼神，何为前席？岂通明之传令，何为夜半？不几以南衙之出入，而同北门之学士乎？延儒贤者，必将形迹自远，不肯冒昧以赴功名，如其不然，又安用取此人而用之？”

次年，袁崇焕伏法，兵部员外郎陆澄源疏参羽健为崇焕党，法应同坐。有旨：“革职提问。”

时王永光起补高捷、史𡌴为御史，御史马鸣世疏劾之，略曰：“王永光以逆珰余孽，作神奸领袖，违旨拂众，荐用高捷、史𡌴两邪臣。夫捷为霍维华遗党，一脉相传，皇上岂不知之？彼逆案诸臣，已死之灰也，而护持逆案诸臣，是未剪之翼也，若严逆党之身，而宽逆党之类，窃恐鹰眼独存，鸱音复振，其为芝兰嘉禾之害，非浅鲜也。”

宣府太监王坤以册籍委顿劾巡按胡良机，有旨：“究明奏夺。”给事中魏呈润疏争之，略曰：“代巡之任，簿书刑名，碎如蚁聚，使良机果有诖误，则回道考核，应以直枉候之圣鉴。今王坤在镇，良机亦在镇，而随以‘究明奏夺’一付中贵之手，良机倘坚如矢之概乎，知其不以危改节。万一百炼钢肠，化为绕指，奥灶窟宅，转为径窦，不亦羞朝廷、坏士节，令后来衔宪而往者靡所展其才猷乎？人见纲纪之司、咨访之使一旦获戾，中贵莫能自必其命，彼半铜分符，谁复敢以国事争抗者？异日皇上欲闻九边之动静，监视之善恶，奚从知之？”

给事中傅朝佑疏略曰：“皇上虑周边境，用王坤监视宣大，未尝令其司弹劾之权，操中朝之议也。乃一参再参，且及阁臣，纵令阁臣有过，朝廷耳目之司，夫岂乏人，乃令中官言之，书之史册，何以示子孙而传后世哉？臣于是不能不为首辅咎焉：当遣内臣之始，何不近援祖制，远援汉、唐、宋之覆辙以力谏？即不然，相率以去就争之可也。臣又不能不为诸辅咎焉：当票拟王坤之疏，曷不直言揭奏，正义责坤，为皇上遵祖制，为朝廷持大权，而顾唯唯以听之乎？臣不特为阁臣惜，而深为国体惜，为天下治乱之大关惜也！”

卷　五

九年丙子，特授武举陈启新为吏科给事中。启新上疏言："天下有三大病：曰科目取人、资格用人、推知行取科道。惟皇上停科目以诎虚文，举孝廉以从实行，罢推知行取以除积横之习，而且蠲灾伤钱粮，苏累困之民，专拜大将，举行登坛推毂之礼，使得节制有司，便宜行事，庶几民怨平而寇氛靖"等因。启新赍疏跪正阳门者三日，内阉辈传闻大内。上阅其疏，异之，特命授职。阁臣不敢缴旨，六科未敢执争，本科都给事中颜继祖疏请增设公座。呜呼！阁臣科臣，真可谓无人矣。

三月，下礼部右侍郎陈子壮于狱。时上笃厚天潢以祖训，凡郡王子孙，有文武才能堪任用者，宗人府具以名闻，朝廷考验授官，其迁除如常例，命下部行之。子壮先诣政府，力言其不可行之故。乌程盛称皇上神圣，臣子不宜异同。子壮曰："世宗最英明，然祔庙之议、勋戚之狱，当时诸臣，犹执持不已。今皇上威严，有类世宗，公之恩遇，孰与张、桂？但行将顺而废匡正，恐非善则归君之义也。"乌程大愠。既而子壮上疏，言"宗秩改授，适开侥幸之门，隳藩规，溷铨政"等云。

方疏之上也，尚书黄士俊恐触圣怒，辞不列名。疏入，上果大怒，适当御茶，掷茶瓯于地。乌程票旨，罪其阻诏间亲，法司提问。

五月，大学士钱士升罢。嘉善之入政府也，实由乌程，颇相结纳，凡乌程有所举动，每令嘉善先发而后继之，如用冢宰谢升、总宪唐世济，皆乌程意也，而嘉善成之。乌程之攻先文肃也，引嘉善为助，嘉善效力甚至。及先文肃与香山同日去国，乌程遂以嘉善为赘物矣。适有武生李琎，疏言："致治在足国，请搜括巨室充饷。"嘉善票严旨以进，有旨："卿以密勿大臣，即欲要誉，已足致之，毋庸汲汲！"而嘉善始危。又嘉善弟士晋巡抚云南，狼藉大著，经历吴鲲化疏讦士晋赃私不法诸事。乌程即票严旨，仍戒晋江无得漏言。嘉善再疏，即罢。

祭酒倪元璐疏参邹华，略曰："昨见黄安县生员邹华，妄行荐举，列及臣名，不胜骇异。陛下求言若渴，本欲宣隐豁幽，而宵小干进，薄孔孟为糟糠，网簪缨为桃李。吴鲲化，部民也，参及抚按；邹华，下士也，荐及朝绅。如是而望朝廷之上昂首伸眉，岂可得乎？"

原任山东滋阳知县成德母辱温体仁于朝。成德持身廉介，筐篚绝响，又赋性峭直，不能左右上官，先文肃在朝廷极称道之。御史禹好善巡按山东，具疏参劾，先文肃大为称屈。德又有疏参乌程，奉旨下狱，好善遂参及先文肃，云："成德系旧辅文某私人，此疏系文某属草以授德者。"时申布政绍芳已逮到下部，群小合谋，拟借事株连，代乌程修怨，势岌岌矣。适先文肃以六月去世，群谋始解。申、成俱行遣戍。成之母伺乌程入朝，拦舆丑詈，且集瓦砾掷之，乌程狼狈走免，随具疏奏闻。有旨："着五城驱逐。"而乌程令锦衣卫加校尉五十名护视。人谓成母此举，不减施全之刺秦桧云。后闯逆入犯，破昌平，成母同其媳若女，俱自投井中。

逮山东巡按张孙振。孙振疏参提学袁继咸，继咸素有廉明之誉，巡抚吴甡业保荐之矣，有旨："以抚按举劾互异，严行诘问。"甡具疏，备陈继咸居官廉明，当荐不当劾，并列孙振不职诸状。时长安哄然，皆不平其事。都察院遂疏参孙振是非颠倒，大负代巡之职，宜行提问以儆官邪，有旨："孙振逮问，甡与继咸供职如故。"

嘉善既去，晋江以病卒，复行枚卜。上点句容孔贞运、江夏贺逢圣、南海黄士俊俱以尚书入阁，淄川因是亦得加尚书。丙辰不考馆选，而鼎甲三人皆大拜。庚戌亦不考馆选，鼎甲三人俱不得正揆席，而武陵、金溪补其阙，亦一异也。

千户杨光先疏论陈启新、温体仁，舁榇随其后。上大怒，命廷杖八十，遣戍辽西极边。

祭酒倪元璐罢。先文肃既去，乌程恨倪公刺骨，必欲逐之而后快，言路部僚莫有应者，乃以京营为饵，欣动武弁。诚意伯刘孔昭应募，遂摘倪冒封事，并及许生重熙，盖熙曾纂有《五陵注略》，以书生不当妄言国事也。倪请于家取前所给诰敕，验无冒封事，罪无可坐，乌程票旨该部议处。至是，部覆上，有旨：“倪元璐冠带闲住，许重熙革去衣巾，书板追毁。”后京营缺不可得，遂以南京操江赏之。孔昭，即前参侯恂以媚乌程者。呜呼！青田有此孙，辱青田矣。

七月，清兵入犯，上命太监李国辅守紫荆关，许进忠守倒马关，张元亨守龙门关，崔良用守固关，孙继武、刘元斌率禁旅六千，防治河口。上又命太监魏国徵守天寿山，寻以国徵总督昌、宣等营，以邓良辅守之。邓希诏监视中西二协，杜勋监视东协。升张元佐、仇维祯兵部右侍郎，镇守昌平、通州。时所遣内阉，皆即日出城。上语阁臣曰：“内臣即日就道，而侍郎三日尚未出，何怪朕之用内臣耶？”上又命太监卢维宁总督通津临德军务，兼理漕运河道。

上命兵部尚书张凤翼总督各镇勤王兵，关宁太监高起潜为总监，宁锦总兵祖大寿为提督，南援霸州。

工部右侍郎刘宗周疏，略曰：“人才之不竞，非无才之患，而无君子之患。今天下即乏才，亦何至尽出二三中官下？每当缓急之际，必授以大任，三协有遣，通津临德有遣，又重其体统，等于总督，中官总督，将置总督于何地？是以封疆尝试也。且小人于中官每相结纳，而君子独岸然自异，故自古有用小人之君子，无党比中官之君子，皇上诚欲进君子而退小人，而复用中官以参制之，此明示以左右袒也。”不报。

御史金光宸疏参侍郎仇维祯首叙内臣功为借援，又请内臣督兵为蔑法，并及本兵张凤翼。上弗善也。至是，为援剿事召对廷臣于平台，并召光宸，上诘之曰：“仇维祯方至通州，尔即借题沽名乎？”上时怒甚，直欲按红牌处斩。适迅雷暴雨，直震御座，乃止，仅行降调。

工部右侍郎刘宗周疏，略曰：“皇上以不世出之资，际中兴之运，即位之初，锐意太平，甚盛心也。而施为次第之间，未得其要。属意边疆，贼臣以五年复辽之说进，遂至戎马生郊，震及宗社，而皇上遂有积轻士大夫之心矣。由此而耳目参于近侍，心腹寄于干城。厂卫司讯防，而告密之风炽；诏狱及卿士，而堂帘之情隔。人人救过不给，而欺罔之习转甚；事事仰承独断，而谄谀之风日长。甚者参劾之法，惟重征输，官愈贪，民愈甚，而赋愈逋；总理之外，复设监纪，权愈分，法愈废，而盗愈多。夫君臣相遇，最难也。得一文震孟，以单词报罢矣；得一陈子壮，又以过戆下狱矣。于是市井杂流，乃得操其讹说，乘间抵隙，以希进用，国事尚可问哉？夫皇上不过始于一念之矫枉，而积渐之势，酿为厉阶，遂几于莫可匡救，则今日转乱为治之机，断可识已。皇上所恃以治天下者，法也；所以立法者，道也。如以道，则必体上天生物之心，而不徒倚用风雷，念祖宗学古之益，而不致轻言更改，以宽大养人材，以拊结人心，而且还内侍以扫除之役，正懦帅以失律之诛，慎宗潢以改秩之授，特颁尺一之诏，遣廷臣赍内帑，巡行郡邑为招抚，使赦其罪戾；而流亡者，专责抚镇，陈师险阻，坚壁清野，听其穷而自归，诛渠之外，不杀一人，此圣人治天下之明效也。武生陈启新一言投契，立置清华，此诚盛事。臣愚谓宜先令以冠带办事黄门，如试御史例，俟数月后，果有忠言奇计，实授未晚。不然，如名器可惜何？皇上天纵神明，而诸臣不能以道事君，徒取一切可喜之术，臣窃痛之！”不报。

九月，北兵从建昌冷口出，守将崔秉德请统兵先遏其归路，总监高起潜不敢前进，扬言：“当半路击之。”及报至，北兵已尽出口，犹观望两日，始进至石门。

时当八月乡试之期，以城守暂辍。及北兵既退，改期十月，亦文运之厄也。

北兵陷昌平，将天寿山陵寝禋殿尽行拆毁。北兵退后，督抚奏称：“忽有怪风从东北起，将陵寝禋殿，尽行吹坏。”有旨：“即着估价修理。”上下相蒙，不复究竟，而阁臣枢臣反叙功加恩，三新参俱加太子太保，蓟督丁魁楚戴罪管事，蓟抚吴阿衡供职如故。

刘宗周以乞休允放矣，闻边警，即杜门私邸，俟解严后始出都。陛辞疏略曰："自己巳以来，无日不绸缪未雨，而祸乱一至于此！往者袁崇焕误国，其他不过为法受过耳，小人竞起而修门户之怨，举朝士之异己者，皆坐以焕党，次第置之重典，或削籍去，自此小人进而君子退，中官用事，而外臣浸疏，朝政日隳，边政日坏，今日之祸。实己巳酿成之也。且枢臣张凤翼溺职负任，而与之专征，何以服王治之死？督臣丁魁楚失事严疆，而与之戴罪，何以服耿如杞之死？诸镇抚勤王之兵，争先入卫者几人？而概从宽典，何以服刘策之死？今二州八县，生民涂炭也极矣，廷臣之累累若若者，皆相幸无事，又何以服韩爌、李邦华、张凤翔之或戍或去？岂昔者之为异己驱除，今不难以同志互相容隐乎？臣于是而知小人之祸邦国无已时也。皇上恶私交，而臣下多以告讦进；皇上录清节，而臣下多以曲谨容；皇上崇励精，而臣下奔走承顺以为恭；皇上尚综核，而臣下琐屑苛求以为察，规其用心，无往不出于身家利禄，皇上不察而用之，将聚天下之小人立于朝，而有所弗觉矣。至近日刑政最舛者：成德，傲吏也，而以赃戍，何以肃惩贪之令？申绍芳，十年监司也，而以营求戍，何以昭抑竞之典？郑鄤虽久干乡议，而杖母之狱，乃以无告坐，何以示敦伦之化？凡此数事，皆为故辅文震孟引绳批根，即向者驱除异己之故智，群臣不敢言，皇上亦无从而知之也。呜呼！八年之间，谁秉国钧？臣于是不能为首辅温体仁解矣。语曰：‘谁生厉阶，至今为梗？’惟皇上念乱图存，进君子而退小人，急罢三协津通之使，责成中外诸臣，各修职业，毋再以邦家为幸侥。体仁桑榆之收，庶几在此。”不报。

下左都御史唐世济于狱，吏部尚书谢升罢。北兵既退，群小复欲借边才以翻逆案，乌程主之，德州佐之，唐世济当先特疏荐霍维华，随一疏扬言于众曰：“若台省中有以逆案事见罪者，即先以此殪之！”台省果相顾不敢纠。乃疏进而上留不发，给事中荆可栋先上一疏，微微点缀以探之，乌程混票“该部知道”。已而台省相继而进，乌程知不可掩，乃票旨：“逆案颁行已久，何得妄希荐举？”于是给事中宋学显遂疏言：“霍维华昔曾极口袁崇焕之功，愿以己荫让之。夫崇焕负君误国，遗祸甚酷，岂堪维华再误？”兵科徐耀继之，谓：“维华推戴崇焕，不啻口出，即使不在逆案，亦当服连坐之条，况现奉皇上‘逆案奉旨方新，居然荐用，成何政体’之旨，曾几何时，而世济以统宪大臣，藐旨蔑法，公行抗违，安望其正己率属乎？”末及德州，谓：“进退人才，冢臣职也，而徇人主使，漫无主持，将统均之谓何？”疏入，上大怒，遂下世济于狱。谢升引罪，即准回籍，乌程袖手，不敢效一臂矣。

是年正月，贼高迎祥、李万庆、张献忠等连营数十万攻滁州。南京太仆寺卿李觉斯、知州刘大巩督率士民固守，贼百道环攻，城上连发巨炮击贼，死者甚众。而卢象升援兵适至，副总兵祖宽以关辽健卒为前锋，象升以火攻三营为后劲，躬率麾下五百骑，居中督战。昧爽，至城下，贼方空营出掠，官兵至，不觉也。祖宽大呼直入，贼群起接战，战于城东五里桥，贼大败。象升麾诸军追之，北逐三十里，斩三千二百级。漕抚朱大典令参将杨世恩复截之于定远，斩三百余级。总兵刘良佐扼之于广武，贼遂西突池河。次日，贼自池河别道出东冈，守备刘光辉孤军格斗，力竭赴水死，一军皆没。贼袭其甲裳旗帜，渡河夺路而走江浦，总兵杜弘域追之不及。五里桥之战，祖宽杀贼近万人，卢疑为平民，有无辜之叹。祖宽大怒，拉卢欲同往验委是流贼与否，卢乃以巽语谢之。祖惟冷笑，终不释然也。一说：卢督兵剿贼，特招死士为冲锋陷阵之选，贼令奸细混入其中。对垒时，奸细内应缚卢，将献贼矣，中军李某救之得免。西走之贼，复陷凤阳。朱大典同总兵杨御蕃列营陵墙下，贼不敢攻，遂掠怀远，陷之。朱大典摄兵至，贼焚庐舍北渡，陷灵璧，进逼泗州。祖宽再破之。东破宿州，突入沛县，焚戮妇竖，靡有孑遗，丁壮尽掠入营中。

贼高迎祥合扫地王、紫金梁等二十四营攻徐州，不克，遂西陷虞城，入河南，而曹操、一字王五营，由归德趋开封。总兵祖大乐潜师归德，截其前，分兵设伏，而以轻兵诱之，遇贼于雪园。既接战，官军佯败，贼争先驰逐，大乐鸣鼓，麾东西两翼，突出攻贼，贼惊大乱，官军三面奋击，斩首四千二百余级。

二月，江北贼陷潜山，又陷太湖。

湖广贼九条龙、张胖子等攻竹山。知县黄应鹏弃城走。县有征粮六百石，贼遂奄有之，食尽，焚县治而去。东掠南漳，陷谷城，西陷竹溪、房山，知保康空城，不入。卢象升统诸将追贼至谷城，贼走郧阳，官兵三路并进，适大雾，贼不知兵至，仓卒接战，官兵逐之，大败，杀贼首黑煞神、飞山虎，追奔数十里。祖宽、李重镇先驰赴荆州，防其奔逸，秦翼明、杨世臣等搜山，祖大乐由光、邓夹击之，贼大溃，尽遁入万山中。

李自成出河南，欲攻固始。左良玉遇于阌乡，相持六日，总兵陈永福援至，败之，自成走登封。土贼廖三、袁世儒、李玉石等，以牛酒相迎，张乐大燕，连伙入营。自成即令廖三等驻河南当官军，而自率部贼走郧阳，循南山险厄，遵商洛而行，复出延西，官军败绩于罗家山。自成自鄜州走延安，而高迎祥、蝎子块亦自兴安趋汉中。陕西巡抚甘学润以纵贼削籍听勘，以孙传庭代之。

四月，贼过天星复叛于延安，而老回回、混十万等，自汝、郧入商洛大岭。李自成欲往绥德渡河入山西，定边副总兵张天机力战却之。贼沿河犯朝邑，将围绥德。延安总兵俞翀霄引兵逐贼，恃捷轻进，陷贼伏中，翀霄被执，延绥精锐俱尽，贼遂陷绥德、米脂、延长。七月，高迎祥、蝎子块攻汉中，不克，遂趋西安。秦抚孙传庭设伏于盩厔，邀击，大破之，擒贼首高迎祥及刘哲等，献俘阙下，磔于市。蝎子块即刘哲，高迎祥即闯王也。是时，群贼夺气，潜迹郧阳山中，卢象升方合大兵逐之。九月，以勤王率关辽之兵北去，老回回乃以全军合曹操、闯塌天诸贼，合二十余万，沿江长驱而下，蕲、黄、安庆、江浦、六合，所在告警，烽火及于仪、扬矣。郧阳抚治宋祖舜追贼败绩，失其符印，削籍听勘，以苗祚土代之。未几，祚土复罢去，以陈良训代之。

十年丁丑正月，外计，浙江左布政姚承济贪污颇著，兼以钱粮积欠，已列为民矣。浙省诸绅温体仁、姜逢元、王业浩等五十余人公疏保留，谓："承济居身廉慎，剔弊精明，为从来方伯之冠。"有旨："下部议覆。"覆上，准降级管事。后庚辰外计，姚贪声大著，计察为民，使皇上追论前次保荐之罪，不知体仁等何以置对？

二月，会试天下士，命大学士张至发、孔贞运为考试官，取中吴贞启等三百名。

下户部尚书侯恂于狱。劳永嘉之推登抚也，实辇金入兵科宋之普家，代为营干。德州后三过宋学显，谆谆戒以言路毋先发，卒之言路交章，而登抚另推。之普辈怀恨，未尝须臾忘也。至是，之普以马豆事参恂及学显，学显以科臣巡视，而恂则乌程所久侧目者。乌程票旨，以恂徇私养奸，革职提问；学显以从未经手，免议。之普与学显同年同官，修私怨，悦当轴，不难手出弹章，人心叵测，亦已甚矣。左佥都宋鸣梧以之普参恂与学显也，终身以为大垢，遂谢归里。

三月，廷试策士，赐刘同升、陈之遴、赵士春等进士及第出身有差。

例转给事中宋学显为湖广副使，御史张盛美为河南右参议。抚宁侯朱国弼疏言："温体仁受霍维华厚贿，谋为出山，假令唐世济发其端。又以言路之纠参为宋学显主使，密谕吏部，挤令外转。"有旨责其诬捏首辅，革职住俸。

四月，改河南巡按张任学为河南总兵。任学觊得巡抚，且欲荐原任丹徒知县张文光，因极诋诸总兵不足恃，而盛称文吏中有奇材，可以御寇。上竟以总兵授之，意大沮悔。

太仓民陆文声疏言："风俗之弊，皆起于士子。"因参太仓庶吉士张溥、前任临川知县张采，倡立复社以乱天下。有旨："着提学御史倪元珙核奏。"既而元珙回奏，极斥文声之妄，而申详者，苏松道冯元飏也。有旨："元珙、元飏，着该部从重议处。"后部覆上，俱降三级调用。

去岁，张汉儒疏参虞山，以致逮问，故一时谗小得意，告讦四起。先是，苏州推官周之夔以争军储事，与溥、采相忤，盖溥欲利尽归于太仓，而之夔欲公普之合郡，事本甚公甚正。后之夔密揭溥等于漕抚，并伤知州刘士斗，于是众议沸然，皆归罪之夔，夔与士斗俱不安其位以去。至是，之夔亦讦奏溥等树党挟持，则曲甚矣。

上命太监杨显名总理两淮盐课。显名抵任，查参前任巡盐张养、高钦舜各侵匿税额几十万。有旨逮问。时养已卒，命籍其家。

永平兵备刘景耀、关内兵备杨于国各降三级管事。时总监太监高起潜行部，景耀、于国耻行属礼，俱上疏求罢。乌程票旨："总监着照总督体统行事，申饬已久，景耀、于国徇私瞻顾，殊属藐玩，姑着降三级管事！"以后监司皆俯首屈膝，莫敢争矣。

七月，工部员外方玺疏："皇上亲擒魏忠贤而手刃之，岂溺情阉竖者？止以外廷诸臣无一可用，而借才及之。况人臣感恩图报，何论内外？每见廷臣处地悬绝，不若宫廷贽御，效忠倍易，凡此内臣徼兹旷典，孰不愿弃捐顶踵以酬皇上者，不必鳃鳃过虑也！"

给事中何楷参玺通内呈身，请重治示戒。有旨：“方玺降三级，调外任用。”

大学士温体仁罢。乌程衔恨虞山，必杀之而后快。常熟陈履谦，巨奸也，特为献谋，唆张汉儒参虞山，并及瞿式耜，并逮问，下锦衣卫狱。虞山为老高阳门下士，托高阳公子求援于大珰曹化淳。化淳系王安名下，以虞山所撰王安碑文为证，曹珰览之泣下，乃尽力为营救。虞山又令密友冯舒求援于冯铨，连伺三日不得见。第四日二鼓，始命入堂中，冯方欲有所言，铨曰：“钱谦益的事，我都晓得了，如今已不妨，你可回去，教他安心！”即挥之去。冯次日入都，局面一变矣。虞山具辩疏，将前后被陷事情宛曲点破。上阅之首肯，淄川票语颇恶，上尽行抹去，止批：“不得渎陈。”乌程谋始阻。陈履谦复献“诡赃出首”之计，先具一匿名揭，有虞山款曹击温等语，随令王藩出首云：“虞山赍四万金，托周应璧求款于曹珰。”曹珰觳觫无地，自请穷究其事。先是，卫帅董琨定招，以匿揭为根据，以王藩为确证，周应璧坚执不认，董琨逼勒成招，事颇昭著。而曹珰奉旨严究，大加搜访，备悉陈履谦父子奸状，遂擒履谦父子到厂。次日，曹珰五更亲至外东厂审鞫，先后严讯，吊一吊，夹四夹，打二百，扛拶一日，招出张汉儒草疏，王藩出首，并伊父子捏造“款曹和温擒陈”六字，及改“和温”为“击温”等情，历历有据。凡领厂者，非重大事情不亲审，不亲至外东厂。前年，厂役缉获逆犯董天王，赏银三十两，今缉获陈履谦，亦赏银三十两，则其郑重履谦可知已。前此首状中，引式耜弟瞿式穀为征。式穀初为陈履谦所愚，至是洞悉其奸，先后质对，语皆中款。曹珰温语谕之，令其尽言，无所驳问，于是逆案之谋翻、总宪之荐霍，与汉儒之疏、匿名之揭、王藩之首，俱出乌程一手握定，事状昭灼。狱上，虞山及式耜俱从宽送刑部拟罪，汉儒、履谦俱立枷一个月，而乌程允告之旨亦下。乌程每兴大狱，必称病以聚谋，谋定而后出。是时，修理湖州会馆，择日移居，上疏，邀宣谕之旨即出矣，淄川已票拟宣谕，御书大书三字云："放他去。"阁票有"人夫禄米"等项，御笔抹去。疏下，出其不意，方食，失箸。长安中欢声雷动，虽妇人孺子，皆举手相庆云。

乌程既去，复当枚卜。上点用绵竹刘宇亮、进贤傅冠、韩城薛国观，旨云："着与辅臣张至发协同办事。"不称首辅。淄川有与善者，劝宜且称病。淄川沉吟久之，曰："无奈贱体颇康。"昔宋蔡攸引其父京手作诊脉状曰："大人脉势舒缓，体中得无少倦乎？"京曰："无有。"攸去，京语客曰："此儿殆欲以疾罢我也。"淄川才智，万不堪京作奴，而不肯称病，则古今合辙矣。

山东民家垦地得数颗古凤印，有明凤年号，盖小明王时年号也。巡抚颜继祖具疏以进，极尽谄谀，若与玉玺凤麟同一呈瑞。识者预占为不祥，谓分争从此起矣。

唐王之父为世子时，以两弟离间故，失爱于老唐王，郁郁以死。老王薨，唐王嗣位，即上疏列其冤。上遣大珰二人往唐府和解之。唐王所以媚二珰者不遗余力。二珰甫出境，即悬父世子像，召两郡王至，数其罪，立棰杀之。事闻，于法应赐自尽，以大珰左右之，发入高墙。弘光即位，乃得赦出。乙酉，清兵南下，唐王走福建，抚镇张肯堂、郑芝龙等拥立称帝，改元隆武。说者谓既入高墙，似难复君临天下矣。

时当考选，行取各官，俱鳞集都下。旧例止推敲台省，甲戌复增入词林。虽以官评为据，而营私者正自不少。时江南推毂建阳知县沈鼎科，而归善知县陆自岳必欲攘之，互相讦揭，陈启新疏论及之。奉旨：“着指名回话。”又旨下：“吏科取访册进览。”于是姜逢元、王业浩、孙晋等，皆以圈多，蒙旨诘责，有“何广知若此”之语，各降调有差。启新回奏，指泾县知县尹民兴、江都知县颜允绍，及同乡预定词林之陆自岳，部覆三人俱降处。自岳即讦奏沈鼎科，鼎科亦不得考选。吏部尚书田唯嘉乃请先推部属，所共推二十三人，皆孤立寡援者。舆论哗然，诸受推者亦各怀不平，惟成勇恬然无怨色。不数日，竟辞朝赴南京吏部之任，识者共服其雅量云。

逮福建兴泉兵备曾樱。厂役缉事，缉得曾樱营升事状，有旨逮问。樱力辩无此事，人役书礼皆伪也。既而漳泉副总兵郑芝龙疏："曾樱廉明忠恕，龙感佩其德，特代为之营升，而来役疏虞，致蒙圣谴，其实与樱无干，愿以官赎罪！"有旨："姑不究，曾樱仍还原职。"

按：芝龙为泉州南安人，初同弟芝虎流入海岛颜振泉党中为盗。振泉死，芝龙代领其众，剽掠海上，官兵不能御。兴泉兵备蔡善继以书招之，芝龙降。善继坐戟门，令芝龙兄弟囚首自缚请命，芝龙无难色，芝虎一军皆哗，竟同叛去，攻取广东海丰嵌头村以为巢穴，掠夺商民船，复进击漳浦等处，时天启六年也。巡抚朱一冯遣总兵洪先春击之，而令游击许心素、陈文廉为策应。会海潮夜发，心素、文廉所统水师皆飘没失期，先春大败，总兵俞咨皋望风先逃。崇祯元年，给事中颜继祖疏劾咨皋丧师失律，临阵怯逃，有旨革职提问。芝虎最矫捷，能于海面跳越两舟，左右击射，人莫敢撄其锋，适为飓风飘没，不知下落。芝龙顿失所恃。二年，巡抚熊文灿招之，芝龙降，授官游击。三年，海盗李魁奇倡乱，芝龙击斩之。六年，海盗刘香老犯长乐，又犯福建小埕，芝龙击走之。七年，刘香老犯海丰，两广总督熊文灿令岭南守道蔡云蒸，巡道康承祖，参将夏之本、张一杰招抚之，俱被执。八年，芝龙统福广两省兵击刘香老于田尾远洋，香老败困，挟守道蔡云蒸，遂自焚死。承祖三人脱归。叙功，加芝龙副总兵。十三年，加芝龙总兵。

是年正月，总兵秦翼明逐贼于麻城、黄冈间，败之。老回回、整齐王、张献忠等九营，分而为三：一走罗田，一走团风镇，一走蕲水。闯塌天等又分三路扰江北：一自桐城犯庐江、舒城，一自固水犯霍山、六合，一自颍州犯滁州，营火夜烛数十里。

李自成败官军于宝鸡，纵掠泾阳、三原等处，西安大震。

二月，左良玉大破贼于舒城、六安，三战三捷。秦翼明败闯塌天于细石岭，擒贼首一条葱、飞山虎。贼至英山，立营山巅，伐竹为筏，为渡江计。朱大典檄左良玉入山搜捕，良玉不应，屯舒城月余，大典三檄之，始自舒城进发，贼已饱掠出境矣。山西总兵王忠统兵剿贼，称疾数月不进，一军噪而归西，给事中凌义渠劾之。有旨：“王忠逮问，左良玉革职，杀贼自赎。”

闰四月，以熊文灿总督五省，以常道立巡抚河南，以孙传庭兼河南总督。时宣大总督杨嗣昌守制家居，上特起为兵部尚书，嗣昌具疏辞，不允，令以墨缞从事。嗣昌举文灿为总督，而大发兵剿贼。户部苦于无饷，嗣昌建议：每条银一两，加银三分，名“因粮纳饷”，共加赋二百万两，以济军需。下诏有“暂累吾民一年，除此心腹大患”等语。

按：“因粮输饷”一项，止征一年，惟应抚张国维、浙抚熊奋渭相订独征二年，江南十府，共二十余万，尽入私囊。华亭许公誉卿不平其事，独持昌言。而群分国维之润者，竟起而和解之，公论遂不克伸。故从来应抚之富，以国维为第一。旗鼓朱某，亦娄有二万金，亦从来旗鼓所推为第一。苏松沿海等口，素严出洋之禁，张国维令守海诸将弁，潜放洋船出海，俟其满载而归，尽掩取之，两年中所得，亦不下百万。

十月，陕西贼过天星同李自成陷宁羌，混天王、革里眼等会之，分三道入四川。自成自七盘关度朝天阁，戊戌，至广元，壬寅，陷昭化，癸卯，过剑阁，甲辰，陷剑州，乙巳，陷梓潼、黎、雅。参将罗尚文大败混、革二贼于广元，斩首千余级。贼自梓潼复分为三：一走潼州，一趋绵州，一入江油，遂陷青川、彰明、盐亭等县，进围绵州。巡抚王维章次保宁，畏贼不敢出。丙辰，贼焚郫县，渐逼成都。事闻，维章革职听勘，以傅宗龙巡抚四川。

> 王维章所至以贪墨著，备兵西宁，以克削致激兵变。巴县力护之，举为川抚，至公然形之揭奏，曰“维章，臣畏友也，臣益友也”等语。及任四川，狼藉无比，至受番夷黄金四万两，擅将邛州界内地划以与之，合州士民，咸愤不平，迄无敢以入告者。次年，杨编修廷麟召对，乃指及之，真开人不敢开之口矣。

十一年戊寅，二月，下刑部尚书郑三俊于狱。先是，冯英下狱，改用三俊，适当侯恂屯豆一案，先有谗言，谓：“三俊与恂皆东林契友，必将屈法徇私。”上入其言。至是，狱上，果多为恂卸罪，上大怒，并三俊亦下狱。宣大总督卢象升首先具疏称冤。卢昔为郑司官，素服其公忠廉慎者也。继卢者不下十余疏，而应天府丞徐石麟为最，略曰：“郑三俊品重三朝，贤著四海，即使果有过误，犹望皇上优容老成，曲施赦宥。今拟议一不当，而僇辱随之，将敬大臣之义何居？汉张释之为廷尉，不敢屈法以徇主意，文帝卒降心以相从，千古两贤之，谓非释之不能守朝廷之法，非文帝不能用释之之言。臣于是而叹臣工之不能仰体皇上也：皇上每事欲踵前哲，而臣工辄道以刻薄惨激之术；皇上每事欲臻盛治，而臣工辄佐以刑名击断之学；皇上每事欲崇礼义，而臣工辄肆其乘间抵隙之私”云云。阁票“回话”，发改，阁票“为民”，又发改，阁票“提问”，御笔批：“可将三俊罪状一一讲明，不必更处奏事官！”阁中乃票令旨以进，当晚即下。

礼部题“二月十七日皇太子出阁讲读”，侍班官四员：礼部尚书姜逢元，詹事姚明恭，少詹事王铎、屈可伸。讲读官六员：礼部侍郎方逢年、石谕德、项煜，修撰刘理顺，编修吴伟业、杨廷麟、林增志。较书官二员：编修胡守恒，检讨杨士聪。侍书官二员：中书黄应恩、朱国诏。旧制：日讲官、东宫讲官无相兼者，恐皇上与东宫同日御讲筵，致相妨也。黄应恩既充正字，又充侍书，则以淄川从外入，不谙衙门规例，而士聪系辛未，增志系甲戌一辈，尤为错谬。临期，逢元罢去，侍郎顾锡畴代。

二月十二日，上御经筵毕，召礼部左侍郎顾锡畴等二十余人，问保举、考选，二者孰为得人？诸臣各以大意支吾。谕德黄景昉独以郑三俊下狱，及朱天麟、成勇不得考选对。上细询良久，谕以三俊蒙徇，有“徒清亦不济事”之语，至朱、成二人，则庶子李建泰而下，多同辞称其果屈。上命起，序列有言者出奏，于是诸臣各陈所见，上亦随意答之。上又曰：“言须可用，如先年讲官姚希孟，欲将漕米改折一年，这个行得行不得？”编修杨廷麟对：“自温体仁之举唐世济，王应熊之举王维章，今二臣皆败，而体仁、应熊竟无恙，是连坐之法先不行于大臣，而欲收保举之效得乎？”上为之动色，久之无所言。项煜乃奏：“成勇不得考选，以任濬为阁臣张至发儿女亲家，前任濬列在第二，后以有议，以成勇易之。阁臣不欲勇独得考选，若曰得则俱得、失之俱失云尔。”上曰：“谁没有个儿女亲家，这也不在此。”至发奏：“请敕山东抚按勘验，臣与任濬结亲，或现在，或已亡，有一于此，治臣之罪。”上谕以不必与辩。对毕，诸臣出朝，吏部侦事者误传奏成、朱者为杨廷麟，田唯嘉恨甚，嗣是，转攻廷麟矣。次日，黄道周、黄景昉、杨士聪各有疏，景昉申言郑三俊事，道周疏亦及之，士聪则言考选事，而田唯嘉亦有疏，则直攻杨廷麟，内云：“成勇、任濬，各为同乡所引科道求科道，词林虽未预访单，而暗中皆为主持，臣一旦推之部属，安得不触诸臣之怒。至杨廷麟则尤有说焉：今考选推部之涂必泓，系麟同乡至戚保举；聂明楷，系麟同乡万谷春所保举。臣且参革，并谷春议降调矣，是以廷麟恨臣以保举考选为不平，而特借成勇、朱天麟为口实也。”奉旨：“接引主持，有何凭据？且原奏系黄景昉，何讹为杨廷麟？还通着明白回奏。”十六日，上御日讲，面谕黄景昉：“昨原切责郑三俊，岂是矜亮？”

又谕俞煌："昨召对，有姚希孟全折漕粮一年之说。煌对曰行不得，如何此疏竟隐不载？"时讲官张少詹四知出语人曰："今日上怒甚。"说者谓三俊自此得释矣。十九日，上御门毕，谕百官数百言，内言："郑三俊一案，屯豆墙穴，情弊显然，有何可疑？而欺罔委卸，巧为弥缝，屡奉批驳，骫法愈甚，但念别无赃贿，姑着回家听拟。"盖圣明本乐受言，第不欲恩归于下耳。三俊以初九日下狱，风霾陡作，咫尺不辨；是日得释，微雨澄清，谁谓主心不上应天心耶！

按：讲章之末，必附时论一段，犹奏疏中条陈，非欲必一一见之施行也。姚文毅进讲，在上初年，时入夏始兑粮，阻冻闸河，直待来春，始得交纳京仓，较之祖制十二月兑粮，二月开帮，五六月赴京交纳，七八月回空，何啻天渊？故引及之云：或不妨改折一年，以通其穷。亦作商量语耳。后史堃辨疏，复牵及先文肃与文毅，乃知群小所以相中者，不遗余力，八年之后，犹令人主追忆其过如此。

杨士聪疏下，着指名回奏，于是指陆自岳、张若麒、沈迅。盖自岳与沈鼎科同在考选，自岳为陈启新指参降处，不甘鼎科独留，特出疏以倾之。若其与迅，则爱省中不爱词林者，盖当考选时，第一第二，当为词林，第三第四，当为省中，第五第六，当为柱史。迅与若麟列在三、四，此正握定省中枢要也，及任濬议处，乃舍第三之迅，而推第五之成勇，此其验也。

东宫讲读官项煜、杨廷麟各疏，愿让少詹事黄道周，淄川具疏极排之，内云："道周近疏，有'臣不如郑鄤'之语。夫蔑伦杖母，明旨煌煌，鄤何如人，而自谓不如，是可为元良辅导乎？"草此揭者，中书黄应恩也。先是，户部尚书侯恂、刑部尚书冯英同时下狱，道周辞官疏内及侯、冯，因遍及用刑之未当者，郑鄤特其一耳。疏中有"一日内絷两尚书"，偶遗一"尚"字，有旨："疏中'一日内絷两书'，敬慎何在？"迨后英竟以微罪得释，是上未尝不用其言也。

给事中冯元飚上疏，略曰："顷项煜、杨廷麟疏让黄道周，夫二臣系阁臣所选，不肯苟悦于阁臣；为阁臣者，宜深加赞叹，风劝百僚，而近日一揭，若大不快于其言者，并迁怒于道周，何也？若以道周建言为罪，则皇上已还其清秩数次，皆荷优容，天下万世，皆颂为主圣臣直，一大盛事，而阁臣反因此怒及道周。臣恐天下后世，有以议阁臣之得失矣。"

淄川又出辨揭，谓"臣硁硁孤执，即有苟悦之臣，不能呈身于臣"云云，亦应恩代草也。既而复上"世风宜挽"一疏，屡数千百言，内云："道周出山，缘爱母之心，借一言以周旋郑鄤，岂曰非孝？但不宜以朝廷是非，为一己环草之私！”又云：“有一二人焉，建坛玷，执牛耳，自命于人曰：‘吾将主持世风’，已而自命者与附之者，入主出奴，了不得其何缘何故。”末又请禁投刺往来，云：“自今士大夫门尽可罗，席尽可尘，夫人而能为言也，夫人而能为让也。”终推重于温体仁，称其“孤执不欺，窃愿学之”云云，此疏出江夏手，呜呼！江夏生平，于斯扫地矣。

编修吴伟业具疏驳之，略曰：“前事者，后事之师。今日辅臣之鉴，取之温体仁而足矣。体仁学无经术，则当讲求仁义，练习朝章；体仁性习险谀，则当矢志光明，立心公正；体仁狎匿宵人，则当严杜谂訾之辈；体仁护持逆党，则当力继忠孝之经，庶几圣恩可副，舆望可塞。乃积习未化，近日辩揭，盛称体仁之美，曰‘孤执’，曰‘不欺’。夫体仁有唐世济、关洪学、蔡奕琛、胡振缨、胡钟麟之徒参赞密谋，有陈履谦、张汉儒、陆文声之徒驱除异己，何谓‘孤’？庇枢贰，则总督可不设，而事败乃设；庇风抚，则镇可不移，而事败乃移，何谓‘执’？皇上之决去体仁，谓其善欺耳，家窝巨盗，产遍苕溪，自诡曰‘廉’；孽子招权，匪人入幕，自诡曰‘谨’，何谓不欺？辅臣真以为孤执不欺乎？若仍因私踵陋，尽袭前人所为，将公忠正直之风何日得见？夷狄盗贼之风何日得平也？”

适上御经筵，项煜面纠淄川庇至戚任濬而挤成勇。

淄川再疏辩。有旨："着项煜回奏。"略曰："有问斯对而曰纷嚣，为国摘奸而曰排挤，至发云'何处把持'，则臣敢明白指之曰：'考馆则把持于阁中，推补则把持于吏部。'"又云："臣孤冷自守，于考选何与？于任濬、成勇何预？向使经筵不召对，不问用人，诸臣不言及考选，则臣虽有区区之愚，何自而发？当日一堂都俞，梦想不到拜飏之语，一片肝膈，而至发乃谓臣为异同，为爱憎，如此欺罔，岂能逃圣明之炤烛哉？"疏语最切，第疏内指任濬与淄川次子联姻则未确，谓濬以银鞍马贿张孙振，斥为贪吏则太过。有旨："着再奏。"而淄川又出疏，哓哓攻讦，全无大臣之度矣。项煜遂奉旨议处。

东宫出讲，黄应恩充正字，管诰敕撰文，又兼东宫侍讲，势不能相顾，凡传讲写讲，皆委之朱国诏。临时，国诏病，不能出，乃暗撰仪注，委之较书。淄川不详所以，遽为题请，士聪等诣阁，力辩其谬。既而项煜等撰完讲章送应恩，应恩复拒之，云："此杨、胡二公职掌。"士聪亦不平，具疏争之。发票，淄川即具揭随进，士聪遂不行。士聪乃上书阁中，极言其事，而应恩适以撰文事，特旨为民。撰文者，本兵杨嗣昌父杨鹤，三边总督，以逮问遣戍。至是，宁夏叙功，奉旨："复官，给诰命。"旧例：赠恤诰命，皆中书撰文者为之。应恩为杨鹤撰文，极力洗发，呈上，上涂抹发下，令查职名议处。淄川将具公揭申救。句容进曰："去年许朗城事与此同，彼时未曾申救，今奈何救之？"盖前岁许祭酒撰高忠宪公赠诰，为上所驳降处也。淄川愤曰："难道阁中少得此人？诸公不救，我自救之！"连进三揭，上终不允，御笔批云："撰文官自注职名，新经申饬，黄应恩供役阁中，首先违玩，人臣功罪，各不相掩，蒙冤等语，视当日之处分为何如？黄应恩着革职为民！"杨嗣昌疏救亦不听。既而大理寺副曹筌疏参应恩纳贿等事。先是，四川富顺知县许国佐，以参劾下部，应恩受其千金，许为从轻票拟，适又有捃摭应恩事款一册，乘夜投于中书周国兴之门，由是长安喧传，直达圣听。曹筌疏入，有旨："着刑部提问。"

给事中王都疏参吏部尚书田唯嘉，略曰："冢臣之与逆党作缘，非自今日始也。当王永光借题边才、引用匪人之日，唯嘉争先应募，即荐杨维垣、贾继春二人，章光岳遂荐吕纯如、霍维华、傅櫆、徐扬先、虞廷陛、叶天陛六人。赖圣明独断，有'逆案奉旨方新，居然荐用，成何政体'之旨，而后群奸屏息，疏在御前，可覆案也。夫唐世济、应喜臣荐一人而拿问，彼荐二人、荐六人者，宜何居焉？"

疏入，次日，上召对阁臣及唯嘉，出疏示唯嘉，谕以"秉公尽职，不必与辩"。都前有疏参刑部侍郎章光岳、行人司副水佳胤，盖光岳官通政时，建议请于逆案中有枉者辩疏，许其封进，佳胤官御史时，疏请吏部将逆案中不平者，一一明告，有旨："吏部议覆。"唯嘉复："光岳致仕，佳胤免议。"故都并参之。先是，德州去位，唯嘉以吏部侍郎，内旨升吏部尚书，其势张甚，凡台省议及者，必以年例处之，若宋权、宋学显、凌义渠，皆其人也，都可谓履虎尾而不悔者矣。

田唯嘉疏参杨廷麟，奉有"明白具奏"之旨，而屡疏回奏，总无指实，上诘责不已。会项、杨各疏参淄川，遂以项、杨为接引，以河南掌道御史王万象为主持。又有"神谋权力"一疏，其云神谋权力者，一指李嗣京，为句容所托；一指涂必泓，为进贤所托。盖淄川在阁中，惟江夏欣附同臭，句容、进贤多所不合，唯嘉知之，欲借此以倾二人。二人大惧。唯嘉疏发票，淄川时待罪在寓，句容、进贤票拟："项煜、杨士聪着议处。"复进密揭，言："煜与士聪疏参首辅，有坏阁体，当加重处。"随使人传语于唯嘉，唯嘉大喜，再上回奏，疏"神谋权力"，即指项煜、士聪、万象三人。句容、进贤复票议处。尚未进，而唯嘉前疏密揭，乞加重处者，御笔批出云："面奏成勇不得馆选，乃黄景昉，今言杨士聪，是何缘故？项煜已有旨了。"句容、进贤相顾失色，乃将"神谋权力"疏止拟"已有旨了"。长安喧传'田太宰挟质挑战，两阁下望风投降'者，即指此也。

士聪指名疏下，查沈迅等三人治行，及考满缘由具奏。唯嘉将考满、开复、截俸日月，俱隐匿不载，止详载其各院考语。士聪随上“大臣蒙欺有据”一疏，内指唯嘉得周汝弼银八千两，升延绥巡抚，系大理寺丞史䓕过付。又参史䓕巡按淮阳时，署巡盐事，侵匿课银二十一万两。有旨：“史䓕、沈迅、张若麒，各着回话！”而唯嘉复上“尽职招诬”一疏，内云：“士聪参史䓕并及臣也，盖有由矣：史䓕者，时局之所惩恶而不容者也。若麒与迅，皆为䓕父母官，士聪恶史䓕，并及其父母官也，已久衔之。又见成勇被臣推部属，倘麒、迅及选科道，则恶其气味不投，必欲一网打尽以为快也。”

沈、张回奏，俱言：“士聪平日招摇局骗，至于考选大典，公然登垄而招，己惟守正听命，以致大触其怒”云云，而于开复考满日期，俱置不及。唯嘉又收陆自岳为助，自岳亦出疏参士聪羽翼沈鼎科为接引，指吏科叶高标为主持。高标，鼎科乡房师也。

史䓕回奏疏云：“臣孤立寡俦，屡纠奸恶，今乃诬以关通阁部之线索。忆向年文某、姚希孟，为词臣之雄，死者死矣，文某借虚名以入阁，入阁便行私，去后复草疏稿，募成德代上，臣曾有‘纶扉之线索一断，论议之风雨寂然’二语，有犯时忌，故士聪借考选之事，硬以‘线索’二字诬陷微臣也。”具辩疏云：“臣入仕以来，指佞如仇，奸党恨臣久矣。士聪曾受宋琮银万两，营谋馆选，又今特出圣明烛奸之疏，丢却考选，突以田唯嘉得周汝弼银八千两，滥推延抚，指臣过付。臣巡按淮扬，仅代盐差数月，便诬以侵匿盐课二十一万。伏乞敕下九卿科道，将此疏会勘，令淮扬内臣杨显名及周汝弼各自面奏，则士聪之诬捏始露，而微臣之心迹得白矣！”

有旨：“俟卫招讯明奏夺。”

史䇺贪著淮扬，几与崔呈秀等，三尺童子能道之。其侵匿盐课，为延抚过付，俱自作之孽，于人何尤？乃无端牵及时局，又无端牵及先文肃、姚文毅，何为乎？先文肃以请改正《光庙实录》一疏，荷蒙圣鉴，致此超拔，非关虚名也。大珰屈意求好，先文肃坚拒不应，是行私者否？必如乌程之谋翻逆案，巴县之力庇贪抚，方谓之不行私者乎？至成德应募之说，乃禹好善造此以取媚乌程耳，今乌程罢矣，复拾好善余唾，何为乎？虽百足之虫，至死不僵，终不能当圣明离明之照也。宋琮万金之说，尤属诬蔑，宋玫拟为出疏申辩，而踌躇未定，给谏之念重，虽其兄受诬于身后，勿遑恤矣，呜呼！

四月，吏部尚书田唯嘉罢。时士聪廉得唯嘉纳贿事款，复上“圣主神明烛弊”一疏。淄川见疏有事款，即密抄一通送唯嘉，俾预为辩地。不意唯嘉不待旨下，而遽上疏辩也。士聪乃上“臣疏预泄甚奇”一疏，有旨：“着唯嘉回奏。”而前疏竟下锦衣卫提究。事既下部矣，唯嘉仍视大选自如。给事中吴麟徵上疏，略曰：“今之进言者益难矣，为公正而发愤，动辄指为朋比，即自尽其职掌，亦借题以驱除，即如冢臣田唯嘉鬻官通贿，事下卫讯，供吐未尽，赃已累累，其奴与私人方在对簿，而其主安坐朝堂视事，尤为三百年绝无之事。”末云：“以真廉真谨之郑三俊，尚不免为法蒙谴；以极贪极横之田唯嘉，乃容其跋扈自如。”

有旨：“冢臣以推选视事，不得苛求。”盖淄川力为之地也。既而唯嘉回奏疏稿预泄缘由，称系写本人所送进。有旨：“既系写本人传送，何难稽查，着即指名速奏！”唯嘉再奏，乃称：“是早有人传呼门外云：‘有人诬捏你主人事款，速速取去！’门役惊起开视，则其人不能久待，竟掷槛间而去。”嘻！直同儿戏矣。士聪复上“冢臣说谎面欺”一疏，有旨：“奏内事情，着田唯嘉据实回奏，不许一毫支饰取咎！”唯嘉窘极，乃疏请罢云：“士聪之意，欲攻陷臣，希图翻案，为推部诸臣复谋考选。臣一日在部，其私心一日不遂，乞将臣解任听勘。”有旨：“田唯嘉准解任回籍。”

大学士张至发罢。上复御讲筵，诸臣于奉华殿门鹄立，上传“项煜方在议处，不准入班”。讲毕，复谕阁臣，俾项煜回奏。越两日，而淄川罢，煜亦降三级调外任。盖上将放淄川，不欲煜居其功，故有此传谕，而淄川之罢，则实以泄士聪之疏于唯嘉，颇忤圣意云。

士聪“圣明烛奸”疏既下卫，内指田唯嘉家人田少峰过付事甚夥。卫役初提颜裁缝等，唯嘉举家大惊，闻其奴有仰药自尽者，未知即少峰否也。然少峰究竟不出，而唯嘉之金珠，已捆载入卫帅吴孟明家矣。已而卫招上，止招卢以岑升主事，用银五百两，系田登第过付于田敬宗，仍谓唯嘉初不之知。有旨：“提田登第再审。”已而卫招照旧，止认卢以岑一事，且云：“并无田少峰其人。”奉旨：“原参事款多端，岂止卢以岑一件，可得听其狡饰？还着严讯确供具奏！”又卫招：“颜裁缝、徐大章供称周汝弼用银八千，滥推巡抚，系史堃事，非大章等经手。”止增招出武强知县傅蒙庥，差人持银三百三十两，三百送田尚书，三十众人分用。有旨：“唯嘉革职，蒙庥革任，原参六款，再严鞫确情具奏。”卫招再上，奉旨：“田登第既系伊大子家人，五百多金，岂有仆役瓜分之理？吴孟明不从实根究，殊属骫法，着再降二级戴罪。田敬宗革了职提来，并周汝弼事情，严讯确供俱奏！”

田敬宗先选授都察院都事，至是提到，下卫审问，供认沈万春一事，得银六百两，其余如前招。有旨：“沈万春提问，敬宗再行严审奏。”盖上所重者，延抚事也，于是有称过付非史堇，为张绍先者。给事中吴希哲遂具疏参绍先，要之绍先预其事，不止绍先一人，盖众人深为史堇出脱地耳。后卫招止仍旧，奉旨：“田敬宗等俱着送刑部拟罪具奏！”

四月十二日，上御经筵毕，复召对六部，本兵杨嗣昌奏，有“盈城盈野，善战者服上刑”等语，上谕：“今天下一统，与孟子列国兵争时不同，今不过一属夷小丑，纵不能伸大司马九伐之威，奈何为是言耶？”随戒以今后勿复尔。时上声色甚厉，嗣昌顿首认罪。后又言湖广巡抚余应桂用将官事。既退，嗣昌复上疏请罪，因言应桂前任御史，曾参臣父，先国家之急而后私仇等语。未几，而嗣昌爰立，应桂逮问，其转移之机，甚密甚捷，人不得而测之也。

时火星示变，皇上于宫中斋沐祈祷，素服减膳，并谕各衙门俱角素修省。杨嗣昌上疏，略曰：“臣闻月食五星，古今异变，史不绝书，然亦观其时势主德何如。今兹月食火星，在于前月己酉，纳音属土律，应中宫，然有阴阳之分。戊申阳宫，主帝座；己酉阴宫，主后妃。其时寅卯，适值熹庙成妃发引，内外文武百官，祭奠郊外，其所谓白衣之会，在宫已有，其应阴，无庸致疑，一也。当食之时，火星触月，在于上角，不在中，亦不在下，臣愚谨视明白，无庸致疑，二也。”又云：“臣稽于古，月食荧惑，不为大灾者，盖亦有之。在汉光武建武二十三年丁未，三月，月食火星，其年无事。明年，匈奴八部人立呼韩邪单于，款五原塞事，下公卿议。议者皆以为不可许，五官中郎将耿国独以为宜如孝宣故事，受之，以率属四夷。帝从之。明帝永平二年己未，十二月，月食火星，频年无事。皇后马氏，马援之女也，德冠后宫，尝衣大练。明帝图画功臣二十八将于南宫云台，又益以王常、李通、窦融、卓茂三十二人，马援以椒房之亲，抑不预焉。唐宪宗元和七年壬辰，正月，月掩荧惑，其年田兴以魏博来归，李绛推心抚纳，结以大恩。宋太宗太平兴国三年戊寅，七月，月掩荧惑，其明年，兴兵灭汉，车驾遂征契丹，连年兵败，宰相张齐贤上疏，以圣人举事，动出万全，必先本后末、安内养外之说进。臣愚所闻如此。”

给事中何楷驳之，略曰：“孔子作《春秋》，书灾异，不书事应，其言天道，则不可得而闻。今嗣昌缕缕援引，出何典据？如探其立言本意，则路人咸能指之矣：引汉武款塞故事，欲借以伸市赏之说也；引元和宣慰故事，欲借以伸招抚之说也；引太平兴国连年兵败故事，欲借以伸不敢用兵之说也，其附会诚巧。至于永平二年一条，所述皇后马氏等语，更不知其意所指斥安在？”

有旨："枢臣不必深求。"嗣昌辩疏云："臣所引，皆汉唐信史，云台图画，独抑椒房之亲，乃汉世盛事，臣比类言之，而科臣以为指斥，岂其昨年圣谕'勋戚不知厌足，纵贪暴于京畿'者，科臣独未之闻乎？"至于市赏、招抚、不敢用兵之说，则绝不辩，盖上月召对'善战上刑'之说，其机括已阴转矣，故虚虚笼罩，支吾了事。至云台图画，诚不识其立意何居也。说者谓嗣昌爰立之枢要全在此，然其邀圣眷者，不在此一疏，而所谓用心于奥窔之中者，可类推矣。

四月二十八日，上御中左门，策试考选各官，上自定三等：翰林、给事、御史，其余发部量授各官。朱天麟、曾就义等为翰林，王调鼎、涂必泓、李嗣京、任濬、张尔忠、高名衡等为给事中、御史，而沈迅、张若麒在散数，并授刑部主事，惟苏在先升苏州同知，成勇升南京吏部主事，俱已赴任，不及试。后涂必泓为成勇称屈，奉旨："成勇改南京御史用。"

原任两淮巡盐张锡命男张沆疏"盐课存解甚明"事，内云："臣父丁艰后，共贮库银二十一万两有奇，销归何处？接管按臣史堃，并未尝为父代解，此二十一万两，销归何处？"疏入，阁中详拟一旨以进，及命下，所拟严核等语俱行削去，止批："该部知道。"就中机窍，人不能知也。后南京给事张焜芳进疏，补纠"寺臣贪污"事。内纠史堃侵匿盐课二十一万两。又纠莛与中书汪机昼夜酣饮，女优侑酒，都无官体，临行，寄赃数十万。又纠莛知于承祖家赀钜万，乃因各讦，索银万金，意犹未足，承祖避之南京，抑郁而死，其子于道章可证。又言：莛事发后，密使干仆赍金潜往书吏睢承吾之家，意图毁改簿籍，而未即以张沆原揭附之。疏入，御笔批“史莛着革提”。寻奉旨：“具奏，史莛盐弊多端，赃私狼藉，比匪揽利，大干法纪，与汪机俱着革了职，并睢承吾通着提解来京究问。”是时焜芳有二疏：一求改成勇为科，已奉旨议处，一即纠莛疏也。史莛提革之旨，特出宸裁，于是群情翕然，颂圣明独断云。

真定巡按李模，疏监臣“贪肆非常”事，曰：“分守太监陈镇夷贪婪暴虐，官民寒心，谨昧死特陈其状：旧知识郭名扬，先往保定迎接，馈银三百两，一到任，即题充旗鼓，关通赂贿，倚为腹心。凭听萧、钱两主文，本章批判，尽出其手。凡揽受田产小词，尽批解究，奸徒得志，殷懦股栗。固关把总何起龙托旗鼓送银二百两，求管关税，每日抽黄钱二三十千不等，单身人过，亦索黄钱二十文，怨声载道。工食器用等项，不许科派里甲，非敕书所载乎？乃私用米豆，发牌行唐等县买办，止各发银二百八十两，计各费过三百四十两，有赔解富户可问。建造衙宇，费过工料银五百两，复行赵州等处摊派，有督工王省祭可查。营兵月饷，应问易州饷司支领，忽坐下真定州县本色豆三千石、草九万束，是额饷竟可混征也。营兵每月饷银二两二钱，乃每名扣除四钱、七钱不等，五营官总送衙内。至领兵上关，每名该行粮升半，正给一升，草每束折银四分入己，马多饿倒，以致兵士愤恨。槐树铺逃去马兵三百余名，镇城又逃去二百名，佯付不知，支粮如旧。至其纵兵为盗也，任文秀跃马截劫于晋州，箭穿入骨，当经马保印等搜获赃钱，乃文秀不究，而赤马牵入私厩矣。王家远、司二等行劫官路，当经刘均艾等人马连获，乃偏听千总王道新曲禀，而捕役反问徒罪矣。撞门劫杀贾永先家，则有赵标、庄应伦等，将珠宝衣服，对人夸张，而失主不敢告官矣。劫杀郝三九抛井，则有吕世龙、于众武等，被尸亲认驴喊告，而问官不敢直指为兵矣。将官献馈，何一不从扣克得来？乃令郭旗鼓向每营将官索要三千两，各先送过五百两，独火功营将官王震仲素负气骨，不肯应承，终日提营中官役呵责，仍央郭旗鼓解说，送银炉、银如意各一件，罗缎潞绸各十匹，马二匹，骡一头。尚嫌不足。又向龙固营守备白之昆指查卖放捞河军人，要从重参处，央郭旗鼓送银四百两，俱从东边小门交张掌家收入，合军皆知。更可异者，查城上疏，托张中军传意州县，一二等各要谢荐仪二百两，且关防何事，就中掠取？即藁城一县，勒送银壶二把，金盘盏四副，而曲阳之牙绶，一网收尽，是为何体？恣意摧辱士类，以示威风，举人阎东井缚来庭讯，生员赵必达径批黜退，甚且控冤之王相，嫡兄被兵赵士采、王家士等劫杀有案，径行提问，贼兵收营，冤生下狱，颠倒戮士，是为何法？尤可讶者：近日巩固营总练报升，当夜二鼓，令郭旗鼓向张德昌讲话，约定银三千两，题补前缺。次日，即与发本。是大帅可以货取之，一疏拔置三将领，是枢部可以不设也，不亦废典制而辱剡章乎？至如纵放张掌家等横扰驿递，倍索干折，嗔怪井陉等县供应不周，凌辱正印，典史驿丞，动责数十，犹其贪戾之余波已。若其接待有司，箕踞谩骂，稍不遂意，开口提参。逼致生日馈献，银铸寿星炉爵杯盘及绣缎等件，充斥衙署，有各衙门小报可据。俨然自称军门，而勒送礼物。嗟乎！皇上有何负于内臣，而敢举朝廷之礼法纲纪，将士吏民，一旦凌夷暴殄至于此极也？”

奉旨：“司礼监查议具奏！”

时所遣内阉，在在播恶，不独一陈镇夷，第他处抚按不敢直陈，惟模能据实入告耳。后镇夷访模在任廉谨，无可指摘，乃讦其与真定同知凌必正营私等情。必正，李同乡也。事下真定抚按查核具奏，而彼此观望推诿者三载。至十四年，其事始结，模与必正俱降三级调用。

六月十八日，上召对诸臣，出题考试，寻改杨嗣昌、程国祥俱礼部尚书，嗣昌仍管兵部事。升方逢年、蔡国用俱礼部尚书，范复粹礼部左侍郎，俱兼东阁大学士，入阁办事。盖嗣昌上所最注意，而国祥以房号，国用以牙石，若逢年、复粹，则其偶及者也。房号者，国祥时为户部尚书建议：借合京赁居一季之租，及京直会馆守寓者，亦出修理若干。其初谓可得五十万，其后戚畹、勋臣、巨珰概从隐匿，所得仅十三万而已。牙石者，立列于崇文、宣武两大街之中，以备驾出而除道者，时培修外罗城，无从取石，国用时为工部侍郎，建议用之，然用力甚艰，工费甚浩，得不偿失也。而二臣之受知皇上，则由于此。

武陵入阁到任，俨然绯袍，与江陵同。说者谓江陵者，藉口大婚，权从吉服，武陵则何说之辞，盖其心已死久矣。先文肃以四品少詹，超入政府，已属异数，后韩城以佥院，黄县以少卿，亦俱从四品超擢，尤足异云。始淄川以刑侍入，韩城以佥都入，说者谓廷尉中当亦有腾升而上者，盖三法司之验也。今黄县果以理少入，然徒伴食耳，无关轻重也。

时揆席既内外兼用，馆选又从知推考入，于是建议词林亦得于别衙门升用，故少詹绍贤升户部侍郎，倪祭酒元璐起兵部侍郎，仍兼侍读学士。

司礼监视政府，文书房视词林。向来司礼掌印秉笔。诸阉皆从文书房入，至今上而尽破旧规，更改旧章，此亦其一征云。

卷　六

丙子，清骑阑入，洪承畴、卢象升俱率师入援。事平，即命承畴总督蓟保，象升总督宣大。至是，上念流贼交讧，从廷臣议，以承畴专任关外，升蓟抚吴阿衡总督蓟保，象升专任剿贼，起升陈新甲总督宣大。新甲亦守制家居，武陵欲援以自解，会推时，即奉有“不拘在籍丁艰”之旨，而后推及之。少詹事黄道周连上三疏，其一言杨嗣昌不当夺情入阁；其一言宁锦巡抚方一藻抚赏事，与上年俺答不同，不得援为口实；其一言不当又夺情用陈新甲于宣大，如无人肯往，臣愿任之。时七月乙巳，上召廷臣于平台，问道周曰：“朕闻无所为而为者，谓之天理；有所为而为者，谓之人欲。尔前疏适当枚卜不用之日，果无所为乎？”道周对曰：“天下止有义利，臣心为国家，不为功名，自信其无所私。”上曰：“前月推陈新甲时，何不言？”道周对曰：“时科道何楷、林兰友皆有疏，二臣同乡，恐涉嫌疑耳。”上曰：“今遂无嫌乎？”道周对曰：“天下纲常，边疆大计，失今不言，后将无及。臣所惜者，纲常名教，非私也。”上曰：“清虽美德，不可傲物，自古惟伯夷为圣之清，若小廉曲谨，是廉，非清也。”道周对曰：“伯夷忠孝两尽，故孔子许其仁。今杨嗣昌虽有小才，然古者惟门庭之寇，不得已而以吉礼从金革，故有夺情之事。今用嗣昌于本兵，犹可藉口于金革；近用嗣昌于政府，则礼法之所不容。天下未有不父其父而可称为子者，未有不能孝于亲而能忠于君者。”嗣昌出班奏曰：“臣非生于空桑，岂遂不知父母？臣尝再辞，而明旨迫切。道周学行人宗，臣实企仰之，近疏谓不如郑鄤，臣始太息绝望。郑鄤杖母，行同枭獍，道周既不如鄤，何言纲常也？”道周曰：“臣言文章不如郑鄤，非谓品行。”上怒曰：“此皆是矫辞饰说，显是朋比。”道周对曰：“众恶必察，臣何敢？”上曰：“孔子诛少正卯，当时亦称闻人，唯行辟而坚，言伪而辩，不免孔子之诛。”道周对曰：“正卯欺世盗名，臣无其心。今日不尽言，则臣负陛下；今日陛下杀臣，则陛下负臣。”上怒曰：“尔读书多年，只成佞耳。”道周对曰：“忠佞二字，臣不敢不辩。夫臣子在君父之前，独立敢言者为佞，岂在君父之前，谗谄面谀者为忠乎？忠佞不分，则邪正混淆，何以致治？”上怒甚，曰：“祖训：辩言乱政者当斩！”道周曰：“臣若有当斩之罪，愿就司寇，听陛下处分！”上曰：“原不专指汝，但辩言乱政者，按祖训当斩。”随谕道周且退。上复面谕诸臣：“今后慎毋党同伐异，各恪修职业。”次日，复颁谕申饬。时修撰刘同升、编修赵士春合上疏论嗣昌夺情事，与道周俱下部议处。部覆：俱降三级照旧。御札：道周票轻处，同升、士春票重处。嗣昌惧上将复用道周者，急募人参之，于是张若麒应募，遂上“拥戴不效，怨望纷然”疏，而同升、士春降三级，道周降六级，俱调外矣。后嗣昌借边警调若麒于兵部，盖酬之也。

丁丑鼎甲三人，刘、赵与陈之遴也。初上夺情疏，拟三人联名，之遴辞不预。次年，遴父祖苞以失事自尽，遴以犯属闲住，则何如列名之为愈也。南海辞列名，而得入纶扉；之遴辞列名，而终归罢斥。同一畏首畏尾，而幸不幸有如此者。

刑部主事张若麒“拥戴不效怨望纷然”疏，略曰：“顷者皇上忧轸时艰，不惮劳烦，召对之后，大布王言，谆谆然以正人心，息邪说，为治天下之大本原，举党同伐异之隐情，招权纳贿之狡术，无不见其肺肝，直为道破，而辟邪一义，尤为千古之圣帝名王所未尝发。一时之端人正士所不能言，直如日月当天，妖狐莫遁，谓宜大家洗心，以副明旨，何意诸臣之藐旨，捏造奸言，归过皇上，而无天无地无父无君至此极也。以臣所闻，数日以来，天谕既颁，群党藉藉，或掷抄传之邸报而怒视，或引不伦之远事而诋议，通宵聚众，信口讥排未已也。至有谓召对之日，黄道周犯颜批鳞，古今未有，而皇上为之理屈者；至有谓道周坚求一死，而皇上左顾言他，始终无如何者；至有谓圣谕洋洒，何故亦作对偶者；甚至有谓圣谕中邪说依经一段，不出圣裁者。纷纷攘攘，日改月增，要使古今未有之好语，尽出自道周之口，凡可以归过皇上者，无所不至。盖倡之者饬六艺以文奸言，假托道理以把持朝廷，以显行其呼朋引类之计。于是记诵博者附之，不博者亦附之，甚至不辨菽麦、墨汁全无者亦附之，共为怙权纳贿之地。而特闻皇上下顶门之针，遂大家喊叫，谓老魔之赤帜既拔，山魈之秽态难藏，吓骗不灵，溪壑无幸，遂至泼口横加，毫无顾忌。倘不亟示前日召对之语，宣录刊传，与新颁圣谕，共为日星之揭，则背公死党，实繁有徒，或鼓煽以惑四方，私记以疑后世，致令朋串附势之史臣，徇私载笔，皇上正人心息邪说一段治天下之大经大法，且为怨望者埋没遮掩矣。伏乞皇上始终为世道人心计。深思远虑，速赐施行，虽备员未秩，亦仰荷皇上生成之恩，何忍畏其凶锋，雷同不言也。”

宋林希知制诰，凡元祐名臣贬黜之制，皆极其丑诋。一日，草制罢，掷笔于地曰：“坏名节矣！”若麒此疏，何以异是？然使此疏出而冢宰、总宪可以力致，尚断断不可，况区区一兵曹耶？小人枉做小人，千古同叹。

若麒与沈迅既授刑部，不与诸司官齿，本司缺郎中，员外某署印，奉差辞朝，送印于迅，迅大怒骂之，掷还其印。员外惧，泣诉于堂，委别司署焉。若麒既出疏逐道周，嗣昌已许调兵部，久不得耗，乃亲诣职方郎中赵光抃促之。次日，诸臣毕集，揖嗣昌毕，光抃出班请曰："本司现有缺员，闻得老先生要调二人来。"嗣昌佯惊曰："那有此事？"光抃曰："昨日其人亲到本司，向郎中言，老先生要调他，并他同部姓沈者，四司官俱在，所共目击，可询也。"嗣昌色变曰："这等，我要参他！"光抃唯唯而退。

若麒、沈迅既营求嗣昌，量调有日矣，适御史涂必泓疏言："刑部所司者民命，而人往往厌薄之，是以十三司官，强半皆乡科任之，偶有一甲科，则辄调别部，岂司民命者当专用不肖乎？请自今著为令：刑部官不许更调别部。"奉旨申饬。若麒愤无所泄，乃上"平赋役，节驿递"一疏，谓："乡绅隐匿赋役，遗害小民，以致民穷为盗"，内有"乡绅豺虎"等语。驿递，谓裁削勘合，岁可得百五十万银两。有旨："本内乡绅豺虎等语，着据实回奏。"若麒回奏，指庄应会、范良彦、袁弘勋。范、袁皆地方所最切齿，而弘勋尤护持逆党者。有旨："俱行抚按逮问！"初，麒之出疏也，专为同乡侍郎高弘图而发，及回奏，即拟弘图以入告。或语以弘图立朝大节，忤珰去位，万万不可指及。麒不得已，乃指应会三人。然麒之为此，实激于必泓之疏，必泓与杨廷麟同乡同年，咸谓涂疏杨实使之，后张、沈与嗣昌比而修怨廷麟者，祸亦烈矣。

武清侯李诚昭，慈圣内家也。上在信邸时，以缓急开罪，后借事绳之以法不少贷。诚铭卒，其子不准承袭，房产俱行入官内。一女，字嘉定伯周奎之孙，嘉定请命于后，后谕云："人当患难，自无绝婚之理，可具小轿，但取此女归，外慎毋夹带！"诸戚畹合辞申请，不允。后悼灵王临危，亲见慈圣于空中，上大悔悟，即准其子袭爵，房产禄米，仍旧颁给焉。

上初年崇奉天主教。上海，教中人也。既入政府，力进天主之说，将宫内俱养诸铜佛像，尽行毁碎。至是，悼灵王病笃，上临视之，王指九莲华娘娘现立空中，历数毁坏三宝之罪，及苛求武清云云，言讫而薨。上大惊惧，极力挽回，亦无及矣。时阁臣皆从外入，素不谙文义，上既痛悔前事，特颁谕内外，有"但愿佛天祖宗知，不愿人知也"等句，几不成皇言矣。"宰相须用读书人"，初年上曾举以讽诸阁臣者，可胜三叹。

京师天主教，有二西人主之，南怀仁、汤若望也。凡皈依其教者，先问汝家有魔鬼否，有则取以来。魔鬼，即佛也。天主殿前有青石幢一，大石池一，其党取佛像至，即于幢上撞碎佛头及手足，掷弃池中，候聚集众多，然后设斋邀诸徒党，架炉鼓火，将诸佛像尽行镕化，率以为常。某年六月初一日，复建此会，方日正中，碧空无纤云，适当举火。众共耸视，忽大雷一声，将池中佛像及诸炉炭尽行摄去，池内若扫，不留微尘。众皆汗流浃背，咸合掌西跪，念阿弥陀佛，自是遂绝此会。

史堇疏"党类陷臣已极"事，内辩周汝弼营升延绥巡抚，系太常寺卿许世荩说情。奉旨："史堇方在究问，何得渎陈？奏内说情缘由，还着许世荩、田唯嘉据实具奏，不许游移支饰！"先是，史堇得提问之报，随即赴京，潜入韩城邸中，连住三日，乃始投部上此疏。后世荩回奏，隐跃其辞，但引陕西巡按王倓相对之言为证。有旨："着王倓实奏！"及倓回奏，则事已结案久矣，遂奉"姑不究"之旨，然世荩实未尝说情也。

史堇下狱后，又上"直发朋党奸贪之状"疏，内云："盐课现经内臣杨显名彻底清查之后，割没清楚，足见臣之心迹，而杨士聪之诬捏陷臣，亦昭然矣。"又云："张焜芳乃内阁中书张炳芳之兄也，向来旨意露泄，皆炳芳为之，即焜芳参臣及内臣杨显名，亦恃奥援有人，布置关通，有炳芳在耳。"又言："炳芳弟炜芳，以长史谋升同知，包揽知县虞国镇考选，骗银一万三千两，托余伯和送与科臣冯元飙八千两，令其把持台省，余银入己三千，伯和二千”等云。疏上，数发改票，后拟“元飙、士聪俱革任，炜芳、炳芳俱革任提问”。复发再票，御笔批云：“此案不欲牵累。”乃止票“炳芳俱革职候讯，伯和提问”。此疏实出黄应恩。应恩素与炳芳有嫌，而较书一事，又与士聪有隙，故构造此疏以相陷也。后士聪上“军兴需饷正殷”疏，有旨：“史𡎴事情，该部速审具奏！杨士聪不许再渎。”士聪再疏，遂奉“不得更端求胜”之旨，盖史𡎴之布置已周，圣意亦潜移矣。

时史𡎴既恃内援，复有韩城主之于外，狱中连上疏催审，且请将杨士聪、张焜芳令该部提去，与伊面质。两淮盐运使徐大仪与史𡎴同年相好，自奉行查之旨，已先谕吏书竭力弥缝，不待𡎴干仆之来也，惟交际六万两，则不得而掩。内监杨显名回奏，事事出脱，至交际一项，则云：“臣不能为讳。”以故𡎴久稽狱中不得出，竟愤恨以死。迨𡎴死而事败，则实天为之也。

刑部上黄应恩招，奉旨：“黄应恩哆口招摇，实有事款，何得听其支饰，尽为开豁？该司官殊属纵徇，着将回话来！仍一面严讯确拟具奏！”先是，应恩下部，党羽甚盛，部招于招摇诸款，概不敢入，止引泄一品语律，致奉此旨。司官再问，不得不入事款及赃。应恩突出疏参之，司官大惧，乃上疏乞敕三法司会问。夫以罪犯而参司官，与史堥请题杨士聪、张焜芳到部面质，事虽不行，而两人之虎视狱中可知矣。后再拟上，有旨："黄应恩发附近卫所充军终身。"

刑部上田敬宗招，奉旨："周汝弼推抚情由，竟未讯明，但凭饰抵，傅蒙庥卫招已实，又听改口展辩，且田敬宗等违法滥受多赃，仅拟配徒，骫纵殊甚，通着研讯确拟具奏。"及再上拟："田敬宗附近，田登第等边卫各充军终身，赃追充饷。"有旨："依拟。"

十月，清骑入犯蓟昌，总督吴阿衡与镇守太监邓希诏称寿，已报清人入口矣，犹坚留与邓公饮百杯，取百筹之庆，饮毕，醉不能师，遂死于乱军中。北兵尽入。枢辅杨嗣昌上"四事机宜"疏："请于卿士科道等官，不拘常格，推补臣部左右侍郎，其久推不至者，候其到日，于别衙填补。"末云："职方一司，紊冗已极，特设协理员外，分任其劳，而余爵莅任无期，请以武选主事孙嘉绩升补，而武选车驾主事漆嘉祉等音讯杳然，请敕下吏部，遴选别部有才望者，速行调补。"次日，吏部题补沈迅调武选，张若麒调车驾，而所云久推不至者，吴甡、惠世扬也。

十一月初八日，召对，初无词林，而词林毕集，有内阉奏之，乃俱召入。给事中范淑泰奏："今虏临城，尚无定议，不知是要款要战？"上曰："哪个要款？"

淑泰奏："外边皆有此议论。"泰又奏："凡涉边事，邸报一概不敢抄传，满城人皆以边事为讳。"上曰："凡关系机密的，不许抄传，若行间塘报，如何一概不许抄传？"盖是时武陵私谋款局，实并塘报一切禁止，自是长安始敢言边事矣。是日召对，意在忧饷，大理寺丞戈允礼倡言借贷，欲括城中富人金钱。淑泰奏："兵事要在行法，今法不行而忧饷，即天雨粟，地涌金，何益于事？"上曰："朝廷何尝不欲行？"而微窥圣意，若有所踌躇而不能决者。先是，杨廷麟疏论武陵及高起潜，武陵特题改兵部，前往卢象升军前赞画，是日已谢恩辞朝，故不预。而款市之议，武陵力请于上，上许之矣。武陵特遣使入□营，竟得嫚书，乃止。

时各道勤王兵至，宣大总督卢象升至都城下，与武陵昌言朝端邪正不分，寇虏何时得靖。且云："权臣在内，边臣岂能成功？"武陵云："若如此说，老先生尚方剑，当先从学生用起！"不乐而罢。时清兵越都城西掠，破高阳，旧枢辅孙承宗合门死难。破吴桥县，知县刘业嵘迎降，遂南掠至山东。象升南下，逐之。坐营副总兵李某请卢扎营于李家口，戒慎毋动，动必败，清兵非流贼比也。而李自率师逆清兵，已奏捷矣。卢闻捷，遽勒兵而前，遇清兵于贾村，全军陷没。事闻，上以督臣阵亡，坐营不行策应，逮问论斩。边将祖宽素以戆直得罪当事，与李俱逮问大辟，人咸冤之。武陵题杨廷麟之赞画也，实欲假手于清兵杀之。卢未出师之前，遣廷麟至真定，与陕抚孙传庭议事，不及于难。及败衄报至，武陵首先问曰："杨翰林死未？"报者止知赞画，不知翰林为谁，武陵乃再问曰："杨赞画死未？"报者答以："已先奉差，不在营中。"武陵为不豫者久之。呜呼！此即曹瞒杀祢衡之故智，究竟廷麟不死于阵，而武陵竟死于贼，孰谓无天道乎？

时畿内州县，清兵所至辄陷，兵部主事沈迅上疏条陈边务，一云："州县无重臣弹压，故清兵所至不能堵御，请于定州、蠡县、广平、河间，各添设兵备一员。"一云："以天下僧人，配天下尼姑，编入里甲，三丁抽一，朝夕训练，可得精兵数十万。"其余条陈，别事甚多。武陵具覆，盛称迅言之可用，非止一端，而畿南添设兵备，尤为救时硕画，且请改迅科员用。有旨："沈迅着改兵科给事中，作速到任管事！"盖迅时结大珰卞希孔为奥援，故武陵应之于外如桴鼓，遂取特旨如寄。

沈迅授科后，即疏荐张缙彦等为兵科都给事中。奉旨："张缙彦着改任。"先是，姚思孝既斥，屡推未用，部议徐耀，复不果。至是，迅荐五人，首缙彦，次任浚、黄奇遇、涂必泓、张若麒，而所重者若麒也。其荐语有云："廉则真廉，敏则真敏。"又云："其所上平赋役、节驿递二疏，皆能言人所不能言"云云，而不意上竟点用缙彦也。缙彦到任，既疏参武陵，又因召对及之。武陵语人曰："沈宙泉到底还不老成。如此看来，不若从部议用徐蓼莪，或能相为，也不见得。"夫朝廷用一人，一手握定，惟意所欲与，既与而又悔之，武陵之横至此哉。

是年正月，张献忠假官军旗号，暗袭南阳，屯于南关。左良玉适至北关，疑之，使人召之，献忠窘，逸去。良玉追及之，两马相望，一箭中其肩，一箭中其指于弓靶，献忠仓惶，良玉举刀劈其面，血流被甲。部下孙可望直前大斗，献忠乃得脱逃至麻城。良玉进剿。献忠两日夜驰七百里至谷城，营于王家河，夜袭谷城，破之，出示安民云："本营志在匡乱，已逐闯兵远遁。本营今释甲归朝，尔百姓无恐！"遂拘耆老具揭，遣孙可望重贿熊文灿，内有西碧玉二方，长尺余，又径寸珠二枚，文灿遂一力担当抚之。献忠所部，不满万人，乞饷十万人，又乞襄阳府屯军，文灿迁延不能应，献忠遂据守谷城，分屯群盗于四郊。二月，左良玉至襄阳，与巡按林鸣球、巡道王瑞梅欲诱献忠来见，杀之，文灿曰："杀降不祥。"力持不可。献忠恃文灿为援，益无忌，谷城诸生徐以显，一见如故，教以孙吴兵法，私练士卒，铸造兵器，虽妇孺皆知其必反。

二月，李自成陷苍溪。时川中诸道兵严守险要，贼坐困乏食，贺人龙以弱卒诱，而设伏于梓潼。自成逐弱卒，卒走，伏发，杀贼数千级，几歼之。自成率残贼走溪南，拟入湖广依张献忠，不许。至竹溪，献忠谋杀之，自成独乘骡驰百里，走商洛，至淅川老回回营，卧疾半年余，老回回授以数百人，仍然入陕西剽掠。

六月，逮湖广巡抚余应桂，以方孔炤代之，以戴东旻抚治郧阳。

八月，贼曹操会群贼过天星、托天王、整齐王、小秦王、混世王、整十万、革里眼于陕州，遂南走内乡、淅川，犯襄阳。九月，熊文灿遣副总兵龙在田等邀击革里眼、射塌天于双沟，大败之。老回回等俱东走枣阳，官军追逐数十里，斩首六千余级，群贼披靡四窜，独曹操仍留内、淅山中。十月，陕西巡抚孙传庭率师入卫，诸将先后出潼关。曹操谓为剿己也，走均州，叩太和山提督太监李维政乞抚。维政为言于文灿，文灿乃檄止诸军，曹操九营皆就抚。文灿为具疏请贷其罪，令诸将宴之于迎恩寺，授官游击将军，供亿甚备。曹操者，罗汝才也。汝才既受抚，分屯群贼于房、竹诸县，文灿令散协从诸众，简选骁壮，从征立功。汝才不听，自言不愿受署为官，并不愿食饷，愿为百姓耕种。文灿一切羁縻之，与张献忠遥为声援，夺民禾而食，不奉县官治。

十二年己卯，正月，清兵陷济州，德王遇害。巡按宋学朱，布按道府张秉文、翁鸿业、苟好善，推官陆灿等，或死或逃。报至，举朝震恐。先是，沈迅条陈有

“东抚不许离德州一步”之语，张若麒力持职方司，为之案呈，武陵即据具覆。东抚颜继祖认定信地，佥谓清兵无越德而南之理。至是，清兵由东昌而东南渡河，破立县、夏津，直趋济南。济南精兵，既尽在德州，城中无备，当事又无方略，民溃，遂陷。德州闻省城陷，兵心恇扰，鼓噪挟饷，几至大变。继祖惧，即以数千金塞其望，而兵遂不可用。继祖具疏待罪，申言原派“不许离德”之语。武陵特出疏力排其说。清兵退，继祖与顺天巡抚陈祖苞、保定巡抚张其平、总兵祖宽、太监邓希诏俱逮下狱。大学士刘宇亮罢。时清兵纵横燕齐间，宇亮自请督师，与陈新甲并辔而南，各镇勤王兵皆属焉。时将卒皆视清兵所向以为趋避，惟蹂践居民以为事。绵竹至安平，侦者报清兵大至，上下相顾无人色，拟急趋晋州以避之。知州陈弘绪坚闭城门不听入，而城中士民亦歃血而誓，不得延入一兵。绵竹大怒，传令箭：“急开门以纳师，否者以军法从事！”弘绪复语：“督师之来，欲剿清兵也，今清兵且至，正督师建功之会，奈何急欲入城？若刍粮不继，州官罪也，若欲入城，不敢听命！”绵竹遂疏劾之，有旨逮问。晋州士民诣阙讼冤，愿以身代州官死者千余人，弦绪乃得轻处，降四级调用。上始疑绵竹不能御众，徒扰民矣。

时行间大帅俱尾清兵之后，不敢击亦不能击，绵竹具疏言之，其末带参刘光祚。韩城与武陵谋，欲因此事去绵竹，乃票光祚：“军前正法。”旨到之日，诸大帅俱分道前去，并光祚亦不在军前。况绵竹之参光祚者，原不至死，适会有武清之捷，绵竹乃置光祚于武清县狱而复请之，并上武清捷音。于是奉旨：“倏奏倏叙，殊属乖藐，着九卿科道看议。”绵竹具疏引罪，言：“乖则乖矣，藐则万万不敢！”盖两人明知圣旨往还之间，必致参差，必不能正法，而逐绵竹之计行矣。部覆绵竹冠带闲住。陈启新言：“看重议轻。”沈迅言：“明旨森严，考功之法未尽。”于是部议革职为民。韩城票旨，仍候事平另议。嗟乎，此案韩城与武陵主谋，排挤构陷甚巧，故明旨止言“看议”，而加以议处，附之者犹以为未足也，启新不足道，彼沈迅者，由武陵荐用，而显然出力为武陵排斥异己，诚不识世间廉耻为何物矣。究之五案定而绵竹奉旨免议，上亦知其无大罪也。彼韩城者，独何心哉！

上传：“任丘、清苑、涞水、迁安、大城、定兴县知县白慧元等贪酷纵肆，俱着革职提问。抚按官不行纠劾，溺职殊甚，近畿如此，远地可知，着部院申饬。”

慧元令任丘，珰某，任丘人也，邀慧元饮酒。半，尽陈诸宝玩以供鉴赏。慧元曰：“我有至宝，大异于是！”珰问何宝，慧元笑不应，珰固问之，慧元曰："我腰下有至宝耳。"珰默然，遂罗织其事款入告，又虑人议其修私怨也，并罗及清苑等县。慧元罢，而新知县李仲熊即莅任。清兵攻任丘，慧元善骑射，协同仲熊固守。城陷，俱死之。

山东巡抚缺，东省诸人公讨泰州兵备郑二阳：盖二阳于流贼南犯时，城守著劳者也。往例：本省抚道缺，本省乡绅向部公讨，此相沿旧习，间亦有为私者。至是，沈迅独纠太仆寺少卿王万象私讨巡抚以修旧怨，遂奉把持乱政之旨。万象大惧，回话之辞甚逊，然实无私讨情弊，乃得旨："冠带闲住。"而沈势益张。后迅与若麒共言于吏部，用永平兵备刘景曜巡抚山东。自是，山东诸事皆由二人握定矣。若麒又引其兄若獬为吏部，而以假咨离任，事败，则又谋事在人，成事在天也。

文武官品服色，祖制既定，奉行已久，惟是武弁概服狮子。上至是，重行申饬："武弁三四品，俱照制服虎豹。"至内阉从无定式，盖直摈之洒扫服役之末，祖制良有深意，虽太监极品，止于正四品，间有赐蟒玉者，亦后来之滥觞，非祖制也。至是，上命取《山海经》以进，采取各种兽名，另定服色，以天騄为极品。说者谓天子左右环列异兽，盖不祥也。

上又将内库历朝诸铜器尽发宝源局铸钱，内有三代及宣德年间物，制造精巧绝伦。商人不忍旧器毁弃，每秤千斤，愿纳铜二千斤。监督主事某不可，谓："古器虽毁弃可惜，我何敢私为轻重？"商人谓："宣铜下炉，尚存其质，至三代间物，则质清轻之极，下炉后，惟有青烟一缕尔，此则谁任其咎？"监督谓："圣性猜疑甚重，若如公言，必增圣疑。如三代物不便下炉，则有监督内官公同验视，罪不在我。"于是古器毁弃殆尽。

凡遇新天子嗣位，另造琴百张，每张价五百金，此相沿旧例，其事则御用监司之。真金徽玉轸也，然有音无文至今。上以无文为嫌，欲更制琴曲，而莫有能应者。从父适以谒选入都，中书杨崇善系长洲籍，称同乡，即邀至其家，为制谱以进，韵义咸备，上阅之称善，从父已就选州贰矣，奉旨："文震亨着改授中书舍人，武英殿供事！"

上御极后，周皇后正位中宫，复选东宫田妃、西宫袁妃，而田最有宠，其父田弘遇亦最横，后父周奎次之，袁父则兢兢自守，不预外事。上每戒谕外戚，必三人同召。一日，复召，袁语二人："学生不敏，奉陪多次矣。今后还求两先生包容，免赐提挈！"周、田不能应，皆有惭色。

珰某与小襄城及秀水诸人善，珰有母称寿，秀水拉诸同人往贺，甫登其堂，则珰母已巍然端坐，珰侍其旁，曰："太太年老，不能行礼，小弟代为答拜。"即先下拜。秀水辈相顾错愕，不得已，顿首再拜而起。呜呼！比之匪人，不亦伤乎？守孰为大？守身为大！虽一举足间，可不慎乎？特书之以为戒。

七月，戮失事诸臣于市，保定巡抚张其平、山东巡抚颜继祖、总兵祖宽，太监邓希诏。希诏临刑，肆口讪上，极其无状，闻者咸为发指。而顺天巡抚陈祖苞预服毒自尽狱中。恩县知县王应元等亦以失守被刑。刘业嵘以迎降故，照谋叛律，决不待时，妻子入官为奴，家产籍没，父母兄弟流二千里安置。而祖苞子编修之遴、继祖弟监事光祖，俱以犯属罢斥。先是，颜抵东抚任后，连疏参劾前抚李懋芳，至于逮问，众论咸不直之。至是，以失事服法，所谓还中以机者乎？

清兵既退，升陕西巡抚孙传庭为蓟保总督，传庭佯称耳聋，不能任事。有旨，责其托病规卸，逮系下狱，顺天巡抚杨一儁以扶同欺隐，亦被逮。

时绵竹、进贤，相继罢去，复当枚卜，上点用黄冈姚明恭、费县张四知、滑县魏炤乘，三人俱入阁办事。

八月，庶吉士郑鄤凌迟处死。先是，郑鄤下狱，卫帅吴孟明谓："按律，忤逆，惟父母告乃坐，今鄤父母皆亡，其事又远在数十年之前，不可究竟。"乌程乃以特授科道为饵，如陈启新例。于是同里中书许爔应募上疏，证其杖母，并及奸妹、奸媳等事。有严旨切责："吴孟明不能治狱，着革任回卫！"至是狱具，遂磔于市。科道各官，以不行纠发，一概议处，俱降级有差。孟明奉谴后，上疏言："郑鄤父世远人亡，皇上必欲立置重典以风示天下，近常州有钱霖父子戕杀之事，远近骇闻，许爆既仗义发愤，何舍目前之钱霖，而追已往之郑鄤？"有旨："逮钱霖同其子尚宾，赴京验审。"盖尚宾以祖尚书春荫官应天通判，霖系庚子举人，相争一侍女，遂挥刃刺其父中腋，业已输重贿求和矣，而刀痕俨然，无计可掩。逮至中途，止德州宿，假寓草庵，夜半，纵火焚其庵，预藏一尸于灰烬中，遂以尚宾失火被焚，朦胧入告。旨下："地方官查明。"武进知县马嘉植以入觐行，知府陈瑄申结，称："尚宾委系焚死。"复奏，而尚宾竟逃入太湖中。马嘉植物色得之，因尚宾家奴归取盘费，遂执其奴为导引，掩而取之，申解抚按，转详法司："尚宾决不待时，钱霖遣戍，陈瑄为民。"然马之为此，亦非能仗义也，向以刻薄残忍，见讥于陈，故为此举以倾陈而泄私恨也。陈为壬戌进士，筮仕合肥知县，崔呈秀巡按淮阳时，首荐。呈秀败，陈投诚至戚蔡奕琛，得以考察薄罚，历升今官，与马不相能。马在任唯趋事要津，视监司部郎蔑如也。曾以事处乡绅邹忠胤过当，朱大典，邹门人也，适来督抚凤阳，邹特往控诉，朱为具疏参马。马知之，急挽许鼎臣求解。许曾巡抚山西，朱其属吏也。许竭力调停，事得中寝。未几，许弃世，遗孤幼弱，马视之如陌路。陈以此薄其为人，每以刻薄残忍目之，马故恨之刺骨云。

中书朱绅，相国国桢子也，昆山朱大受为湖州知府，与绅相恶，绅特疏参之，众议以乡绅参地方官，不可为训，且绅又任子，咸不直之。绅又不达，连章叠上。第四疏，奉旨廷杖，遂毙杖下。

上之初即位也，编修江鼎镇疏参顺庆知府杨呈秀，有旨革职提问。鼎镇，四川南充人，为杨部民，众论亦不与之。已巳内计，鼎镇例转福建右参议。

岁底，上于宫中符召天将。宫中每年或召仙，或召将，叩以来岁事，无弗应者。以前一召即至，至是，召久之不至。良久，帝下临，乩批云："天将皆已降生人间，无可应召者。"上再拜叩问："天将降生，意欲何为？尚有未降生者否？"乩批云："惟汉寿亭侯受明深恩，不肯下降，余无在者。"批毕，寂然，再叩不应矣。

各省俱有督粮道，江南则以兵备兼理。崇祯元年冬，崇明营兵缺粮，知府王时和勒措不发，遂鼓噪。巡抚曹文衡查为首者处死，时和劾罢。因请于朝，欲特设一道臣，专理四府钱粮，如布政事例。吏部不达其意，题准设四府督粮道，专理漕粮，既非具疏本意，而增一官，即增种种费，徒厉民耳。

时流贼充斥蕲、黄间，应抚当移镇安庆，以防侵轶。四府缙绅又谓："江南重地，不可无大臣弹压。"

于是部题添设安庆巡抚，以安庆兵备史可法为之，复设偏沅巡抚，以河南布政陈睿谟为之。

是年二月，左良玉大败河南贼飞山虎刘国能于许州，国能降。老回回既东奔，复纠革里眼、射塌天等合于混十万，分掠信阳、光山间。河南巡抚常道立削籍，以李仙风代之，逮总兵张任学。辛卯，左良玉击射塌天、老回回、混十万于河南之镇城，大破之。射塌天乞抚，仍连营百里，夺民二麦以自给。良玉遣人谕止之，不听。戊申，良玉率副将陈永福、金声桓等压贼垒而军，贼仓卒接战。官兵奋击，斩首二千七百，贼退保山险，良玉遣降将刘国能招之。庚戌，射塌天率其众四千诣内乡，降于良玉。塌天，即李万庆也。良玉为言于熊文灿，文灿署国能、万庆皆为游击将军，革里眼等走商城。

六月，张献忠复叛于谷城，罗汝才九营并起应之。先是，张献忠驻札谷城，知县阮之钿竭力调护，士民赖之。至今春，叛形显著，左良玉请乘其未备讨之，文灿不可，至是果叛。之钿沥血书绝命词于襟，仰药死。良玉发兵进讨，熊文灿故张露其事，且强留左良玉饮饯，稽延旬日，俾献忠得预为备，献忠乃得从容运器甲资粮入房山，部署已定，文灿始令进兵。良玉怒曰："督台纵虎负嵎，使我撄之，不去，必以逗留罪我。"令旗至，即冒暑进讨，献忠设伏于罗睺山，良玉兵度险入伏中，贼四合围之，良玉全军尽没，并失其符印，仅收残兵百人逃归，遂列文灿事于朝。枢辅杨嗣昌具疏劾之，有旨："文灿逮问，良玉革职，杀贼自赎！"后文灿逮至，戮尸西市。嗣昌方以议款不就，无以仰副圣眷，而文灿又嗣昌所举也，乃请剿自效。上为赐宴赐坐，复赋诗以宠其行，御诗曰："盐梅今日作干城，上将新开细柳营。一扫寇氛从此靖，还期教养遂民生！"所以宠之者至矣。嗣昌谢恩毕，驰至武昌，申明军令，见良玉部下多降将，可倚以办贼，特疏请于朝，拜良玉为平贼将军，升永州推官万元吉为监军佥事。

十月，老回回、革里眼、左金王等合二万人，分屯英、霍、潜、太诸山，犯安庆、桐城等处，辽将黄得功、川将杜先春屡战却之。

卷　七

十三年庚辰，正月，大计群吏。湖州知府朱大受屡为朱绅所劾，特行贿于吏科都给事中阮震亨以祈免，为厂役所获，并缉临江知府胡永清等营贿事款，于是震亨等俱下镇抚司究问。

二月，会试天下士，命大学士薛国观、蔡国用为考试官，取中教谕杨琼芳等三百名。

韩城、金溪皆以外僚入阁，从无文采。杨琼芳系揭阳教谕，而以压榜，此三百年所无者。杨卷在某房中，同考编修韩四维见之，曰："会元在是矣。"徐简讨汧取文阅之，曰："此必苜蓿先生也，不然，必是老贡生。"及拆号填榜，果系教谕，合堂愕然。韩城俯首无言，吏停笔候命，韩城踌躇良久，仍旧用杨。

三月，廷试策士，赐魏藻德、葛世振、高尔俨等进士及第出身有差。又廷授颜浑等吏部、给事中、御史等官。

是日，上召对策进呈者四十八人于文华殿，上问："边隅多警，何以报仇雪耻？"魏藻德对曰："以臣所见，使大小诸臣皆知所耻，则功业自建。孔子论政则曰‘知耻近乎勇’，论士则曰‘行己有耻’，孟子亦曰‘一人横行于天下，武王耻之’，故勾践豢马以沼吴，燕昭式蛙而灭齐，皆知耻之明效也。”因自列戊寅通州城守功状。上心识之，拔为第一。而周正儒、宣国柱等五人，特授给事中；吴邦臣、魏景琦等五人，特授御史；颜浑，特授吏部主事；田有年、卢若腾、钱志驺、陈缥等，特授兵部主事。时韩城拟无锡邹式玉为第一，上抑置二甲，杨琼芳抑置三甲，韩城始失圣眷矣。

六月，大学士薛国观免。韩城刚愎性成，敢作敢为，既与武陵比而挤去绵竹，遂正首揆，益无忌惮，凡阁中有所票拟，中书每于外庭传示消息，已成定例矣。至是，韩城信任私人王陛彦，而怒老中书周国兴、杨余洪不为用，特揑泄旨事参之。两人皆廷杖，毙杖下，两中书家皆密缉韩城纳贿事件，以报东厂。又上召对时，曾语及朝臣贪婪。韩城曰：“使厂卫得人，朝臣何敢至是？”东厂太监王化民在侧，汗流浃背，于是专侦其阴事。而史𡎺所辇多金为布置地者，皆入韩城之寓。适史𡎺死，周、杨二家力怂𡎺家人诣厂出首，东厂即以上闻，有旨：“下锦衣卫严究！”于是，锦衣卫提韩城杨、马二长班鞫问，供吐过付之赃甚详，而韩城一疏再疏，则云：“杨士聪之参史𡎺，别有缘故。”又云：“史𡎺曾参党人袁崇焕等，为党人所忌，故乘其丁艰而参之”云。夫身在事中，又恐圣怒方赫，不辨己之受贿，而亟辨史䇭受参之故，则真悍真愚矣。有旨：“着五府九卿议处。”已而议处本上，有旨：“薛国观着冠带闲住。中书王陛彦，着革了职刑部提问。”

韩城等既去，复当枚卜，上点用德州谢升、井研陈演。先是，田唯嘉罢斥，升南京右都御史庄钦邻为吏部尚书，钦邻迁延半年不至，奉旨诘责，钦邻调用，而特召谢升为吏部尚书。至是，升以原官，演以礼部侍郎，俱入阁办事。滑县曾出德州之门，具疏让位，于是德州位列滑县之前。

十月，行刑，御勾决囚十二人，原任徐淮中河郎中胡琏预焉。胡琏，云南人，戊辰进士，前年，以黄河冲犯泗陵，与河道总督刘荣嗣同逮。运河者，专以运漕艘，而黄河则兼护陵寝，设有通惠、张秋、徐淮、仪真四河道，复设南旺、夏镇二泉闸，皆以工部郎主之，三年一小挑，五年一大挑，费有编额，虑最悉也，而徐淮尤称险要，特设打洪之役。神庙中叶，改浚落马湖，漕艘尽由宿迁收口，不复走洪，而徐淮始专护陵寝矣。承平日久，惟俟春夏水涝涨发，足以济漕事，凡大挑小挑之费，俱入上下私囊。至是，黄河连年冲决，直犯泗陵，总督朱光祚、周鼎与荣嗣皆被逮，朱、刘皆毙于狱，周后以宜兴力庇，免死，遣戍。

逮薛国观至京，赐死。先是，韩城出都，资重累累，用车至数百辆，东厂随具事件密奏，圣心益怒。而史堃寄顿之赃，卫招甚明，给事中袁恺复疏劾其纳贿诸事，与通贿刑部右侍郎蔡奕琛、左副都御史叶有声，并及吏部尚书傅永淳、侍郎林栋隆。有旨："奕琛、有声革职提问，永淳、栋隆闲住。"而私人王陛彦，虽已下狱，尚未成招，至是，特旨："王陛彦着即会官斩决。"凡招具，或斩或绞，招内已定，奉旨止云"即会官处决"，今陛彦招未具，裁自圣断，故云"斩决"，此旨从来所未有也。陛彦决而韩城复逮，逮至，候命私寓，而勒令自尽之命下。时韩城已卧，家人报锦衣赍诏至，韩城蹶然曰："我死必矣！"仓卒觅小帽不得，取苍头帽覆之。宣诏毕，顿首不能出声。自尽后，卫帅验视回奏，次日始奉旨："准收殓。"盖悬梁者两昼夜，真从来未有之惨矣。

东阁五间，夹为前后十间，前中一间，供先圣位，为诸辅分本公叙之所，阁辅第五员以下则俱居后房，虽白昼亦秉烛票拟。韩城当国，特凿一牖，复开门构数椽，以通日色，说者谓破坏风水，故首膺此祸。虽然，韩城即不破坏风水，能免此祸哉？

是年二月，左良玉进剿张献忠，献忠出战堕马，几被擒，复逸去，逃入玛瑙山中，良玉令降将刘国能围之。献忠食尽，分贼四出抄掠，不得者归尽杀之，其未归者惧杀，诣军门降。良玉因令国能将之前行，伪称粮至，献忠开营延入，国能乘不意，纵火大战，尽扫其营垒，斩首万余级，擒其妻孥，及贼党徐以显、潘应鳌等，献忠批藤从岩涧逃去。捷闻，赐杨嗣昌斗牛服。是役也，献忠精锐俱尽，止存千余骑，走入兴安、平利山中。良玉进围之，连营百里，惮险，围而不攻。献忠因得以收散亡，养痍伤，群盗往往归之，势复振。而罗汝才、过天星等贼复尽入川。嗣昌驻襄阳，会师合剿，以兴安一路失期，斩其监军副使殷太白，复疏参四川巡抚邵捷春不行堵御。捷春逮问。

五月，贼罗汝才等陷四川大昌，犯夔州，石砫女帅秦良玉统兵来援，监军万元吉率舟师由巫山上三峡。贼十三哨过夔门，鱼贯而进，罗汝才为殿。官兵遥望不敢击，贼循河而行，欲渡川西。元吉、左良玉、贺人龙等皆会于夔州，罗、过诸贼自夔州山后抄掠，官兵分扼诸隘，贼掠无所得。副将罗于莘击过天星于郑山寨败之，过天星以百骑走。群贼既困，谋夺尖山西奔。贺人龙会四川总兵郑嘉栋，湖广副总兵张应元、汪云凤，陕西副总兵李国奇之师赴之。贼以奇兵攻尖山寨，人龙等率诸军奋呼，直入贼阵，断贼为二，贼骑陷泥淖不得驰，而川兵奔跳涧谷如猿猱，贼溃自相腾践，斩首千七百余，生擒自来虎等七十一人。贼退屯羊桥，四出抄掠，石柱土司邀之于马家寨，斩首六百，又追败之于留马垭，斩贼首东山虎。庚子，贼屯谭家坪南北两山，山头张幕，鱼鳞相掩叠，官兵分道并进，南山贼拔寨先走，北山贼驰下，直击官军，官军力战，贼退守山巅，官军分兵绕山后而上，前后齐登。贼披靡，窜走涧谷，诸将皆下马缘山逐贼，追奔四十里，斩首千二百级，贼奔营仙寺岭。癸卯，三省官兵合击贼于岭上，贼营大乱，斩首千余级。秦良玉夺罗汝才大纛，擒其老营队副塌天。贼突围遁走七箐坎，入于乾溪。丙午，罗、过诸贼犯夔州下关城，谋归湖广，以瞿塘水涨不得渡。总兵嘉栋，副总兵应元、云凤自云阳出邀其前，监军元吉、副将人龙等间道疾走尖山以截之。夔城山溪险隘，炎暑毒人，贼人马俱病，汝才、小秦王、上天王、混世王、一连鹰五营走云阳尖山坝，过天星、关索二营走云阳水碓口，期同会于开宁。戊申，人龙等追贼至七箐坎，贼简其锐为殿以挑官军，潜以老营先走，人龙击殿后贼，破之。长驱捣其中坚，贼大败，追至马溺溪，压贼垒而军。六月，辛亥，昧爽，人龙等前薄贼营，三路并进，大呼腾跃而上。贼惊溃，官军逐之，斩首千二百人，俘六百人，赦其俘一杆枪、自来虎、伍林三人，隶为前锋。壬子，官兵蹑贼而前，度贼必设伏以相邀，参军李仲兴、高光荣勒轻骑先往，人龙、国奇潜以大兵继之。二将入隘，贼伏起两山间，围之数重。二将战方酣，人龙、国奇麾兵并进，声动山谷，围中亦奋呼以应之。贼围开四溃，斩首五百余级，生擒贼渠掠山虎等十六人，汝才东走大宁之小岭，官兵掠之于夔东。己卯，过天星、关索走开县，屯南坝，知汝才东窜，而官兵渐迫，因北走。丁巳，郑嘉栋率诸将追击贼于观音山，逐北二十里，至于临江，斩首二百余级。张应元穷追至窦山，遇贼百余骑，击杀二十余骑，余皆大呼释甲，贼首托天王请降。托天王，即常国安也。应元止兵，裂帛作书，令国安所部抓地虎往谕过天星。过天星曰："必托天王身至为信，乃降。"庚申，贼首高守达率麾下二百骑来奔，过天星逐之，邀去百余骑，来归者七十五骑，皆关西健儿。辛酉，过天星西走，官兵拔营逐之，至新宁西关外，贼骑三千，不战而走。高守达率其健儿当先陷阵，贼大乱，马窜禾黍中，惊蹄相腾践，官兵蹙而射之，斩首千七百余级，擒贼首流金锤、金狗儿。过、关二贼东奔达州，张应元等追逼之。丁卯，常国安前驱遇贼，官兵并进，斩首三百余级，夺其营，贼奔袁坝驿，设伏沟涧中。戊辰，应元等前驱搏战，令高守达，常国安绕谷中。出捣其胁，贼伏发，方接战，国安、守达突出，大呼击贼。贼惊，堕山涧中者无算，斩首九百余级，生擒滚地狼等十七人，降其管队可天虎等四十人。庚午，贼自袁坝东走开县，诸将分营出战，郑嘉栋将中军，罗于莘将左军，降将杨旭将右军，战于城下，贼大败，走大昌。

张献忠自兴、房走白羊山，入巫山间，川兵蹑之，益西入深谷中，偃旗息鼓若无人。参将曹进功率兵入山侦贼，不见一人而归。初，杨嗣昌以左良玉跋扈难制，而贺人龙所将关西兵骁勇善战，屡杀贼有功，请以人龙代良玉，佩将军印。既而良玉奏玛瑙山之捷，度未可动，复奏留左良玉，佩印如故，别加人龙总兵衔，须待后命。人龙骤闻大将之信，踊跃动三军，既而报寝，殊怏怏，良玉知其故意，亦怀恨。当献忠之窜伏兴、房山中也，所存千余骑耳，剿之可立尽，乃良玉以夺印怀惭，人龙复以归印觖望，遂互相推诿，不复深入，以致献忠复炽，皆嗣昌失二帅之心所致也。

过天星素与张献忠有隙，闻罗、张既合，遂诣嗣昌乞降。嗣昌令良玉抚其众七千人，简其精锐，隶良玉军中，安其老弱于郧西，以降将扫地王、李靖隶监军万元吉标下。过天星，即惠登相也。七月，罗汝才、小秦王、上天王、混世王、一连鹰踞大宁，元吉遣游击刘正国、降将伍林招之。先是，汝才与金翅鹏不相能，金翅鹏尝惧为所并，至是，小秦王、金翅鹏相率降于嗣昌，汝才遂杀刘正国、伍林，东走巫山。良玉分兵屯房、竹间，汝才屡败，党羽多降，势益孤，献忠时在巫山，汝才往会之，谋渡川西走。诸将贺人龙、李国奇、张应元、汪云凤、张奏凯等合兵击之，应元、云凤屯于夔之土地岭待人龙兵，三檄不至。癸亥，人龙兵噪而西归，献忠知官无后继，悉锐来攻，而应元、云凤所将湖广兵三千皆新募，未经行阵，贼骤至，二将简锐卒千人捕战，晨至日中未决，贼分兵绕后山而下，突冲营中，守营新兵皆哗，贼乘之，前后皆围，二将殊死斗，应元中流矢，奋击突围出。贼方渡河，应元赴河上，燃炮击杀一贼帅衣绯者，贼不得渡。云凤苦战久得脱，渴甚，饮水斗余卧，血凝臆而卒。时张、罗新合，嗣昌命金翅鹏部下飞上天入罗汝才营招之。汝才逡巡不决，献忠惧汝才之再降也，日说汝才曰："杨阁部已俘过天星献阙下矣，尔慎自为谋！"元吉请檄左良玉携惠登相至阵前招，汝才必来，嗣昌不听，汝才遂不果降。己丑，嗣昌屯巫山，遣人至关索营中招之。先是，关索屡败，伏深山中，过天星降，益惧，遂与其党王光恩（号小秦王）、杨光甫（号一连鹰）等诣嗣昌军前，顿首涕泣请死罪。嗣昌抚慰之，给以金币，所部三千人，嗣昌简其精锐赴军前杀贼。罗汝才之入川也，凡九股，整十万、扫地王、小秦王、金翅鹏、托天王、过天星、关索，惟罗、张相抗，其七相继俱降矣。嗣昌飞章上闻，叙赉文武将吏有差。

九月，官兵大败李自成于函谷，自成奔汉南，李国奇等蹙之于北，左良玉扼武关以南。初，诸将围自成崤函山中，分守要害，合围甚密，将坐毙之。嗣昌曰：

“围师必缺，不若空武关一路，待其走而击之，可立尽也！”自成令军中尽杀所掠妇女，同养子李双喜乘隙率五百骑突围而出，诸将不能御，遂自武关逃入郧阳。时河南大饥，饥民所在为盗，自成乃自郧阳走伊洛，饥民从者数万，围永宁，陷之，杀万安王采铨，再陷宜阳，势复大振。

是日，张、罗二贼陷大昌，进屯夔州山北，时贼行营辎重妇女甚重，众官兵多观望不前，但尾贼后，所至关隘，守将多远遁，遂长驱趋达州。十月壬戌，贼渡河，入巴西，陷剑州。甲子，过剑阁，由广元走阳平关，从间道出百丈山，将入汉中。总兵赵光远守阳平甚严，贺人龙、李国奇复整旆而东，贼乃逾昭化，走西川。丙寅，川兵迎贼于剑州，败绩，贼缚四将去。降将扫地王张一川击贼于梓潼，被擒，贼剐之，元吉请恤其妻子于夷陵。

十一月庚辰，嗣昌、元吉大飨将士于保宁，以诸军进止不一，立大帅以统之，以总兵猛如虎为正，张应元为副。癸未，发保宁，趋绵州。癸卯，贼知大兵至，走江内。乙巳，猛如虎选骁骑逐贼，元吉、应元屯兵安岳城下，以遏贼归路。十二月辛亥，贼南陷泸州。泸州三面皆陡绝临江，止石立站一路可北走。贼既走绝地，元吉谋以大兵自南捣其老营，伏兵旁塞险要，蹙贼北窜永州，逆而击之，可尽歼也。乙卯，元吉等至石立站，贼先移渡南溪，官兵隔水追之，不及。癸亥，贼抵成都，副将某统千余骑夜捣贼营，贼预取土像数百置帐中，四面悬灯，而潜伏暗处，千骑望灯而趋，大呼直入，则所劫者诸土像也，急退，而贼众四合，歼僇无孑遗。自是成都专意固守，不复言捣营矣。贼趋新都，知县黄翼固守，贼复至绵州。

是年，山、陕、河南大旱，蝗起。冬，大饥，人相食，草木俱尽，土寇并起。开州人袁时中聚众数万，破开州。时寿州有袁老一营，时中自号“小袁营”以别之。后官兵复开州，时中走河南。

江北贼革里眼、左金王复犯霍、英。上命太监刘元斌率营兵六千驰赴北江，击贼于霍山，败之。贼走湖广，陷麻城、黄梅。

河南郏县盗李际遇、申靖邦、张鼎聚众至五万，总兵王绍禹遣游击高谦击之，一日三捷，斩首二千余级，追击菜园，斩首千级。

十四年辛巳，逮江西巡抚解学龙、布政司都事黄道周下镇抚司究问。学龙升兵部侍郎，循例有荐举疏，内荐道周有“学问直贯天人，品行无忝孔孟”之语，滑县票旨，以“群臣结党标榜，欺侮君父，屡旨训诫，毫不省改”，学龙、道周，俱遣缇骑逮下诏狱，鞫讯同党姓名。道周供出编修黄文焕、吏部主事陈天定、工部司务董养河及从父共四人，俱下刑部狱。

清兵陷宁锦，总督洪承畴、总兵大寿降。自袁应泰丧辽阳，退守广宁。王化贞弃广宁，退守宁锦。至是，清兵复犯宁锦，总兵祖大寿固守，告急于朝。先是，有祖大弼者，其勇为祖氏冠，历官副总兵。前是，清兵来攻，援兵相顾莫敢先进，城中大恐。大弼戒无动，自率锐卒五百，直冲清营，往来驰击，清兵披靡不能御，遂拔营去。及是，病不能师。报至，上命总督洪承畴帅大同总兵王朴等六总兵、援兵十余万人往救。祖寄语于洪，谓："清兵强甚，难与争锋，可用车营法，步步进兵，即步步列营，使彼不得逞志，逼之出塞乃可。"洪从其言。上以师久无功，令职方郎中张若麒往探机宜，若麒至，不度彼此，妄谓清兵一鼓可平，严促进剿，承畴不能制。清兵侦知之，临夕设伏以待，前军甫发，王朴率本部先遁，诸总兵至半途闻之，皆仓皇西奔，清兵以铁骑乘之，士卒死者大半，张若麒及总兵杨国柱等仅以身免，所丧器械辎重，不可胜计，承畴、大寿皆降。事闻，举朝震动，若麒逮问下狱，王朴处斩，国柱等革职充为事，立功自赎，而承畴谬以殉难闻，恤赠太子太保，荫锦衣千户世袭，与祭十六坛。

召予告大学士周延儒于家。先是，阁臣虽内外兼用，鲜有当圣意者，众推宜兴颇有机巧，或能仰副，而圣意亦及之。于是庶吉士张溥、礼部员外郎吴昌时为之经营，涿州冯铨、河南侯恂、桐城阮大铖等分认一股，每股银万两，共费六万金，始得再召。庚辰孟冬，上祭太庙，诸臣先至殿门外候驾，时殿门未启，忽闻内有异响，众共惊耸，俄见殿门大开，有冕旒者十余位，从内走出，顷之不见，而殿门闭如故，众秘之不敢言。驾至，行礼之时，怪风暴起，灯烛皆灭，助祭诸臣仆地者久之始能起，上亦以惊悸成疾，下体软麻，不能行立，百余日始瘳。及是，孟冬祭庙之日，天气晴和，上喜，谓近侍曰："周阁老毕竟有福人。"故眷注最深。

黄道周之案，久不得结，一番招上，一番严驳，户部主事叶廷秀疏救，并与廷杖，淹留狱中者几一年。宜兴再入政府，竭力周旋。先是，部拟学龙、道周烟瘴充军，不允。至是，刑部尚书刘泽深上疏，略曰："黄道周之罪，至瘴成尽矣。进此，惟有论死，死生之际，臣不敢不慎也。从来论死诸臣，非封疆，即贪酷，未有以建言诛者。今以此加道周，道周无封疆、贪酷之罪，而有建言蒙僇之名，于道周得矣，非我皇上覆载之量也。且皇上所疑者，党耳，党者观诸行事，道周具疏，不过空言，一二臣工其相与者，皆从罢斥，乌有所谓党而犯朝廷之大法耶？去年行刑时，忽奉旨停免，今皇上岂有积恨于道周，万一转圜动念，而臣已论定，噬脐何及？敢仍以原拟请！"

有旨："依议。"既而黄文焕等各疏辩，有旨："该部查议。"部覆上，有旨："准各复原官。"

是岁，江南大旱，自春及夏无雨，高区竟未及插莳，贫民嗷嗷，望赈蠲之诏。宜兴首先输米三百石，为诸臣急功者倡，于是抚按不敢言旱，各县苛征漕粮如额，斗米至三钱，民不堪命。

尔时当国者，不必请蠲请赈，取厌帝听，但就内外积弊，力为清查，便可宽民命于万一。如光禄寺岁派无锡县上供白米一千三百三十石零，岁用七百余石，则每年多存六百余石；浙直各府，岁派分给部堂翰林尚宝科道等衙门白米一万二千一百余石，岁用共八千余石，则每年多存四千余石；每年卫所运解漕粮入禄米仓者，五百余万石，除文武各官，支过俸米外，具蚕食其中者，则有营兵卫军卫役三蠹：营兵则有冒名之弊，如司苑局四骧军勇神木黑窑等厂，以中涓为三窟，岁靡饷三十万石矣。卫军则有造册之弊，今溢额者将及二万人，一军应支饷十二石，是岁耗米二十四万石矣。卫役则有卖票之弊，凡官锦衣者，虚领十余票，皆托名吏役，每票支米六七石不等，是岁耗米二三十万石矣。漕抚标兵五千，皆食江南粮，卫军领解，止行给八百里行粮，不应与解京者同给三千七百里行粮，此项厘剔，亦可省米三万石。更由此而推之，内府收贮香蜡灯草丝绵等项，额征银五万余两，年年委积无用，此项不可裁乎？蓟辽犒赏公费，重复支用，多至二十三万两，举一边而各边可知，此项不可节省乎？又如上供磁器，又料价药料，一切不急之需，暂停一二年，可省金钱数十万。若能逐项清查，以佐国用，将朝廷不苦于亏额，苍黎咸乐于更生，相臣造福，岂不普哉？不此之图，而沾沾首输为天下倡，将以是尽臣职乎？甚矣，其不讲于大道也！诸令中，长洲知县叶承光尤酷，拔取富室充兑，贿入则免，有过客问讯其宦况者，曰："赖有此荒耳。"众心愤恨，几激民变，巡抚黄希宪曲庇之，仅以调简，行，复以标兵护之出境。

是年正月，李自成围河南府，福王募死士逆战，斩获颇多，贼引退。贼复以大炮攻城，守严不动，及昏而退。总兵王绍禹标兵有驰呼于城上者，城外亦呼以应之。此兵即执守道王胤昌于城上，绍禹辞解之，诸军曰："贼已在城下，即总镇其如我何？"挥刃杀守陴者数人，守陴者皆惊散。贼缘堞而上，叛兵迎之，贼遂入城，焚福王府，福王及世子俱缒城走，王胤昌等各官俱被执，俱不死，惟一典史不屈见杀，后自成迹福王所在，执之，并执原任兵部尚书吕维祺。维祺遇王于西关，谓王："名义甚重，毋自辱！"王见自成，泥首乞命，自成历数其罪，遂遇害。维祺骂贼不屈死，世子奔怀庆。自成伪称“闯王”，雄诸贼。事闻，上震怒，逮总兵王绍禹磔之，籍其家。

山东土贼李廷实、李鼎铉陷高唐州。时山东盗起，兖属州县，一时啸聚响应。东平吏胥迎贼入城据之。巡抚王国宾发六道官兵防兖州，檄总兵刘泽清击破东平贼，复其城。

河南土贼艾一、侯二等，啸聚数千人，武丘知县苏茂柏击破之。

献忠潜至巴州，乘其迎春，袭破之，恣掠三日，趋达州、新宁、开县，焚毁驿道，人烟绝断者七百余里。初，贼之南窜也，元吉欲从间道出梓潼，扼归路以待贼。嗣昌檄诸军蹑贼追逐，不得距贼，远令他逸，诸将皆尽向泸州，贼折而东返，遂莫为堵遏。贺人龙顿兵广元不进。己丑，猛如虎率诸将追及贼于开县，日暮雨作，诸将咸以人马困乏，诘朝请战，参将刘士杰曰：“自泸州逐贼，驰驱四旬，仅而及之，今遇贼不战，纵敌失贼，谁执其咎乎？请为诸军先挥戈独进！”贼屡却，如虎亦率亲兵纵之。献忠凭高而望，见后军无继，左军皆迟回不前，因简精锐，绕官军后，驰而下，左军先溃，士杰及游击郭关、如虎子猛先捷皆战死，前军已覆。如虎突战溃围出，马仗军符尽失。贼东走巫山、大昌。监军元吉赴开县收集残兵，祭阵亡将士，哀动三军。嗣昌在云阳，闻开州失利，始悔不用扼归路之谋矣。初，贼由达州而西也，嗣昌策其必入陕，檄左良玉自兴山趋汉中。及贼东走，复檄良玉自夔门进剿，使者惮行，中途返命曰："贼已入汉中矣。"既又使人谓良玉曰："贼向汉中，可急援！"良玉不应。嗣昌之使十九返，良玉怒曰："向从督师命，玛瑙山安得捷乎？"遂撤兵去。贼下夔门，竟无一人相拒者。贼既渡险出巫山，昼夜疾走，入归、兴山中，罗汝才亦入湖广，惟摇天动留川中，元吉屯兵八百于白帝以备之。

二月，李自成以邵时昌为河南伪知府，而席卷子女玉帛入山，巡抚李仙风侦贼已去，引兵入城，收时昌斩之。时土贼蜂起，一斗谷、瓦罐子等诸盗皆合于李自成，同攻开封。巡抚高名衡率司道官婴城固守，贼攻七昼夜不克，周王恭枵出库金五十万助饷，复悬金募死士，能杀一贼者，立与五十金，兵民踊跃争先，贼死者甚众，贼惧，退数舍。巡抚李仙风率诸将高谦等驰至开封，与总兵陈永福内外夹击，大破之，永福射自成，中其左目，贼乃退。既而仙风、名衡互相讦奏，诏逮仙风，以名衡巡抚河南。

献忠、汝才复从山中出，趋当阳，郧抚王永祚扼之于房、竹，遂走宜城。侦知嗣昌有檄至襄阳，要之于途，取檄，遣贼伪充公差，夜叩襄阳城门。巡道张克俭见有符验，延之入，时二月初八日也。先是，官兵获献忠妻孥，及贼党徐以显、潘应鳌等，俱禁襄阳狱。

知府王承曾素纵饮渔色，见献忠，易视之，疏其防。贼乃入狱，与徐、潘等相约。漏四下，徐、潘等破狱出，杀守门卒，开城门迎贼。贼尽入，先攻襄王府，焚端礼门及诸楼台，合城鼎沸。初九日，献忠入城。僭坐襄王殿，坐王堂下，劝之以卮酒，曰："吾欲斩杨嗣昌头，而嗣昌远在川，今当借王头，使嗣昌以陷藩伏法，王其努力尽此一杯！"遂遇害，宫眷无一存者，并杀桂阳王常法。时城内守兵数千，军资器械山积，尽为贼有。推官邝曰广被执，大骂不屈死。署襄阳知县李天觉北面叩头，置印于案，自缢死。左良玉在唐县，闻襄阳陷，股栗不能起，久之，与郧抚王永祚统兵赴援。癸丑，贼弃襄阳，渡江破樊城。己未，陷当阳。乙丑，陷新野、光州。

江北革、左诸贼，因官军四集，急而议款。监军杨卓然议安插于潜、太间。然二贼实无降意，公行劫掠，卓然每左右之。及襄、福二藩，相继遇难，二贼乘机复炽，命朱大典督诸军讨之。

河南贼孟三陷河阴，据之。游击高谦攻拔河阴，斩孟三。

三月丙子，杨嗣昌自尽。嗣昌以连失二郡，丧两亲藩，度不能免，遂自缢死。监军万元吉部署行营，令猛如虎驻蕲州，防献贼东轶。事闻，左良玉削职，戴罪讨贼，郧抚王永祚、知府王承曾、襄府长史唐时，俱着抚按解京提问。

山东巡抚王国宾革职，以王永吉代之。时东省大饥，民间父子相食，徐、德数千里，白骨蔽野，行人断绝，饥民相聚为寇，曹、濮土贼尤炽，上命总兵杨御蕃、刘泽清合兵剿之。

四月，以丁启濬代杨嗣昌，总督军务。左良玉自襄阳进击李自成，屯南阳。自成屯卢氏，卢氏举人牛金星迎降，又荐卜者宋献策。献策长不满三尺，见自成，首陈图谶云："十八孩儿兑上坐，当从陕西起兵以得天下。"自成大喜，奉为军师。

张献忠犯应山，知县章自辉击却之，遂陷随州。知州徐世淳合家死难，吏民屠戮无遗。随州为四冲之地，其初陷也，知州王焘死之，至是三陷矣。

五月，以东寇孔棘，特设津、徐、临、济四镇总兵，专护漕运，又以河道张国维系工部侍郎衔，不便节制四镇，乃改衔兵部侍郎。

河南土贼袁时中犯蒙城，朱大典击败之。总兵刘良佐简骁骑自义门追击，贼大败奔溃，时中以数百骑宵遁入河。

泰安土贼掠宁阳、曲阜，闻青州兵多，遂走邳州，焚其南郭，至沙沟，屠戮甚惨，遂犯徐州北关，转至南河店，毁漕船十六只。

贺人龙破李自成于灵、郏山中。时保定总督杨文岳屯禹州，左良玉屯南阳，猛如虎屯德安，适疽发于背，退屯承天。

癸酉，出傅宗龙于狱，总督陕西兵讨贼。丁丑，宗龙至新蔡，会杨文岳、贺人龙、李国奇、虎大威等，共结浮桥渡河，合兵趋项城。戊寅，诸军毕渡，走龙口。是日，李、罗二贼将趋汝宁，觇官军至，尽伏精锐松林中，阳驱诸贼西渡。人龙使候骑觇贼，还报曰：“贼渡河向汝矣。”已卯，诸军进次益家庄，皆解鞍释甲，散行墟落以求刍牧。贼突起林中，搏官军，人龙敛兵不战，国奇迎战，不胜，两军皆溃，大威兵亦溃。贼并力攻二砦，以火炮击却之。保定兵夜溃，文岳奔项城，宗龙独立营当贼垒。壬午，飞檄人龙、国奇以兵还援，二帅不应。时营中兵食火器弓矢俱尽。辛卯，夜半，宗龙勒军突贼营，溃围出。壬辰，贼追及之于项城，执宗龙至城下，令呼开城门。宗龙大呼曰：“我已为贼所执，尔等当死守，毋堕贼计！”贼斫其耳目，死城下。人龙、国奇俱西归。贼陷项城，屠之。诏复宗龙兵部尚书，赠太子太保。李、罗二贼合兵攻叶县，守将刘国能，即飞来虎也，誓师力战，贼悉众来攻，国能身被数十创，气愈厉，部下劝暂逸，图复举，国能曰：“朝廷既赦我死，又加爵命之荣，万死何辞！自成羽毛已成，不可复制，何再举之可图？”尽杀其军中马骡䊮士。黎明，分兵为十队，偏裨各率其属，驰逐大战，至辰复聚，则死者过半矣。又分为五队，贼亦分兵围之，更番迭战，以逸待劳。国能率残丁短兵相搏，至夜，度不能脱，仰天呼曰："我力尽矣！"遂自刎死，部下无一降者。事闻，诏赠国能左都督。

六月，左良玉击张献忠于南阳之西山，败之。献忠西走，攻南阳，知府颜日愉坚守不下，遂袭泌阳，陷之。

七月，献忠围郧阳，守将王光恩御之，多杀伤，遂退。总兵黄得功标下兵叛去，投献忠，令之破郧西。辛卯，郧兵与献忠战，败绩，献忠将被擒者人断一手纵归，以辱官军。

八月，献忠东掠信阳。时总督丁启濬与左良玉俱屯南阳，顿兵不进。至是，良玉始至南阳，引兵逆击献忠于信阳，大破之，斩其渠魁五人，献忠负重伤，易服夜遁，良玉军声大振。戊午，献忠收余众走郧阳，骤遇官军，不战而溃，还走南阳。越十余日，良玉始至，则献忠越南阳而东久矣。时罗、李方合，献忠因汝才以奔李自成。自成方强，欲屈之，献忠不为下，自成怒，欲杀之。汝才阴选五百骑资献忠，令他往，献忠乃昼夜东驰，与革、回诸贼同入霍山。

十月，太监刘元斌、卢九德率京营兵，追贼至寿州，及之。元斌留四十日，不进，城门昼闭，纵兵大掠，杀樵汲者以冒功。既而欲攻城，州民敛数万金赂之，乃免。

十一月，总督汪乔年率总兵郑嘉栋、牛成虎、贺人龙趋河南。先是，乔年于陕西发李自成先冢，得小蛇，即斩蛇以徇，誓师东下，抵郏县。襄城举人张永祺率邑人迎官军，屯于城中。自成闻之，尽众来迎战，时乔年安营未定，有二将先逃，官军大溃，贼乘之，一军尽没。乔年以数百骑入城，拒守五日，襄城陷，乔年自刎，未殁，被执，见杀，并杀守将李万庆，即射塌天也。自成深恨诸生，劓刖百九十人，又购永祺，永祺远遁，屠其族人九家。乘胜围南阳，破之，唐王遇害，总兵猛如虎死焉，邓州等处皆降，知州刘振世死之。太监刘元斌统兵救襄城，闻南阳陷，乃拥妇女北去。

十二月，自成连陷许州、鄢陵等县，知县刘振之衣冠北向再拜，自刎死。复陷禹州，徽王遇害。再围开封，高名衡、陈永福等竭力守御，周王贮库金于城头，擒一贼者百金，杀一贼者五十金，战殁者恤其家五十金，被伤者以轻重为差，杀贼者甚众。永福射自成中其左目，乃屯朱仙镇。

上以朱大典受命督师，纵贼流毒，着革职听勘，以高斗光代之。

十五年壬午，正月元旦，上御殿朝贺毕，下宝座，南面正立，顾内侍曰："召阁臣来。"阁臣由殿东门入，再奉旨趋至殿檐，行叩头礼毕，跪以俟命。上曰：

“阁臣西班来。”盖以师席待诸辅也，阁臣起立，不知圣意，拟取东西两班。上又曰：“阁臣西边班来。”随有一阉下，引而前。上宣阁臣来，诸辅趋进，上曰：“古来圣帝明王，皆崇师道，今日讲官称先生，犹存遗意，卿等即朕师也，敬于正月端冕而求。”圣躬转而西，面向阁臣一揖曰：“经言：修身也，尊贤也，敬大臣也，体群臣也。朕之此礼，原不为过。”又曰：“自古君臣志同道合，天下未有不平治者。”上谕至此，辞意甚严重，又曰：“职掌在部院，主持在朕躬，调和在卿等。”诸阁臣跪伏谢：“菲材不敢当。”上曰：“先生正是朕该敬的。”言之再三，随谕：“先生起来。”诸辅臣始起，转下叩头。上还宫后，复补赐圣谕一道。时诸勋臣不知所以，亦相率疾趋，上曰：“东班去。”

时行取各官待命阙下，皆仰祈宜兴手援。适漕运愆期，宜兴因言：“漕艘至今，尚未开封南回。皆以巡漕未补，无人催趱，请速下诸科道缺。”上从之，于是马嘉植等咸授科道，无授部曹者。滑县接韩城衣钵，每票旨，辄深文诋谪，黄道周之狱，皆出滑县手。宜兴再召，井研辈事事请教惟谨，而滑县专行自如，宜兴大不以为然，御史杨学愿具疏将纠之。或谓滑县曾巡抚江西，于杨有部民之谊，不便，乃授马嘉植上之。滑县一疏引疾，宜兴即票旨：“准回籍调理！”

大学士谢升罢。德州由外廷入，圣眷颇隆，去冬，上用十一般茶饭礼祭光庙御容，诸阁臣陪祭，德州最后至，纠仪台省纠之。德州疏辩，言："臣将出门，而衣带忽断，再续再断，以是后期，乞将臣与缝衣者同下法司，严加讯鞫！"虽奉旨免议，而圣意已移矣。时边塞议款，上颇秘其事，德州与新咨台省讼言其不可，给事中朱徽首先纠劾，谓："事关宗社，谢升身系大臣，既知不可，即当极谏，乃谏诤不闻，而昌言于众，以暴扬皇上之过，大不敬无人臣礼！"上震怒，奉旨，有"朕心甚痛"之语，将大有所处分，而群臣随声附和不下百余疏，圣意遂从轻，止削籍为民。

御史杨学愿疏，略曰："臣伏读圣谕，申饬交结内侍之律，因稽太祖高皇帝时，初无所谓缉事之令，臣工不法，正有明纠，无阴讦也。臣待罪南城，所见词讼，多假番役，妄称东厂，甚者诿人作奸，挟仇首告。夫饵人以陷祸，择人而肆噬，惟恐其不为恶，又惟恐其不即罹于法，揆之皇上泣罪解纲之仁，岂不伤哉？伏乞皇上先宽东厂条例，夫东厂宽而刑罚可以渐省。抑臣又有请焉：外臣获罪，但敕抚按槛车送诣阙下，未为不可。若缇骑一遣，有资者家产破散，无资者地方敛馈，为害滋甚。"

有旨："东厂所缉，止于谋逆乱伦。其作奸犯科，自有司存。锦衣卫尉，毋得奉差需索！"

五月，逮凤庆总督高斗光、安庐巡抚郑二阳，起马士英总督凤庆军务。士英先为王坤所纠遣戍，至是，会推凤庆总督，士英列名其中。上怒甚，曰："会推大典，辄以废弃窜名其间，冢臣欺蔽殊甚！"刑部右侍郎徐石麒奏曰："冢臣岂敢欺蔽，实以马士英曾历边疆，颇有才略，禁锢可惜，今止开列，候皇上裁夺。惟是冢臣不先奏明，诚为有罪。"上怒始霁，曰："马士英既说他有边才，即着他去。"遂起升兵部右侍郎，总督凤庐安庆等处军务。

六月，吏部尚书李日宣罢。时当枚卜，外僚房可壮、张三谟、宋玫预焉。先是，御史廖惟一，井研姻戚也，时当考核，井研托可壮为道地，不应，井研因布蜚语，谓："此番枚卜，皆可壮三人主持。"上入其说，召廷臣于中左门，上青袍，皇太子、定王、永王侍。上诘吏部尚书李日宣曰："朕屡谕诸臣，毋宁背君父，不背私交；宁隳职业，不破情面。今日枚卜大典，会聚推举，自当矢公矢慎，乃称许徇情，如房可壮、张三谟、宋玫，并滥预会推，此岂大臣之道？"并责吏科都给事中章正宸、河南掌道御史张暄，几欲用重典，阁臣力救，乃下日宣等于狱。时吏部左侍郎现缺，右侍郎雷跃龙久不到任，上呼礼部左侍郎王锡衮出班，曰："吏部印着你署掌。"王遂改吏部左侍郎，署部事。阁臣以枚卜请，上点用晋江蒋德璟、黄景昉、兴化吴甡，俱以礼部尚书入阁办事，而起升郑三俊为吏部尚书。蒋、黄同邑同时，极称盛事。

四月中，顺天三河县地方，半空中忽堕下一龙，牛头而蛇身，有角，有鳞，宛转叫号于沙土中，以水沃之则稍止。抚按不敢奏闻，如是者三昼夜乃死。

东宫田妃最有宠，是夏，田妃病笃，遍走群望，上咸躬致祷焉。临终，上适往他殿行香，不及永诀，回宫大恸，丧礼备极隆厚。田妃有妹，曾入宫，上授以花一朵，即令插鬓上，曰："此是我家人也。"妃薨后，上留心其妹。甲申春，已有旨采择淑女，以备六宫，候冬间举行，未几遇变。

金坛盛顺者，宜兴幕客也，欲题内阁中书，而又欲得科目为重。壬午，北闱，大理评事李森先已有成约，外议颇著。给事中杨枝起疏纠之，森先降调，不及预同考。及榜发，盛仍列名，监场御史徐殿臣力持不可，乃抽出。

乡试大典，虽曰矢公，然夤缘未能尽绝。至关防溃裂，显行无忌，则莫若壬午。时宜兴弟肖儒、子奕封，以及亲识子弟，无不入彀，众官效尤成风，不复问文艺矣。说者谓隐匿灾荒，滥黩大典，上负圣眷，下负舆望，赐死之祸，实自取之。后有坐以纵敌之罪者，夫力能歼敌，方能纵敌，不坐以不可逃之律，而加以莫须有之案，恐反授宜兴以口实也。

十月，吏部题臣父生死蒙恩等事。奉旨："文某准赠礼部尚书，荫一子入监读书。"先文肃以九年六月弃世，十一年二月，南京给事中张焜芳疏末有云："故辅文某，骨鲠性成，劲介绝俗，以天下为己任，数月揆席，正色危言，触忤去辅，祸机遄发，以致忠愤填膺，赍志以没。今历二年余矣，子孙不敢陈乞，抚按不敢代题，竟与草木同其朽腐，皇上恩礼旧臣，隆赐讲幄，而使文某幽光弗耀，典礼缺如，优恤易名，岂可一日缓乎？"六月，淄川请告，给事中吴麟徵疏言："张至发之归，皇上优礼有加，臣知皇上始终优礼大臣也。因念故辅文某，与至发同蒙特简，两月政地，一语招尤，省过责躬，溘焉朝露。其进也，由圣明特达殊恩，非藉旁门幸窦；其去也，由同官意见相左，非系纳贿徇私。今弃世已二年余矣，抚按不敢代题，子孙不敢陈乞，惟皇上哀而矜之！"韩城票："恤典出自朝廷，何得徇私市恩？"御笔抹去，止批："该部知道。"十二年四月，吏部验封司署司事主事胡璇案呈，前署部左侍郎董羽宸具题，奉旨："文某准复原官致仕。"九月，不肖秉上疏"请恤臣父，生死蒙恩，微臣感戴申悃"等事，奉旨："该部知道。"十三年三月，礼部祠祭司郎中刘大垣案呈前事，尚书林欲楫具题。奉旨：“恤典必须实迹，这本如何竟请，还着再行核奏。”亦韩城所票也。后韩城获谴，宜兴再入政府。十五年四月，祠祭司署司事员外吴泰来案呈前事，尚书林欲楫具题，奉旨：“文某准与祭一坛，减半造葬，仍加祭一坛，以示优礼。”至是，吏部验封司署司事主事张文�案呈前事，署部事左侍郎王锡衮具题，奉有令旨。

兵部尚书陈新甲处决。新甲，四川人，由举人历任本兵，盖杨嗣昌荐以自代，为款局地。上亦知边防不足恃，姑藉款以暂纾目前。后以傅宗龙言，召新甲切责。谢升独进曰：“清果许款，款亦可恃。”于是遣马绍愉往建州，清不表谢，而复得嫚书，上大悔恨。然自张若麒偾事后，举朝之人无不愿款者，新甲复申其说。上亲发玺书，加绍愉太仆少卿衔而郑重遣之。乘传至塞外，边臣张筵宴清使，清使一语不答，云：“待国主命。”及国主至义州，责诸酋私通中国，将杀我使，译事者再四叩头祈请，乃免。马绍愉匍匐窜归，科道诸臣恶其辱国，连疏纠之，并尽列新甲奸罪，上虽怒甚，隐忍未即发。适新甲有疏，细陈款事颠末，内多援引圣谕，此疏误为书役发科抄传，兵科某据疏抄纠参。上意新甲见卖，下严旨切责，且令回话。新甲具疏回话，绝不引罪，反自诩其功，有“某事，人以为大功，而实臣之大罪”等语，不一而足。上愈怒，着革了职，刑部提问。

部引失陷城寨律斩，宜兴、井研，合词求免，以北虏未薄城为言。上曰："陈新甲职任中枢，一筹莫展，致令流贼披猖，戮辱我七亲藩，不更甚薄城乎？"遂奉旨："陈新甲着即会官斩决！"

新甲去任，以冯元飙为兵部尚书。元飙素习占风望气，揣知寇虏交讧，剪灭无术，乃佯称病。一日，在朝班伪称疾发，瞶眩仆地，扶曳而出。长安班役妇孺皆嗤其为细人伎俩，辱朝廷而羞当世之士也。元飙去，以张国维代。

十一月，清兵入犯，盖于今四犯矣。越畿甸而南掠山东，破鲁州。鲁王南走，守道陈之伸逃，知府邓藩锡死之。破莒州，知州景淑汴大骂，不屈死。复阑入南直界，烽火及于徐、邳、沭阳。时江浙九省入觐官既升任，差回各官，俱鳞集于淮安度岁。是年正月，山东贼李青山攻兖州，给事中范淑泰、鲁府长史俞起蛟击败之，擒青山，献阙下。曹、濮诸贼亦次第剿散。

李自成攻开封益急，穴城，而置炮于中，选锐贼披甲以待，炮发，城崩，即乘势冲入。乃炮反外向，锐贼皆死，而城屹然不动，贼骇，解围去。至五月，复来，用宋贼计，围而不攻，以坐困之。

三月，李、罗二贼围陈州，兵备关永杰率士民固守，贼周围四十里，更番进攻。力竭，城陷，永杰战死。城上乡绅崔泌之、举人王受爵等咸手刃数贼，被擒，大骂，被杀。贼屠陈州。

张献忠攻舒城，四月，舒城陷。时舒城无令，参将孔廷训领兵千人，与乡绅胡守恒率士民固守。廷训降于贼，开门纳之。贼执守恒，大骂不屈，以刃刺其腹心死，随令廷训攻霍山。

李自成陷太康、睢州，进围归德。归德无兵，民自为守。贼鳞次穴城，城陷，推官王世琰死之。

五月，复孙传庭原官，总督陕西兵讨贼，传庭檄召诸将于西安听令，固原总兵郑嘉栋、临洮总兵牛成虎、援剿总兵贺人龙各以兵来会。传庭大会诸将，缚贺人龙，坐之旗下，数之曰："尔奉命入山讨贼，开县噪归，猛帅以孤军失利，献贼出柙，职尔之由。尔为大将，遇贼先溃，致秦督师委命贼手，一死不足塞责也！"因命斩之，诸将莫不动色。以人龙军分隶诸将，刻期进讨。襄城之役，朝议疑人龙与贼通，故传庭杀之。诸贼闻人龙死，咸酌酒相庆。

张献忠袭陷庐州，时督学御史以较士至郡，贼数百，伪为诸生应试者，潜寓城中。甲戌，夜三鼓，献忠卷甲趋至城下举火，城中贼亦举火以应之，守城者惊溃，遂陷。督学某、兵备蔡如蘅逃，知府郑履祥死之。庐州城池高深，贼屡攻不能克，至是一夕陷。

革、左诸贼趋寿州，颍川参将李诩侦知之，伏兵城东南隅，而统锐师迎战于城南樊家店，伏兵统其后夹击，大败之，斩首千余级。

六月，起侯恂兵部侍郎，总督官兵剿贼，与孙传庭协力援开封。

七月，各镇援兵溃于朱仙镇。时山西总兵许定国援开封，先溃于怀庆，总督丁启濬，保督杨文岳，总兵左良玉、虎大威、杨德政、方国安等，各统兵会于朱仙镇，与贼垒相望。启濬诸军进战，良玉曰："贼锋方锐，未可击也！"启濬曰："汴围已急，岂能久待？必击之！"诸将咸惧，请诘朝战。良玉归营，即率军走襄阳，诸军相继而走，二督营乱。启濬、文岳联骑走汝宁，贼逐之，追奔四百里，丧马骡七千，军仗粮草无算，官兵数万降于贼，启濬敕书、印剑俱失。事闻，启濬逮下狱，文岳革职候勘。

张献忠陷庐江，焚戮一空，还陷六安，将州民尽断一臂，男左女右。总兵黄得功、刘良佐来援，再战败绩，献贼遂谋渡江入南京。

八月，河决开封。时开封被围久，周王先后捐库金，金尽，再捐岁禄，岁禄亦尽。城北十里枕黄河，巡抚高名衡、推官黄澍等欲引河水环壕以自固，更决堤灌贼，贼可鱼也。及决河，贼已先营高处，其移营不及者，亦死万人。河流下冲汴城，势如山岳，自北门入，穿东南门出，出涡水，水骤长二丈，士民溺死者数十万。高名衡、陈永福咸乘小舟至城上，周王率宫眷及诸王从后山逸出，露栖城上雨中者七日。总督侯恂以舟迎王，总兵卜从善水师亦至，推官黄澍从王乘舟夜渡，达堤口。城中遗民，尚余数万，贼乘舟入城，尽虏以去，邳、亳以下，皆被其灾。上闻之，痛愤，下诏优慰周藩，授黄澍为御史。

孙传庭兵至南阳，李、罗二贼西行逆之，传庭设三伏以待。牛成虎将前军，左勷将左，嘉栋将右，高杰将中军。成虎佯奔以诱贼，贼逐之，入伏中。成虎还兵力战，高杰、董学礼突出翼之，左勷、嘉栋左右横击，大败之，斩首三千级。贼溃，东走，追击，又败之。贼尽弃甲仗军资于地，官军争取，无复队伍。贼兵即乘之，左军先溃，诸军皆走，丧材官将领百七十人。事闻，诏传庭立功自赎。

九月，黄得功、刘良佐复统兵逐献贼，贼走潜山。贼将一堵墙为殿，营于山上，二将卷甲急趋，夜半，缘山后噪而登，贼惊起失措，官军奋击，贼大奔，追逐六十里，斩首千余级，献贼溃围走安庆，执一堵墙，焚杀之。十月，良佐再击献贼于安庆，败之，献贼走蕲水。

闰十一月，李、罗二贼围汝宁。监军孔贞会以川兵屯城东，杨文岳以保定兵屯城西，与贼相拒一昼夜，川兵溃。次日，贼四面环攻，云梯如墙而立，一鼓，百道并登，城遂陷。执文岳及兵备王世琮于城上，皆厉声大骂，贼怒，缚二人，以炮击之，糜烂死。世琮初为河南府推官，御贼，矢贯耳不动，号王铁耳。贼屠士民数万，留八日，拔营走确山，回襄阳，掠崇王由樻及世子诸王妃嫔以行。

十二月，李、罗二贼以数万骑至樊城，左良玉营于樊城高阜，乘高飞炮，击杀贼千余。贼从间道至白马渡，良玉移营拒之。贼分兵陷荆门、夷陵，逼荆州。良玉全师出汉口，下武昌，次于金沙洲。偏沅巡抚陈睿谟弃荆州，奉惠王走湘潭。李贼遣老回回据夷陵，革里眼趋德安。荆州士民开门迎贼，李贼遂入荆州。

十六年癸未，大学士周延儒请督师剿清兵，又以军机事密，章奏无以为信，携文渊阁印以行。说者以阁印不宜移动，动必有咎，后果罹韩城之祸。

大学士吴甡奉命督师剿贼，钦给银五万两，军前支赏，加万元吉兵部职方司郎中，督辅军前赞画。

四月，北兵尽行出口，京师解严，大学士周延儒仍入阁办事。

大学士吴甡罢。兴化向巡历山陕，以能折冲名，今春督师剿贼，与宜兴同时受命，兴化留寓京师，料理各项，复上疏邀请诸事件，迨宜兴事竣，已复命矣，犹未成行，奉圣谕："辅臣甡受命督师讨贼，自当星驰受事，乃三月以来，迁延不进，未出都门，筹划莫展，若在行间，何以制胜？还宜在阁佐理，不必督师。"兴化具疏引罪乞休，有旨："准回籍。"

廷杖行人司副熊开元、给事中姜埰，仍下之狱。开元由给事中调外，既转司副，满望即升京卿，而稽迟不迁，颇生觖望。时楚事方盛，正媒孽宜兴，上以边警，广求直言，开元疏请对，上召入德政，开元讼言："群臣徇私结党，皇上孤立无助。"且奏且目宜兴，宜兴惶悚无地。上谕："速补疏进览。"宜兴一面令人邀结开元，阻其补疏，一面进揭，言："臣孤孑寡援，蒙皇上宠眷，每事不敢避怨。见忌群小，非一日矣。即今开元所陈，皆无实指。"因言："楚中若某若某，皆朋谋树党，其剚刃于臣者，皆为拥戴丘瑜，代为扫除耳。"上览揭心动，急促开元补牍，开元已吞宜兴之饵，迟回不即具疏，严旨频下，始具疏，言："延儒以释累囚、蠲宿逋、起废籍，自谓有裨于圣德，孰敢起而攻之？愿皇上遍召群臣，问延儒贤否，即以所论贤否，定其人之贤否，皇上若不加体察，一时将吏狃于贿赂，虽失地丧师，皆得无罪，谁复为皇上捐躯报国者？"

疏入，上怒甚，下锦衣狱。适是时密云巡抚王继谟奉旨议处，宁武兵备钱天锡欲得其缺，求援于给事中杨枝起、廖国遴二人，期以事成万金为寿。杨、廖为恳于宜兴，宜兴许之，然未言及为寿事。杨、廖出，再为请益，复益万金。嗣天锡会推谕旨已下，时又有匿名书二十四气之说，隐诋朝绅。上特为颁谕一道，戒饬言官，内有“为人出缺”之语，此盖皇上破群臣之积习而告诫之，非为天锡发。给事中姜埰探之未真，疏言：“皇上修省罪己，又致诫言官，惟视言官独重，故望之独切。若云代人规卸，安敢谓尽无其事，臣独辗转而不得其故，皇上何所闻而云然乎？如诽语腾谤，必大奸巨慭，恶言官而思中之，谓不重言官之罪，不能激皇上之怒，箝言官之口，后将争效寒蝉，壅闭圣听，谁为皇上言之哉？”

疏入，宜兴激上怒，下诏狱根究主使，招上，俱与廷杖。宜兴必欲致开元于死，缇帅骆养性曲为护持，得免。开元下狱后，始知前之诏谕，非为密抚，而密抚之更替，宜兴实无所私，乃自悔其多事。有南京御史孙凤毛从狱中视之，开元吐其情，愿一白而无由。孙山东产，直质人也，愿为代白，先具疏引其端。有旨：“着明白具奏。”孙正拟畅言其事，杨、廖危甚，急乘间鸩之，其子具揭申究，杨、廖百计潜消之，然其事传布长安，宜兴之心迹已明。于是王继谟仍照旧巡抚，钱天锡革职逮问，与杨枝起、廖国遴俱革职，同下狱。

上传谕，黄道周着以原官起用。宜兴承上深眷，其应对实敏绝，凡圣怒，人莫能挽回，惟宜兴谈言微中。道周之狱，人皆以为不可救，宜兴业已周旋得释矣。上偶言岳忠武事，叹曰：“今安得如岳飞者而用之！”宜兴进曰：“飞自是名将，然如破女真事，史氏亦多虚张，即如黄道周之为人，传之史册，不免曰‘其不用也，天下惜之’。”上默然，次日，即有此谕。

左都御史刘宗周、刑部尚书徐石麒、左佥御史金光宸同罢。时上召廷臣于中左门，问御敌剿寇及用督抚事，宗周奏曰：“使贪使诈，此最误事，为督抚者，须先极廉。”上曰：“亦须论才。”时西人汤若望等精于火器，御史杨若乔奏：“火器为中国长技，当从西人演习。”宗周奏：“唐宋以前用兵，未闻火器，自有火器，辄依为长城，误实在此。”上色不怿。宗周又请释熊开元、姜埰，云：“厂卫不可轻信，是朝廷有私刑也。”上怒，仰视屋梁，曰：“厂卫俱为朝廷，何公何私？”光宸奏：“宗周无他意。”上益怒。宗周免冠谢，既退，各具疏引罪，有旨：“宗周为民。光宸调用。”时开元等已下刑部拟罪，尚书徐石麒拟姜埰遣戍，开元赎徒。宜兴大忤，遂票严旨以进。石麒再疏乞休，有旨：“着冠带闲住。”

下顺天府丞戴澳于锦衣狱。澳，浙江奉化人。奉化，小邑也，澳起家进士，官吏部，威行郡邑，其子尤恃势纵恶。奉化钱粮共二万余，戴氏居其半，历任知县，皆以钱粮拖欠罢官。至是，吏部特授进士胡昱泰为奉化令，胡下车，即延耆老谕之曰：“吾知奉化钱粮所以不起者，专由戴氏，吾今先征戴氏，而后征民户。”乃签提戴氏家人追比，而恃顽如故，即提戴子亲身赴比。戴子怒，急走京师，愬之澳，勒澳立刻出疏参胡。澳曰："胡令初到，无款单，且以部民参父母官，亦觉不便。"而劫于其子，姑出一疏，略言："天下治乱，系于守令，守令得人则治，不得人则乱。"有旨："奏内所陈，必有实据，着指名回奏。"澳窘极，乃以嘉兴推官文德翼入告，事下抚按。既而抚按皆为文讼冤，给事中沈迅遂疏参澳，谓："澳之疏，专为胡昱泰，而所以欲参昱泰者，专为钱粮拖欠，昱泰遵法追比耳。"于是有旨："戴澳革职为民，下锦衣卫究问。"

卷　八

十四年八月十九日，圣驾视学，释奠礼成，步至东西庑，遍阅诸先儒神位，因召礼部左侍郎王锡衮、右侍郎蒋德璟、祭酒南居仁三臣谕曰：“宋儒周、程、张、朱、邵六子，有功圣门最大，今称以先儒，位在汉唐诸儒下，礼殊未称。尔部会同詹翰等官，议所以尊崇之。至于六子格言，即督令儒臣编纂成书，以弘圣教。”三臣承旨，即于九月题请开馆编纂六子诸书，而尊崇位号，时廷议不一，不果行。

大学士周延儒罢。延儒林居时，长兴周仲琏特往通谱，叙叔侄礼，事之惟谨。延儒之再召也，秀水吴昌时为之效奔走。延儒入都，仲琏官兵部员外，昌时官礼部郎中，共入其幕下。每朝夕，辄便衣直达卧室，与侍者交通，探听阁中消息，随在外招摇市权。昌时醉心吏部，诚得一日称吏部郎，即死无恨，宜兴亦拟借此塞其望而远之，遂以郎中调文选司，破格极矣。往时科道年例，在二八两月，科一人，道二人，间或吏部一人，此旧例也。昌时为政，例推给事中范士髦等四人，御史陈荩等六人，科道群起大哗。吏科都给事中吴麟徵、河南掌道御史祁彪佳率两衙门集于公所，与昌时面议。及是日，科道齐集，援例相责，昌时怙过，绝无引咎意。御史某不胜其愤，持所坐椅搏之，昌时仓皇而出，且曰："若奚为待我如此？我当尽例出诸御史！"诸御史闻之，咸怒发上指，与昌时有不两立之势矣。又宜兴自恃圣眷，视同官蔑如也，井研辈皆有愠心。缇帅骆养性有阴事，宜兴刺得之，以挟制骆，使为己用，往来传递者，昌时也。养性有厚馈，宜兴不受，昌时竟隐匿焉，养性以此饮恨刺骨。内阉王之心颇不乐宜兴，曾向宜兴云："我们才力有限，还求老先生包容！"闻者危之，而宜兴不以介意。清兵入犯，宜兴督师逐之，总督范志完，宜兴辛未所取士，其人大言不惭，无纤毫实用，宜兴以一切军情委之。宜兴之出督师也，上注望甚殷，刻刻遣人侦伺，而宜兴驻通州，每日幕客横集，午后始开门收文书，应故事，所谓躬历戎行、鼓舞将士者，未之能也。清兵出口，各路援师尾之而行，不敢邀击，厚贿宜兴以求叙功，宜兴诺之。襄城伯李国祯与王阉俱有私人，欲入叙功疏中，宜兴不从，乃比而揭其短入告，谓清兵已骄，邀而击之，可只轮不返，宜兴私通清兵，禁诸将不得一矢相加遗，坐是安然出口。上信以为然，适给事中吴甘来、御史王章疏参本兵张国维，而德州兵备雷演祚，亦疏参范志完，皆与宜兴有连，奉旨："周延儒着府部九卿科道议处。"阁臣合辞申救，得旨："内外多艰，用人罔效，误国害民，皆朕不德所致。周延儒着致仕去。”

特旨：“修撰魏藻德升礼部左侍郎，兼东阁大学士。”藻德辞，陈演请改少詹事办事，仍照三品用。上从之。此与刘之纶同一破格，然之纶以戎事超授，虽未成功，犹殁于阵，与藻德天渊矣。

八月，会试天下士。命大学士陈演、魏藻德为试官，取中陈名夏等三百五十人。时以边警，大计改五月，会试改八月。阁臣循序，应以蒋德璟为副。时上究心天象，凡日月见食，及星宿躔犯，取中国历验之不甚应，以西历验之辄应，遂加西人汤若望尚宝司卿，专理历法。先是，召对，德璟奏及之，曰：“汤若望有何好处，皇上如此优礼？”上曰：“古帝皇招徕远人，汤若望远夷慕化，朕故优待之。有如卿言，清兵屡次内犯，震惊宗庙，卿何不撵之使去？”及是，遂抑德璟而用藻德，而棘闱之役，亦止于此。藻德离孝廉未三年，骤典文场，说者谓文脉亦促甚矣。

兵部尚书张国维罢，逮总督范志完、顺天巡抚潘永图下狱。时给事中吴甘来疏论：“国维昔任抚江南，惟以巧言令色为务，有‘浪子中丞’之称。及任本兵，寸筹莫展，惟首辅意旨是徇，打恭作揖，便成职业”云云。上颇知国维罪状，拟加重谴，国维捐厚资，乞援于内阉，乃得旨闲住。德州兵备雷演祚疏论志完在山东纵兵淫掠，及金银鞍数千两、马百匹，行贿京师等事，有旨："志完革职逮问。"永图以失机，亦奉旨革职逮问。

范志完伏诛。上特召雷演祚入朝，与志完面质于中左门，疏内所奏事款，历历有据。上又问演祚曰："尔所言称功颂德，遍于班联者，谁也？"演祚对："周延儒招权纳贿，如起废、清狱、蠲租，皆自居为功，考选科道，尽收门下，凡求总兵、巡抚者，必先通贿幕客董廷献，然后得之。"上即命逮廷献。上问志完金鞍马匹，招称送右谕德方拱乾。上并召拱乾，拱乾力辩云："臣以词林冷局，无票拟招驳之责，且甫入都，安有此事？"上即叱拱乾去。志完俱被逮，知上方注意封疆，决无生理，满载辎重，望门投送，而不得要领，卒置于法。永图亦坐封疆失事律，决不待时。

逮大学士周延儒于家，吏部尚书郑三俊罢。先是，御史祁彪佳、贺登选各疏参吴昌时紊制弄权，给事中郝絅疏劾："吴昌时、周仲琏窃权附势，纳贿行私，内阁票拟机密，每事先知，总之：延儒，天下之罪人，昌时、仲琏，又延儒之罪人。"至是，御史蒋拱宸疏论："昌时入延儒之幕，与董廷献表里为奸，无所不至，赃证累累，万目共见。即如南场一榜，非其亲戚，即以贿赂，皆昌时为之过付。伊弟肖儒、伊子奕封，公然中式，毫无顾忌，以至白丁铜臭汪庶、陈咨稷等，皆夤缘登榜，其贪横如此，尚知有朝廷法纪哉？”末又指其“通内”一事，时缇帅骆养性细刺昌时与延儒通贿诸款，具事件上闻，诸阉亦尽发延儒蒙蔽状，复遣缇骑逮延儒对勘，而三俊以举用昌时，引罪回籍。延儒就逮，将所居楼阁三楹，尽行焚毁。盖生平宝藏，咸聚于此，紫貂帐以十计，清河参有一只重十两者，金珠非最上乘不能登此楼。焚时，火光皆作五色焰云。

蒋拱宸疏参宜兴及吴昌时，内有“通内”一事，为上所最怒。七月二十五日，召府部九卿科道廷鞫，上角素，率太子与定王同讯，呼昌时前，诘其通内，上声色俱厉。昌时辩：“祖宗之制，交结内侍者斩，法极森严，臣不才，安能犯此？”上呼蒋拱宸面质，拱宸战栗，匍匐不能措一语。上愈怒，叱退拱宸，然上意已有成局，不待拱宸之对质也。昌时始终不为屈，曰：“皇上必欲以是坐臣，臣何敢抗违圣意？自应承受。若欲屈招，则实不能。”上即命内侍用刑，阁臣蒋德璟、魏藻德出班奏曰：“殿陛之间，无用刑之例，伏乞将昌时付法司究问。”上曰：“此辈奸党，神通彻天，若离此三尺地，谁敢据法从公勘问者？”二阁臣奏：“殿陛用刑，实三百年未有之事！”上曰：“吴昌时这厮，亦三百年未有之人。”二阁臣口塞，叩头而退。内侍遂进用夹，两胫皆绝，昏迷不省人事，乃命下锦衣卫狱，昌时已不能行，卫役负之以出，进见卫帅骆养性曰：“请受刑！”养性曰：“汝甫受刑，尚不省人事，且俟后审。”越数日，卫审一如廷鞫，语不稍屈，乃刑其两家人，亦终无所招，后有旨：“送法司。”咸谓有生机矣，不数日而斩决之旨下。先是，韩城之逮也，昌时本无所置力，而掠居之以为功，王陛彦临刑恚恨曰：“吴昌时杀我也！”旁人皆为咋舌，而昌时更扬扬自得也。及是，奉旨：“吴昌时着即会官斩决！”与王陛彦之旨同，人以为有天道焉，其实不尽然也。

逮张国维下狱。时追论其中枢误国之罪也，故部拟赎徒，有旨：“张国维中枢溺职，一徒岂足蔽辜，还着再拟具奏。”

九月。廷对策士，赐杨廷鉴、陈名夏、宋之绳等进士及第出身有差。

上点礼部尚书李建泰、左副都御史方岳贡，俱以原官兼东阁大学士，入阁办事。岳贡守松江十五年，以钱粮拖欠，停俸督征，故久稽不迁；今春入觐，有以岳贡操守廉洁荐者，上特授左副都御史。适吏部某以某事奉旨诘责，尚书李遇知曰：“臣正行纠驳。”岳贡云：“何不即行题参？”一语深当圣意，遂同建泰入阁。从来阁臣无带都御史衔者，亦变例也。

给事中时敏例推金华太守，敏求援于岳贡，岳贡令急进一条陈疏，敏遂具一套疏，忽奉严旨：“下部议处。”众相讶不解所谓。及例推本上，岳贡票旨：“时敏方在议处，何得遽行升擢？员缺另推。”议本上，奉旨：“时敏着降三级，照旧管事。”仍俨然夕郎矣。

周延儒赐死。宜兴逮至旅邸候命，所挽回者不遗余力，欣欣有向荣之念。及是夜半，而勒令自尽之旨下，宜兴从襆被扶起听旨。旨内先历数其罪，至“姑念”句，内阉止不即读，宜兴意有非望，稽首称圣恩者再四。阉候其稽首毕，始宣：“着勒令自尽！”宜兴悸魄丧魂，左右不能自持，绕屋而走，妄思窜逸，缇帅令二缇骑执持之，延至四鼓，缇帅乃勉强从事。又宜兴素服参附，气断矣，四肢犹暖润如生，缇帅惧有他虞，急以钉钉入脑门，始敢复命，较之韩城为尤惨云。先是，上与阁臣语及宜兴曰：“朕恨其太使乖。”晋江以告，宜兴曰：“事如此英主，不使乖，不得也！”周仲琏费四万金，乃免于难。

上特起沈自彰为文选郎中，改四川布政张法孔为职方郎中，加太仆卿衔，皆以其有廉名也。

上禁诸臣服饰，袖长不得过一尺，宫中尽撤金银等器，俱用陶器，并谕诫诸臣，不得擅用金银。说者谓黄钟大吕，清庙明堂之器，文质彬彬，斯为美矣，僿极则鬼，君子病之。今以玉食万方之主，而降为污尊杯饮之事，是貉道也，何以能久。

北兵退后，京城瘟疫盛行，朝病夕逝，有全家数十口一夕并命，人咸惴惴谋其不免。上时令张真人建醮祈安而终无验，日中鬼出为市，店家至有收纸钱者，乃各置水一盂于门，市者令投银钱于水，以验真伪。民间终夜击铜铁器声，以驱厉祟，声达九重，上不能禁。景色萧条，早知有黍离之叹矣。

宫中有某库累朝不开，上至是忽欲开阅。珰以从来未开为言，而上意甚坚，珰不敢逆，开进，空无所有，止后架贮小红箱一只，捧至，预书“崇祯某年某月某日开”，上以其预定也，益异之。及启视，止盛画三轴：其一则无数军民，相背而立，上曰：“此殆言军民背反耶？”其二则无数官吏士民，俱若仓皇逃窜之状，上曰：“嘻！乱离不远矣！”其三则止有一人披发赤体，其貌则俨然御容也，群珰相顾动容，上怃然不乐而出。

是年正月，李贼围承天，知府某开门迎贼，巡抚宋一鹤、钟祥知县萧汉皆死之，巡按李振声迎降，与贼通谱。钦天监博士杨永裕亦来降，请发显陵，忽大声起山谷若雷震，贼惧而止。贼至黄陂，知县某挈印走，贼设伪官，士民杀伪官，贼怒，反兵屠之，遂陷德安。黄州守将王允成弃城东下，方国安诸贼退屯汉口，左良玉亦东下。

江陵举人陈万策、李开先为贼侍郎喻上猷所开荐，贼檄下，万策自缢，开先触墙死。

献贼袭陷蕲州，屠之，兵备许文岐殉难，复陷蕲水，亦屠之。

二月，湖广贼陷澧州，又陷武冈州，岷王遇害，随合于闯。闯贼令老回回守承天，罗汝才守襄阳，而自攻郏县。知县李贞率士民坚守，杀贼甚众，力竭乃陷，李贞骂贼不已，贼怒，褫其衣冠，倒悬于地，贞大呼曰："高皇帝有灵，我必愬之，愿为厉鬼以杀贼！"贼愈怒，断其舌，剐之。母乔氏及妻俱死。贼还屯荆州。

五月，李贼攻常德，巡抚陈睿谟逃，城遂陷。嗣是辰、岳相继俱陷。献贼自蕲水一夕驰至黄州，乘大雾攻城，城遂陷，原任副使樊维城骂贼，贼刺之洞胸死。麻城周文江降贼，署为伪知府。

闯贼袭杀革里眼、左金王，并其众。时群贼俱奉闯贼约束，惟革里眼不相下，闯贼置酒宴左、革，杀之席上。革里眼，即贺一龙也。

四月，闯贼突入罗汝才营，即其帐中斩之，并杀其谋主袁珪。

五月，闯贼攻袁时中，杀之。时中初合于闯，闯许配以女。至是，时中通款于河南巡抚苏京，又擒闯贼零骑请功，故而杀之。

五月，献贼逼武昌，时议募兵守城，而库藏空虚，三司长诣楚王请贷数十万，王不应。募兵皆谓宜募土著，适承、德溃兵东下，楚王尽招之，号为"楚府兵"。及献贼陷汉阳，临江欲渡，武昌大震，议撤江上兵，婴城而守。都指挥崔文荣曰："磨盘、煤炭诸洲，浅不过马腹，纵之飞渡，而婴城坐困，非策也。"议者不从。贼果从煤炭洲南渡，直逼城下，攻武胜门，文荣率军御之，多杀伤。而楚府新募兵，开门迎贼，文荣跃马持矛大呼，杀贼三人，贼攒刺之，死。旧辅贺逢圣合家投墩子河死。长史徐学颜与贼格斗，左臂断，右臂持刀扑贼，贼脔之。游击朱士鼎，为贼所执，戟手大骂，贼去其左右手，自沉于江死。贼执楚王，尽取宫中藏金，辇数百车不尽，楚人以是憾王之愚也。贼沉王于江，屠戮士民数十万，沿江积尸千里。其幸存遗民，或刖手足，或凿目鼻，无一全形者。

闯贼陷保康，知县石维坛死之，别贼至禹州，守将杨芬、张朗降。

七月，总督孙传庭发兵潼关，以总兵牛成虎、卢光祖为先锋，会河南总兵卜从善、陈永福，合兵洛阳之下池寨，檄左良玉赴汝宁夹击，令副总兵高杰将降丁为中军，总兵王定、官抚民率榆、宁二镇兵为后劲。

总兵方国安合副将徐懋德、马士秀等，由蕲州进发，夜击贼于大冶，斩首千级。前锋既胜，左镇诸军并进，献贼令贼将守武昌，为浮桥于金口，悉众西渡向岳州。

八月，孙传庭师次阌乡，闯贼亦尽发荆、襄诸贼，会于河南。牛成虎前驱，遇贼于洛阳，击败之，再击于河岸，又败之，追奔至汝州。成虎以孤军无继，退屯渑池。

丙寅，方国安等复黄州，斩伪官。癸酉，诸将进次阳逻堡，距武昌三舍。监纪推官吴敏师联络蕲、黄义勇万人与师会。总兵常安国以舟师先进，转战金沙洲，夺贼百艘。丙子，诸将齐至武昌，献贼出战，大败，遂西走，陷咸宁、蒲圻，距岳州百里。湖南巡抚李乾德、总兵孔希贵尽移居民远徙，而伏兵于内，开门迎贼。贼入，伏兵尽发，尽歼之，留四贼，各割一耳，贯箭纵回。献贼怒，益兵来攻，乾德虚立营垒，下伏火炮，而积薪其上，贼以火攻之，火炮发，杀贼数千。贼愈怒，悉众围岳州，百道并攻，遂陷，乾德、希贵走长沙。戊寅，贼至湘阴，城已一空，献贼登舟南渡，忽大风起，覆舟，溺死贼数千。复还岳州，尽杀所掠妇女，焚其舟。陆行抵长沙，士民空城走，乾德奉吉王、惠王走衡州。守将尹先民迎降，推官蔡道宪不屈，杀之。健卒林俊等解衣裹尸，葬道宪于南郊，俱自缢。

九月，孙传庭次汝州，伪都尉四天王李养纯率所部来降，知贼在宝丰。传庭进围宝丰，贼坚持不下，闯贼以轻兵来援，白广恩、高杰、卢光祖逆战于城东，败之。次日，复以精骑数千，直攻官军，复击走之。传庭曰：“宝丰不急下，而援兵大至，则腹背受敌矣。”亲督诸军，悉力攻城，拔之，斩伪官陈可新等千余人，遂以大兵捣唐县。时贼家口尽在唐县，官兵入城，尽杀之。甲辰，传庭复郏县。县甚穷，官军乏食，闯贼将精骑万余逆战，官军击断闯贼坐纛，三战三胜，闯贼奔襄城，官军进逼之。时河南所在饥荒，官军深入，馈粮不继。壬子，兵噪于汝州，降盗李际遇阴通贼。癸丑，贼率精骑大至，传庭问计于诸将，高杰请战，白广恩曰："师老矣，宜分据要害，步步为营，以图万全。"传庭恐贼遁，曰："将军何怯也，独不如高将军耶？"广恩不怿，引所部八千人南走。贼设伏以待，官军接战，陷贼伏中，大败。高杰乘岭上望之，曰："不可支矣！"麾众急退，官军大奔，贼驱大队来，追至于孟津。是役也，士卒死者四万余人，尽丧其军资甲仗，传庭与杰走河北。戊午，闯贼向潼关，白广恩击走之，传庭亦回军潼关，众尚有四万人。

献贼袭陷衡州，桂王及吉、惠二王走永州。献贼复追之，湖南巡按刘熙祚遣兵护三王入广西，而自入永州拒守，奸人内应，熙祚不屈遇害。戊戌，官军复岳州，尽诛伪官，献贼东犯江西萍乡。

十月辛酉朔，副总兵沈万登复汝宁。是日，贼将军马尚志莅任，万登拥众突入，诛尚志，并杀诸伪官。时襄、洛豪杰并起，万登与毛显文、刘洪起皆起布衣，聚众数万，各保塞以逐贼。闯贼伪授万登威武大将军，不受。风督马士英承制，授为副总兵。

闯贼遣第一只虎陷阌乡，遂攻潼关，闯贼间道缘山崖，出潼关后，官军大惊，遂溃，贼尽入关。孙传庭、白广恩退屯渭南，贼合众十余万陷渭南，传庭阵亡，知县杨暄死之。随陷商州，商洛道黄世清死之，直抵西安。巡抚冯师孔督兵出战，被执不屈死，西安陷。按察司黄纲自尽，长安知县吴从义、指挥崔尔达、秦府长史章世炯俱投井死。乡绅右都御史焦源溥、御史王道纯、礼部主事南居益、都司使丘从周俱骂贼死。宣府巡抚焦源清、山西参政田时震俱不受伪职死。磁州兵备祝万龄自经学宫。山东佥事王徵七日不食死。举人席增光、朱谊泉俱投井死。而左布政陆之祺、总兵白广恩俱降。闯贼据秦王府，授秦王伪将军，世子妃刘氏曰："国破家亡，愿一死！"闯贼遣归母家。秦藩富甲天下，尽为贼有。贼分兵徇诸县，蒲城知县朱一统抱印投井死，中部知县华堞与一妻一妾俱自缢。贼改西安为长安府，榜掠巨室助饷。（按：令为朱新用，乃晋宗，不知诸本何以皆作华堞。华堞为楚宗，时为宣谕楚豫江北一带义勇使，非令也，人习知其名而概书之耳。）

献贼陷袁州，令贼将丘仰寰居守，左良玉遣兵攻袁州，参将高山奋身先登，斩贼数百级，擒斩丘仰寰，遂复袁州。

献贼自长沙突至吉安，官军惊溃，兵备岳虞峦逃，城复陷，贼复入袁州。

十一月，闯贼命贼将田斌守西安，而自往延安大会群贼，分五百骑按行凤翔，守将诱而杀之。闯贼怒，亲攻凤翔，陷之，屠其城，遂逼榆林。兵备都任及原任总兵尤世威、王世显、侯世禄、惠显、侯拱极等敛各堡精锐入镇城，歃盟誓神，推世威为主，协力拒守，贼诱说三日不听。贼四面环攻，城上强弩叠射，贼死尸山积，贼攻益力，逾旬不克，贼以冲车环城穴之，城崩数十丈，贼乘势拥入城，遂陷。都任各家自缢死，尤世威纵火焚其家百口，挥刀突战死，诸将各率所部巷战，杀数千贼，至死无一降者，合城妇女俱自尽，无一受辱者。贼攻宁夏，总兵官抚民迎降。贼攻庆阳，坚守四日，力屈，城陷。守巡二道段复兴、董琬，乡绅太常少卿麻禧俱死之。贼屠庆阳，执韩王。

献贼知官兵向岳州，沿江设伏，而令贼千人以巨舰载辎重顺流下，副将王世泰、杨文富邀击之。贼佯走以诱官军，官军溯流争上，尽夺辎重，贼伏发，四面夹攻，官军大溃。贼复入岳州，左良玉令马士秀趋长沙，马进忠等趋袁州，士秀等复临湘，进逼岳州。贼将混天龙统万人乘轻舟迎战，士秀三分其军，绕贼舟后反击之，贼大败，趋入城。士秀麾诸军登岸，急攻之，贼突门出，走长沙，遂复岳州。马进忠等进薄袁州，贼西走，遂复袁州，尽诛诸伪官。总督吕大器亦统兵复吉安。

杀太监刘元斌。元斌监军讨贼，贼在陕洛，元斌留归德不敢进，纵兵大掠，杀樵汲者冒功。及论辟，未得旨即奏辩，上怒诛之。

十二月，闯贼徇西北，庄浪、凉州二卫俱降，遂围甘州。乘夜雪登城，巡抚林日瑞、总兵郭天吉、同知蓝台等皆死之，杀军民四万七千余人，余处俱投降，惟西宁卫固守不下。

十七年甲申，正月庚寅朔，大风震屋，扬沙，咫尺不见，占曰："风从乾起，主暴兵至，城破。"癸丑夜，星入月中，占曰："星入月中，国破君亡。"时闯贼僭伪位于西安，伪号大顺，伪元永昌，宋献策伪军师，牛金星伪丞相，设伪六政府：伪吏政宋企郊，伪户政杨建烈，伪礼政巩焴，伪兵政喻上猷，伪刑政陆之祺，伪工政李振声，皆明臣降贼者。

上因寇氛孔棘，临朝，向阁臣兴叹曰："贼势如此，阃外无人承认，府库殚竭，将如之何？"李建泰奏："主忧如此，臣敢不竭驽力！臣家曲沃，愿以家财佐军，臣请提兵！"上大喜，慰劳再四，曰："卿若行，朕当仿古推毂礼，亲饯卿郊外，不敢轻也。"建泰退，即具揭，题用卫贞固、凌驷，又题郭中杰加副总兵衔，管中军事，又请马兵五百及旗牌等项，遂于二十六日启行。上预传："至期行遣将礼，朕御正阳楼宴饯督辅，并召内阁五府部院掌印官侍坐，鸿胪赞礼，御史纠仪，大汉侍卫，应用法驾宴桌，该衙门预备。”上又命查大明集礼中遣将授钺告庙礼，看议酌行。是日，乙卯，上御正阳门楼亲饯之，曰：“先生此行，如朕亲征。”建泰受饯，叩首谢恩，既去，上目送久之。返驾，复大风沙，占曰：“不利行师。”

二月，闯贼统众四十万，从禹门渡黄河，陷绛州、曲沃、临晋、河津。破蒲州，旧辅韩炉死之。破平阳，知府张嶙然迎降，巡道李士焜逃，总兵高杰退至泽州，沿途大掠，贼遂薄太原。时初六日也。巡抚蔡懋德遣标下骁将牛勇、朱孔训出战，孔训伤炮死，牛勇阵亡，一军皆没，城中夺气。懋德知事不可支，写遗表令贾士章走京师上闻，中军盛应时先杀其妻子，誓将死敌。初八日，风沙蔽天，贼夜乘风登城，懋德、应时赴斗死。布政赵某、副使毛某及府县乡绅等官，共四十六员皆死之，晋王遇害。

上传工部尚书范景文、礼部侍郎丘瑜，俱以原官兼衔，入阁办事。

上御书亲敕督辅：“朕仰承天命，继祖弘图，自戊辰至今甲申，十有七年矣，兵荒连岁，民罹干戈，流毒直省。今卿代朕亲征，鼓励忠勇，选拔雄杰。其骄怯逗玩之将，贪酷倡逃之吏，当以尚方剑从事，行间一切调度赏罚，俱不中制。卿宜临事而惧，好谋而成，真剿真抚，扫荡妖氛，旋师奏凯，勒名钟鼎，须代朕至意，遍行示谕！”

建泰甫出都，师次涿州，营兵逃归者三千人。过东光，兵不戢，士民闭城拒守。建泰怒，留攻三日，破之。至广平，绅衿城守不纳，亦留攻三日，破之，杀绅王佐等及知县张弘基。

闯贼至忻州，官民迎降。进攻代州，总兵周遇吉固守，连战十余日，杀贼万余，贼悉众来攻，遇吉退守宁武关。贼复逼宁武，遇吉连发大炮，杀贼近万人。会火药尽，有请款者，遇吉曰：“三日内杀贼且万，若辈何怯耶？能胜之，一军尽为忠义；若不支，缚我以献！”于是开门奋击，杀贼数千人。贼惧，欲退。或为贼谋，请分为十队，更番迭战，且去帽为识，有帽者辄杀之。贼乃引兵复进，去帽以自别。官军不能支，城陷。遇吉纵火焚其家，而自挥短刀力斗，身中流矢，牙兵俱尽，遂见执，骂贼甚厉，贼怒，缚于市磔之，屠宁武。太常寺少卿吴麟徵请弃关外宁远、前屯二卫地，徙总兵吴三桂入关，屯兵近郊以卫京师，廷臣皆以失地非策，莫敢主其议。

上谕：“吴昌时着即会官斩决。其财产并罪辅周延儒财产籍没充饷。”上又谕：“周延儒见贿忘法，本当全没家产，今量追十二万，着周肖儒、周奕封完纳，吴昌时量追五万，俱免籍没。”

上命太监阎国辅等，赍饷往蓟、宁等处给军，时始闻山西全陷。

上分遣太监监制各镇：卢维宁往通津临德，方正化往真保，杜勋往宣府，王梦弼往大名、广平，阎思印往顺德、彰德，牛文炳往卫辉、怀庆，杨茂林往大同，李宗化、张泽民往蓟镇中西二协。

上特升兵科都给事张缙彦为兵部尚书，又令兼翰林学士。

闯贼至大同，军民皆降，总兵朱三乐自刎，巡抚卫景瑗、兵备朱家仕、粮储徐有声皆死之。庠生李若葵合家九人俱自缢，先题曰："一门完节。"代王遇害，贼杀代府宗室殆尽。

上召忻城伯赵之龙、抚宁侯朱国弼中左门面对，乃命国弼总漕淮安，之龙掌南京中军都督府印，管守备事。

闯贼陷真定。先是，知府丘茂华闻城警，预令家眷出城，巡抚徐标下茂华于狱。标中军某伺标登城指画守御时，乘不意，掖而投之城外，杀之。从狱中拥茂华出，茂华遂檄所属州县预备迎贼。数日后，贼始以百骑来受降，时二十二日也。二十三日，上召诸臣面对。先是，左都御史李邦华密疏请"择大臣奉太子南行，臣等辅皇上固守"，圣意颇以为然，大学士陈演微泄之。是日，召对。庶子项煜面具小疏，极言当南巡者八，上曰："国君死社稷，正也，朕志决矣！"大学士范景文同邦华拟申前请，给事中光时亨大声曰：“奉太子往江南，诸臣意欲何为，将欲为唐肃宗灵武故事乎？”二臣乃不敢言。已而上命魏藻德升兵部尚书，督师津德，方岳贡升户部尚书，督漕临济，意拟从范、李二臣之请矣。既而复撤前命。或云时传闯贼已南下，故止之。

三月，大学士陈演、蒋德璟罢。演以多赀，不敢出京，遂及于祸。

上召张国维于狱，同庶吉士史可程、举人朱长治中左门面对。

昌平兵噪，焚劫城中，巡抚何谦以闻，有旨：“何谦带罪供职。”

初四日壬辰，钦天监奏：“帝星下移。”

诏封各总兵吴三桂平西伯、左良玉宁南伯、唐通定西伯、黄得功靖南伯，俱给敕印。刘泽清实升一级，刘良佐、高杰、马科、姜怀、孔希贵、葛汝芝、许定国、王承胤、刘芳名、李栖凤、曹友义、杜允登、赵光远、卜从善、杨御蕃、马岱、黄蜚、高第各升一级，督抚马士英、王永吉、黎玉田、李希沆各加升二级。

诏总兵吴三桂、刘泽清、唐通率师入援，三桂、泽清不奉诏，惟通以二千人至，陛见，上慰劳再三，命同太监杜之秩守居庸。

太康伯张国纪进助饷银万两，晋封为侯。

上召文武大臣及科道于中极殿，问御贼之策。有言："守门乏人，请考选科道。"余皆练兵加饷套语。驸马巩永固面奏："贼势猖獗，官兵畏贼如虎，祈简才望大臣，重守都城，圣驾南巡，征兵亲讨，臣号召京畿义勇，可从十万众扈从起行！"上意不决，诸臣皆言其诞妄。既退，议百官分守九门，稽察出入，又召见庶吉士于中左门，特命陈名夏升修撰，兼户、兵二科给事中。

闯贼陷宣府，叛将白广恩先移书约总兵姜瓖降，太监杜勋出城三十里迎。贼入城，执巡抚朱一冯杀之，巡按霍达逃。

命给事中韩如愈、马嘉植催解浙直京边正项，并改折赃赎，及周延儒、朱大典、吴昌时等赃银督解。时贼信已急，诸臣咸思南窜，故二人营谋此差。如愈曾疏论刘泽清，过东昌，泽清遣人杀之。

闯贼陷阳和，兵备于重华出城十里迎降。时贼警沓至，进士程源语阁臣魏藻德曰："李建泰何名尚住保定？其标下总兵马稔有现兵万人，宜令速赴居庸与唐通协守，犹可镇抚万一。"不听。

晋封嘉定伯周奎为侯。上遣太监徐高宣诏求助，谓："休戚相关，无如戚臣，务宜倡自十万至五万，协力设处，以备缓急。"奎谢曰："老臣安得多金？"高泣谕再，见其坚辞，拂衣起曰："老皇亲如此鄙吝，大事去矣，广蓄多赀何为？"奎自具疏，勉助一万金。

太监王永祚、曹化淳等有助三万、五万者。王之心富第一，上面谕之，对以家计消乏，仅献一万，后之心为贼拷掠，现银十五万两，金银什物称是。周奎抄出现银五十三万两，什器缎匹无算。

上命张国维仍复原官，总督浙直兵饷。初，国维就逮，辇金十万，入都遍赂诸大珰及诸当事。于是内外合谋，揣知库岁空虚，朝廷首急军饷，乃倡开事例一法，杀人行劫者，皆得输金赎罪，谓国维一至江南，数百万可立致。上惑其说，先谕刑部："张国维附和罪辅，蒙蔽君上，本当重治，念方士亮等轻拟，着免罪候用。"至是，有总督浙直之命。时贼警已逼，遂连夜疾趋，中途已闻变矣。过苏州时，江南尚无所闻，应抚已移镇，镇江绅衿共留国维即于苏州抵任，以资弹压。国维自揣皇上已殉难，大位未定，事不可知，决意南归。俟弘光即位，诸事就绪，始抵苏州莅任。

临清总兵刘泽清虚报大捷，赏银五十两，又诡言随马被伤，再赏药资四十两，命速赴保定剿贼，泽清不从，即于是日大掠临清，统兵南下，所至焚劫一空。

闯贼陷保定。贼至城下，李建泰迎降，中军郭中杰缒城降，兵溃，遂陷。同知邵宗元佩府印被执，不屈，死之。乡绅御史金毓峒分守西门，贼执之谒伪将，毓峒奋拳殴贼，投井死，妻王氏自缢，侄振孙，系武举人，登城射贼，应弦立毙，贼攒杀之。毓峒媳陈氏，年十八，尚未嫁，与其祖母张氏、母杨氏、嫂常氏，同时投井，张氏抱其孙于怀同下，侍婢四人亦从而下。知府方文耀见城破，即自杀。

十三日，各城门分设红夷大炮，给守城军每名黄钱百文。连日，日色无光，是夜，风色阴惨，沙尘刮天。

上命襄城伯李国祯团练京营兵，又命太监曹化淳督理城守。

十五日癸卯，日色益晦，正阳门外伏魔庙杆忽自中劈。又南京孝陵夜哭。

闯贼叩居庸关，总兵唐通、太监杜之秩迎降。

总督王永吉兵败，陷贼，贼纵之归，本兵张缙彦为请召对，阁臣疑之，叩缙彦以永吉来意。缙彦初不言，固问之，乃云："李自成有二策，请上择之：一如汉楚故事，画地为界；一解甲归诚，以大将军辅政。"阁臣大骇，遂票旨："王永吉丧师辱国，不准召对！"

闯贼至昌平，军民争降。总兵李守镤力格杀数贼，贼攒刺之，乃拔刀自刎。乡绅张罗彦自杀，巡抚何谦南奔。

十六日，上御殿，召考选各官，问以治饷安民。滋阳知县黄国琦对曰："裕饷不在搜刮，在节慎，安民系于圣心，圣心安，则民心安矣！"上首肯，即面授给事中。余递奏未半，忽秘封呈进，览之色变，即起入内，久之，谕各官退，始知为昌平失守也。闯贼破昌平，将十二陵享殿悉行焚毁，随分兵掠通州粮储。

十七日，上召文武各官。上泣下，诸臣亦相向泣，束手无计。上书御案，有“文臣个个可杀”语，密示近侍，随即抹去。是日，襄城伯李国祯领京营兵出城立营，城下数万人，一时溃散。夜漏半，曹化淳开广宁门迎贼入，守城勋卫皆逃。御史王章，贼呼之降，不应，遂杀于城上。给事中光时亨即长跪迎降。

贼军师宋献策占十八无雨，则京师不可破，有雨，则一攻即下。至是日，黄沙障天，忽而凄风苦雨，良久，冰雹雷电交至。时贼已屯西城下，火炮飞入城中，西城竟日无人敢行。近暮，定武桥南火起，始知外城已陷，阉走告上，上曰：“京营兵何在？李国祯兵何在？”阉曰：“皇爷，安得有兵？京营兵皆散，今惟有劝皇爷走耳！”先是，十五夜，上复召巩永固问以前策，永固对曰：“贼前尚远，人皆畏贼，六龙南幸，从者必多。今贼已逼近，人心瓦解，谁复从行者？臣不敢误陛下也。”上颔之。及是夜，叛阉杜勋至城下，呼王相尧缒城入讲，或欲留之，勋曰：“我家万岁爷威势盛强。不反命者，立屠京师矣！”遂纵去。一鼓，上召新乐侯刘文炳及巩永固，令速带家丁护驾。二臣曰：“臣等何敢私蓄家丁，所有家人，岂能当贼？”上亟退，召太监王承恩入，密语移时，急令出，部署内丁为巡南计。又别传朱谕至内阁，命成国公朱纯臣提督内外诸军，夹辅东宫，留守京师。已而呼酒与周后、袁妃同坐痛饮，慷慨诀绝。妃先起，上拔剑砍之，薨，后急返坤宁宫，自缢，上视之曰：“好，好！”坤仪公主在旁哭不已，上叱之曰：“汝奈何生我家？”亦刃之，公主以手仰格，臂断，闷绝于地上。又令太子定王出避民间，尽去本等冠带，戒谕：“今后慎毋露帝皇家形迹！”时承恩复命，上即微服杂内阉出东华门，至朝阳门，托言王太监奉旨出城，守者辞以天明请验。扈从者夺门，守者反炮击之，不得出。朝阳系朱纯臣所守，急诣纯臣第，阍人辞以赴宴未回。上叹息而起，复走安定门，门闸坚不可举，天将晓矣，乃返厚载门，散遣内丁，随以太子、永王、定王分送外戚周、田二家，手携王承恩入内苑。是夜，阁臣方岳贡直宿精微科，四鼓，中涓口传圣谕：“传谕内阁诸先生速赴行在！”亟叩之，云：“圣驾已同巩驸马、王太监出宫矣！”太子走叩嘉定伯府，周奎高卧不起，门役不纳，乃走匿内阉某外邸。

十九日，丁未，阴云四合，城外烟焰障天。宣武门守门太监王相尧领内丁千人，开门迎贼，伪将刘宗敏整军入，军容甚肃。张缙彦守正阳门，朱纯臣守朝阳门，一时俱开，二臣迎门拜降。贼登城，杀兵部侍郎王家彦于城楼，刑部侍郎孟兆祥死于城门下，兆祥子进士孟章明同母何氏、妻王氏自杀于寓。

尚衣太监何新见公主仆地未起，曰：“贼已将入，恐公主遭其辱，且至嘉定府中避之！”乃负之出，宫人魏氏大呼曰：“贼入大内，我辈必遭所污，有志者早自为计！”遂跃入御河死，顷之，从死者二百余人。群贼入城，取道演象所，群象皆泪下如雨。

殉难者：大学士范景文投井死。户部尚书倪元璐从容自缢。左都御史李邦华自缢于先文信国祠中。左副都御史施邦耀，大理寺卿凌义渠，太常寺少卿吴麟徵，太仆寺丞申佳胤，给事中吴甘来、周而淳，御史陈良谟，妾时氏，陈纯德，赵撰，吏部郎中刘廷谏，主事许直，顺天推官刘有澜，兵马姚成，锦衣卫指挥李若珪、王国兴，中书宋天显俱自缢，庶子周凤翔于廿一日自缢。中允马世奇与妾朱氏、李氏同缢。修撰刘理顺同妻万氏、妾李氏、子举人某、婢仆十八人俱自缢。检讨汪伟同妻耿氏左右缢于堂中。武库司郎中成德，金铉同母章氏、妾王氏、弟生员金锭俱投井死。光禄署丞于腾蛟服冠服，呼妻亦服礼服同缢。生员曹文耀，妻张氏，生四子一女，城破，张氏率子女哭于家祠，同文耀庶母姜氏、二媳李氏、邓氏及乳母孟氏八人同缢。居民田某合家自焚。李小槐同妻杜氏二子一女一婢俱自缢。内官白某亦自缢。

新乐侯刘文炳集男妇共十六人，登楼自焚，其弟刘文耀同祖母瀛国太夫人投井死，时年九十余。彰武侯杨崇善自缢。惠安伯张庆臻合门自焚。宣城伯卫时春率妻孥同投大井中，无一存者。都督周镜自尽。驸马巩永固，公主柩尚在堂，同子女四人坐堂中，纵火自焚。

逆闯入宫，问帝所在，大索宫中不得。伪尚玺卿黎志升进曰：“此必匿民间，非重赏严诛不可得。今日大事，不可忽也。”乃下令：“献帝者赏万金，封伯爵，匿者夷其族！”至二十二日，庚戌，得先帝遗魄于后苑山亭中，与王承恩对面缢焉，先帝以发覆面，白袷蓝袍，白绸裤，一足跣，一足有绫袜，红方舄，袖中书一行云：“因失江山，无面目见祖宗于天上，不敢终于正殿！”又一行云，“百官俱赴东宫行在！”二十三日辛亥，殓先帝、先后于东华门。梓宫二，先帝用丹漆，先后用黝漆，加先帝翼善冠，衮玉，渗金靴，先后袍带亦如之，同移佛庵。主事刘养贞，以头触地，大恸，诸臣哭拜者三十人，拜而不哭者六十人，余皆睥睨过之。叛阉某献太子，逆闯留居西宫，封为宋王，太子不之屈。

宫人费氏，年十六，投眢井，贼钩出之，赏贼将罗某。费氏绐曰：“我帝家人也，义难苟合，惟将军择吉成礼，死生惟命！”贼喜，卜日置酒极欢。费氏怀利刃，候贼醉，断其喉，立死。费氏即自刎。

从贼者：大学士李建泰，兵部尚书张缙彦，户部侍郎党崇雅，礼部侍郎杨汝成，工部侍郎叶初春，少詹事杨观光、项煜，谕德何瑞徵、杨士聪，修撰杨廷鉴、陈名夏，编修梁兆阳、高尔俨、李士淳、薛所蕴、赵玉森，庶吉士吕崇烈、成克巩、张之奇、杨明朗、张端、黄灿、张元琳、刘余谟、鲁梁、魏天赏、刘廷琮、何九云、刘肇国、张玄锡、李化麟、姚文然、高珩、胡统虞、傅学禹、罗献文、白胤谦、何胤光、龚鼎孳、赵频、李呈祥、傅鼎铨、刘世芳、周钟、魏学濂、朱积、吴尔壎、杨栖鹗、王自超、史可程、梁清标，右通政赵京仕，通政参议宋学显，尚宝卿吴家周，太仆寺丞李元鼎，给事中刘昌、戴明说、孙承泽、傅振铎、申芝芳、时敏、米徽、翁元益、郭充、高翔汉、金汝砺、介松年、杨枝起，御史柳寅东、朱朗荣、卫贞固、傅景星、蔡鹏霄、裴希度、涂必泓、韩文铨、陈羽白、熊世懿，吏部沈自彰、左懋泰、熊文举、王显、侯佐、杨玄锡、吴孳昌、郭万象，户部王凤林、金震出、卫周祚、程之璿、刘显绩，礼部黄熙胤、汤有庆、吴之琦、张琦、刘大巩、朱芾煌，工部潘同春、缪沅、邹魁明、方允昌、黄徽胤、李登云、吕兆龙、秦汧、冯秉清，司务孙节，大理寺正钱位坤，行人胡显、李丕著、张元辅、吴允谦、李之奇、许作梅、王予曜、沈元龙，国子博士李森先，学正王皋，光禄监事林铭球，顺天照磨龚彝，候考推官施凤仪，知县彭三益、黄国琦、孙以敬、王孙蕙，进士武愫、徐家麟、吴刚思。

逆闯入都，首先劝进者，陈演、朱纯臣也；向贼叩头求用，指斥先帝为无道者，魏藻德也；从狱中出而为贼策下江南者，张若麒也；其颂贼为救民水火、神武不杀者，梁兆阳也；代贼焚毁太庙神主者，杨观光也；大负先帝委任，终以拷掠死者，李国祯也；先帝求金不应，东宫出亡不纳，终赍盗粮，尽为贼有，负君辱国，贻恨千古者，周奎也；至叛阉曹化淳、王相尧辈，不足诛矣。

平西伯吴三桂如清乞师。二十七日，三桂以清兵至山海关。先是，三桂闻京师失守，先帝殉难，统众入关投降。而三桂父吴襄，故辽东总兵也。逆闯李自成执襄诛求金宝，索诈甚酷。三桂知之，即返师出关。适清摄政王统兵将入犯大同，中途相遇，三桂即剃发诣军营，叩首愬冤，愿假大兵复仇，歃血立誓。摄政王为撤兵西行。逆成闻三桂之来而复去也，急统马步兵四十万追之，刘宗敏、李过等皆从，并挟太子二王东行，追至三桂于关外。三桂见贼势甚盛，不敢迎战，入启摄政王。摄政王令三桂先与交锋，而自登高望之，待三桂将败，即挥英王、豫王分左右翼以进。时逆成亦挟太子登高冈督战，贼众三面围三桂，势甚急，忽有白标兵二队，绕出其后，如风发潮涌，所到之处，无不披靡。逆成顿足叹曰："此必北兵也，三桂真挟北兵来耶？"急策马走，贼众大溃。次日，令降兵部郎张若麒奉太子如三桂营请罢兵。三桂留太子，而益治兵，破逆成于关内，逆成驱贼连营进发，三桂悉锐出战，清兵助之，贼众大奔，自蹂践死者十余万人，杀其渠帅五人。逆成走永平，三桂又追败之。逆成奔还京师。时四月二十四日也。三桂同清兵压城而军，逆成遂杀吴襄，并杀其家口三十八人。二十九日，逆成出阜成门西走，纵火烧诸宫殿，又烧九门雉楼，火光烛天。三桂遥望城中火起，知贼已走，追至保定，奋击败之，再败之于定州北。逆成愤极，复勒劲卒返击三桂，三桂以清铁骑冲坚突入，斩其渠帅数人，首万余级。逆成中流矢堕马，掖而骑，疾驰还营，即拔营归陕西。三桂复以清兵掠陕西，逆成尽出锐卒迎战，大败，刘宗敏、田见秀等皆死，逆成乃弃西安，由商洛入郧、襄，渡江趋武昌。逆成屡败之后，每行军，大队在前，己率数十骑在后。一夕，大风飞沙，对面不相睹，逆成同二十八骑趋通山，登九宫山，乡兵遇之，乱刃交加，遂剁逆成于马下。

逆成既毙，贼众无主，乃谋向何总督投降。时何腾蛟总督五省军务，驻长沙，贼党大队投诚，皆虞其诈，不敢应。相持两日，长沙知府某挺身而往，甫至，为贼所杀，贼哄曰："我等降何总督耳，知府卑官，来何为？"不得已，乃自往，贼众望见，知为总督也，列队罗拜，欢声动地。何谕之曰："若等来降，自当题请受爵，为国家建立大功，但若无饷奈何？"贼众曰："饷我等所储甚裕，毋贻军门忧！"何又虑贼众甚夥，狼心不测，于是下令："愿归农者听！"又分莅其众，由是贼党散者大半。说者谓何尔时抚有其众，激以忠义，鼓行而前，当必能下江南，画淮而守。而逡巡顾忌，坐失机会，良可惜也。

五月，福王即皇帝位于应天府，改元弘光，遥上大行皇帝谥曰烈皇帝，庙号思宗，遥上大行皇后谥曰孝烈皇后。时拟谥号者，大学士高弘图也，后即有借此以攻弘图者，复改为毅宗。按谥法，思与毅，于先帝俱无取焉，孟子曰："世守也，非身之所能为也，效死勿去。"《传》所谓国灭君死，正也；今先帝俟两宫毕命后，始自为计，义也；初拟从权，徐图后举，既慨然知天命之不可与争，不难身殉以谢天下，智也；业已身殉矣，犹曰"因失江山，不敢终于正殿"，礼也；从容殉难，合乎大道，仁也。夫当变起萧墙，祸介俄顷，而仁、义、礼、智俱全，而无失焉，可不谓正乎？按谥法，杀身成仁曰烈，临难不屈曰正。愚意修史者当具疏特请，更上先帝谥号曰"烈宗正皇帝"，先后谥号曰"孝烈正皇后"。

附逆闯伏诛疏

总督湖广川贵广东广西五省军务兵部尚书何腾蛟奏，闯死确有实据，闯级未敢扶同，谨据实回奏事：

痛自逆闯肆乱，逼我先帝，陷我神京，罪通于天，一旦被戮九宫山，差纾神人之愤。奉旨："何腾蛟着吏部先行议妥速叙，仍着将歼贼情形，闯贼首级真否，该抚察奏解，若果的真，照格叙赏以昭大信，钦此。"窃惟人臣之训，义在勿欺，如闯死非真，而臣谬以为死，且居之以为功，是欺也，欺则臣罪当死。闯死果真，而闯之首级，已化为异物。如首级物化，而假托以明闯死之为真，亦欺也，欺则臣罪当死。然闯势实强，闯伙实众，何以死于九宫山团练之手？诚有其故。闯逆既死，则宜留首级示信，何以首级竟不可得？亦有其故。请为皇上陈之：臣自遭左变，投身江涛，遇救得生，臣揣闯逆知左兵南逞，势必窥楚，即飞檄道臣傅上瑞、章旷，推官赵廷璧、姚继舜，咸宁知县陈鹤龄等，联络乡勇以待。闯果为清所逼，自秦、豫奔楚，霪雨连旬，闯逆困于马上者逾月，此固天亡之也。闯逆居鄂两日，忽狂风骤起，对面不见，闯心惊疑，惧清之蹑其后也，即拔贼营而上，然其意，尚欲追臣盘踞湖南耳。天意亡闯，以二十八骑登九宫山，为窥伺计，不意伏兵四起，截杀于乱刃之下，相随伪参将张双喜，系闯逆义男，仅得驰马先逸，而闯之刘伴当，飞骑追呼，曰：‘李万岁爷被乡兵杀死下马，二十八骑无一存者。’一时贼党闻之，满营聚哭。及臣抚刘体仁、郝摇旗于湘阴，抚袁宗第、蔺养臣于长沙，抚王进才、牛有勇于新墙，无不众口同辞。营内有臣晋豫旧治之子衿氓隶，亦无不众口同辞也。张参将久住湘阴，郝摇旗现在臣标，时时道逆闯之死状。嗣后大行剿抚，道阻音绝，无复得其首级报验。今日逆首已泥，误死于乡兵，而乡兵初不知也。使乡兵知其为闯，气反不壮，未必遂能剪灭，而致弩刃之交加，为千古大快也。今而后逼君破都之气焰，遂成乌啄兽脔之肉饼，亦可以谢先帝矣。自逆闯死，而闯二十余万之众，初为逆闯悲号，既而自悔自艾亦自失，遂就戎索于臣。逆闯若不死，此二十余万之众，伪侯伪伯，不相上下，臣亦安能以空拳徒手，操纵自如乎？伏乞皇上祭告九庙，祭告先帝，使天下后世，知数十年之剧寇首逆，乃一旦天亡于九宫山，以慰二祖列宗之灵，以快普天率土之愿，臣志足矣！至如明旨所云“察实照格议赏”，是徒滋举朝之议，而重微臣之罪，臣惟有洒血于先帝而已。回奏委无一毫欺饰，可胜惶悚待命之至。

隆武元年月日奏

研堂见闻杂录

［清］佚　名

崇祯新即位，禁天下不得输粟入太学，一时成均，顿复旧观。后以军兴用不足，复许天下负镪入学，去前诏不一年。乃至戊、己之际，更令州县各举富人名，大县至数十人，小县亦数人，不论士庶，迫促上道，令其进□□□，至怨仇以此报复。避者如逃重戍，或用百金，上下脱免。国学之名，至此扫地矣。更闻旁省以奉行少不中程，督饷大臣竟以军法诛其从吏，大为异听。国初太学为天下精选士，望之不异中禁，今杀人求之，诚咄咄怪事也。

□□年，庚辰夏，米贵至二两许，饥人汹汹，郡中掠起。而吾州至六月二十日夜，首焚劫巡抚陆足吾（名文献）家，居第悉为灰烬。陆故富于财，秽于行，民故首借以纾愤。次日，犹讹言嘈嘈，声复欲劫某姓，街各闭户。二十三日，太仆徐公泰家亦被劫，白昼千人涌入，杂器齐毁，囊积半空。州尊钱公驰谕，民不逊，兵宪凌公义渠自西门入，乃稍散去。而沙溪即于是日有杀人事。

己卯，岁小不登，海贼四劫。吾州六公镇，去海三四里。十二月□日，海盗三百余人持刃入市。其魁红袍黄盖，舁而行，扫劫一空。

乙酉，端午日，予等观竞渡，知大兵已屠广陵。二十四桥明月地，尽成烟烬。至初八日，而渡江之信始下。是日，有巡江御史于吾城阅操，报骑至，兵士兽散，御史掩面□过，一日即逸去，民情如坐针席。未几，声小缓，民嬉嬉如故。至十二日，渡江信确，民皆帖耳伺。阅数日，知南都已破，盖初九日渡江，由丹阳，历句容，从通济门入，驻营天地坛，闻弘光于十日即遁，马士英随之，从间道去吴兴，至临安；后闻被执，马士英不知所之。□□十后而有安抚官至苏：一为崇明黄家鼒，一为吴郡周荃。黄由例监为鸿胪卿；荃故虎丘一佻客，善关说，走声气，弘光朝为监纪通判。大兵至，皆降，即为苏州安抚。入郡未几，而杨文骢之事起。杨故马相同里，以孝廉居吴下，依附门户，遨游声气。遇马用事，因得总水师，督京口。自马走浙，随至临安。知苏城未下，欲掩据之，忽领数骑来，而黄、周已至两日，遂斩黄于市，周得脱去。不几日，大兵遂下，文骢逸去，而娄之王介福事起。

介福，字受兹，凤洲曾孙。由恩例为中书，弘光时，夤缘为海防道。除书甫下，而兵猝至，钱谦益首树降旗，素与受兹善，谓之曰："娄东汝故土，当疾驰归，以户籍献，大官可得矣。"受兹果如言，诈称使者，拥高车至娄，民香花迎之。入衙视事，首括民间金三千及舆地籍以献，冀以行媚。而当事者大怒，恶其伪持檄苛敛民财，作谄子，遂穷治其狱，入府牢。提州掌事王府则及十八铺里正至府质对。是役也，受兹以上下得免，而王二州几不免，百姓号呼得活。前所谓周荃，竟捧命至娄，驰驱安抚云。

五月十一日，大兵渡江之信方传，吾镇即有乡兵，即无赖子之乌龙会也。自崇祯帝晏驾北都信确，里有黠桀者数人，收集党羽，名“乌龙会”。虽市井卖菜佣人奴不肖，但有拳勇斗狠，即收名庑下，衣食之。遇孱弱，即啮之必见骨，各置兵器，先造谣言，如鱼腹陈胜王故事，谋于八月中大举。适牌楼市有党百人，专劫掠里中，刘河厅官兵剿之而散，里人气沮。会南都立，而巡抚祁公彪佳至。祁为绣衣时，威素著，人各惴惴，缘此不果。

大兵渡江，烽焰遂起。五月十二日，闻信。十四日，即数百人执兵，其魁装束如天神，鸣锣呐喊，铳声四起，游行街中，民惶怖伏，竟夜不安枕。翌日，即要诸大姓金帛。诸大姓不即应，以危言相撼，声言某日劫某姓。先舣舟自匿其妻子，借此煽人。十七夜三鼓，民方寝息，忽号于市曰：“东有数百人至矣！各执兵，欲焚市矣！”于是人人各从梦中惊起，抱儿女，携囊襆，啼哭四奔。妇女杂坐，虽大家闺女，一青布蒙头，道路如织。及里人执兵迎出，虚无一人。盖镇东有无赖数百人，与乌龙树敌，此其党中自惊也。至十九日，果大集党数百人，驾飞神枪，鼓行至。会中亦帓首腰袴，提戈而前，相持于镇东吴家桥。自晡至夕，炮声不绝，及晚乃散。是夕奔走者复累累，蓬门破屋，填塞子女。二十日，而龚诚宇变作。

诚宇，镇中小姓，以积著起家，累数千金，性啬，又怪谬可笑，素与居民不洽。适会中有醵金为饷者，一夫至门，主人拱手以俟，不敢忤触，诚宇坚不肯损一文，缘是必欲碎其家为快。数百人密围其前后局，幸诚宇先期脱去，无赖子逾垣入，席卷一空。天明，为卸祸计，伺里人有乘间入者，猝缚之，得四人，欲以解州，为李代法。有谋者谓解州必吐情实，不如阴止，乃阳言双凤有劫此四人者，佯不果。会时子求敏拥兵千艘于直水西，急遣一价邀之来。子求者，常熟进士，崇祯朝为兵科，李贼破燕，受伪官。后脱归，惧法，乃夤缘刘泽清，得以故官监纪军前，开海中衢山自赎。后挂弹章，遂拥败兵，徘徊里中，驻舟于任阳村，里人苦之。而吾镇曰可借也，迎之。一以壮声援，一以了四人之局。子求果来，即以四人送处决，子求各杖之三十。时州守未逃，四人终至州，尽吐露，供首尾姓名。捕急，会中人四奔怖伏。州守逸，复上下行金，事竟解。而恶焰大起，诸无赖腰斧出入，眦目旁视，虎狼成群（凡缺数百字）。迨至闰六月初，州有守徐姓者（苏人），握篆视事，又浦舒（本州人）承札委为副宪，统兵千骑，枭焚掠不法者。乌龙之名著，声言捕之。于是各挈妻子潜遁，凶焰少沮，而城中之变又作（即剃头是也）。城变作，而诸无赖又张甚，率乡兵千人，为入城剿灭计；不意未鼓辄败，又戢影矣。自陈瑶甫（本镇人）复至沙溪，妄立帅府，而诸无赖复竞出，满坐参谋，成群大将，以为觅封侯如拾芥也。迨七月三十日，大兵一下，吕茂成悬首，顾慎卿被创，党羽星散。后阅月而慎卿事发。

顾慎卿者，乌龙会剧者也，为徐宦家奴。老而黠，素为衙蠹，贩私盐，行不法。乌龙会起，遂奉为谋主。其子婿皆拳勇，部下与东西分割为帝，慎卿主东，而西之悍者不如东，豺虎成群，最横者莫如金孟调一事。金亦徐奴，家千金，已早世。其妻陈氏，一嫠妇，可立啖也。某日晚，忽鸣锣聚众曰："有不出兵者众诛之！"于是合镇持竿走，共数千人，过陈氏门，即大噪，合镇破胆。未至金氏门，即声言草薙乃已。复有从中为调人者，谓必千金可解。斯时性命悬庖厨，即立许，过其门，复移顿良久方去。次日，则白米三百石、白金六百，狼藉于市，前诸武弁以此胁之，得贿若干。而李州守亦得其详，欲借此以逼其金，遂发一朱单，拘至官，责二十五，监系数日，行金上下，共费千金，遂释。未几而吴总府者镇安东，以搏击为名，廉得其假官劫诈情。盖顾慎卿于八月后，惧人讦发其私，行金上下，假借武弁名色，以箝制人心。而吴总府者知之，突差数健卒，并裨将一员，至沙溪时，顾方出外，即缚其子至舟中，而慎卿方从外洋洋归。其妻痛詈之，遂自赴舟中就缚。既至州，吴总府鞫之，责五十，系狱待讯。总府欲置之死，而被害民人，无一证者，后竟不死，窜居常熟。

吕茂成者，名之模，吾沙溪著姓也。祖名信心，为小官，父早死。茂成在襁褓内，外衅蜂起，备罹百殃。至典谒，能文章。少余一岁，事余如先生，每以文正，恂恂然，咸以为美器也。年廿六，补弟子员，两试皆优等，志意发舒，高睨阔步。未几，乌龙之会起，茂成遂跳入其中，手执牛耳，呼召群小，与慎卿、瑶甫鼎足。里中子以百数，皆衣食之，一指挥则人家立碎。最著者如七都有马姓，失意于一佃户，佃户投奔，遂统百余人，各执凶械，入其家，几毙其人于老拳，而议白金十余两方止。沿乡鸡犬，为之一空，茂成但以口颐微动而已。其一为金孟调家，聚无赖千人，持兵过之，即以千金奉饷，茂成与顾慎卿瓜分之，以余者犒士卒。如是者无虑几十百家，此两姓为特著。当是时，乌龙会中各以倡义为名，而阴肆劫掠，茂成之名大著。七月三十日，大兵下乡，镇中人仓惶走，而茂成犹指挥无恙，方飘巾长袖，招摇过市，大兵执之，傲然曰："吾吕茂成也。"军中已稔其名曰："若故吕茂成耶？方欲相屈，何期见过！”即褫其衣，以枪钻其胫骨，贯之以绳，赤体披发，牵归至舍，尽发其藏，皆所掠物也。复牵至高真堂之北，遇一牛屋，即以两手缚之柱，曰：“若欲天子，当遂汝志。”取庙中一神袍，复得一黄盖，以袍衣之，以黄盖飏其上，先挖其目，次割势，自胸至脐下，洞刳其腹而死。三日后，人犹见黄盖飘飏，衣袍而立，人皆指曰：“此吕茂成也，固一时之雄，而何至是？”嗟呼！茂成才器大佳，使操之以正，上可以取功名，次亦不失一令士。何期文战两利，志气遂狂，群小怂恿，落入陷阱。当其横目裂视，死生在手，红袍一死，贻笑千古矣。

乌龙会之剧也，二三无赖，腰斧出入，无不丧魄狂走，鸡犬一空。乡人患之，各为约：遇一悍者至，则以呼为号，振衣袒，一声，则彼此四应。顷刻千百叫号，数十里毕达，各执白梃出，攒扑其人至死。于是会中不敢过雷池一步，而乡民势盛，凡遇一狰狞子，或曾指其作恶事，则群束薪赴之，烈火发，拥其人入焰中，不一顷，而肤骨已灰。间或聚众东西数出，至仇怨家，则举火焚屋，火正焰，束其夫妻子女，累累掷入，如是者一日数家，而间见溪旁墓所，青烟一缕，少顷过之，骨灰成堆矣。于是乡间作恶人几尽，而镇上诸党，以巢窟在市，慎重不敢即发，约于闰六月十五日，四面会师，众数万人，然后围镇搜索。适削发令下，会中人皆持戈入城，无一在家者，以是不果。后则避兵四窜，窟穴已散，终不得举。会其时城民患剃发，有潜至乡间者，乡人指为奸细，以杀为快。于是昼夜守伺，每至日落星稀之际，呼声四起，各执梃狂奔，如见神鬼者，使人睡梦不宁，一夕数起。间指某家已剃发，某家藏剃发者，则千人持戈赴之，举家鸟兽散，以得全性命为幸。猖狂月余，适陈瑶甫至寺中，妄称总镇，复欲肆毒。乡民以为魁首也，将灭之，以成初志。鸣锣聚众万人，入镇，谓将灭此朝食。而瑶甫党有三四骁桀者，提刀奔出，无不狼狈披靡，攀崖落水而走者，有二十余人，余则丧首刳腹为游魂，不敢复谭天下事，而乡民之气始不振。

六月中之乱也，有胡都司者，以拗工起家，为虞山人，崇祯朝职任都司。大兵南渡，领败兵回乡，驻舟任阳湖，欲出海为观望计，舟中辎重皆不赀，乌龙会中人利之，以为可猎而取也，虚作声势，如聚重兵，阴遣人购之，谓必得数千金，方可假道；否则，是中子弟将钞暴耳。胡都司者不即应。会中人邀之急，排门课兵，故为虚喝，以为胡都司者巨寇，不如遏之于西，庶可保境中无事。于是合镇皆出，人持一竿，间有帓首腰袴、带剑佩刀者，共得数千人，一路摇曳而行，路人妄作评点，谓如种种传奇，通国如戏。齐至直水，放三大炮，乡愚无知，亦有挈妻子而逃者，以为如此可以威震西域，彼有吐舌汗流，赍金求购耳。而胡都司仍不应，杀一乱民，悬首桥间，复架神刀，祭神以誓，放之西洋，轰声如雷。谓吾灭此而入海尔。会中人胆落，不敢出声，反求里中父老至彼释罪，括富家金，具礼以献。而十六日，竟放舟至沙溪，会中人皆藏缩，不敢在街头一步，平日白布缠头，装束如神，至是，尽解散去。胡舟共三四十，架神枪大炮，是晚，顿节沙溪，翌日，始去。至六公桥，借龚和季宅，贮其家属，徘徊旬余，竟载妻子浮海。后自海复至常熟，率民兵为守御，大兵至而逃。

苏郡之剃头也，以闰六月之十二日。令既下，民惴惴，一日而毕。已而杨文骢者，向尝杀黄家鼐，劫库而走，盘桓湖薮间，观衅而动。有奸作四人，系府狱，剃头令下，以为民必生心，是可乘也，疾驱而至，大呼狂叫，号召居民，聚薪各城门，穴之而入，城内民亦狂呼应，各执白梃，共数万人，公廨府舍，无不举火，焰烟蔽目，城内乱，以为大兵旦夕尽矣。而大兵自闻变，即移驻府学，作剧饮自如，若为不闻也者。诸狂徒提兵至其所，见张满以待，亦逡巡不敢动，但肆行焚呼而已。如是者一日，杨劫府狱四人去，城内人亦气尽无应。李侍郎欲屠城民，军门土国宝力争之，先期出示，使居民速移避祸。至十六日，以三十六骑自察院北杀，而南及葑门，老稚无孑遗，而苏城始定。

吾娄自王受兹事露之后，即委司理徐公来署篆。徐即郡人，字公宣，福王时，以荫调京兆通判。家巨富，少年佻达，喜倡优六博，本朝用为苏州司理，以太仓无官，即委署篆。到娄二日，而荆兵至。荆公本彻，丹阳人，甲戌进士，旧为建昌司理。福王时，督水师镇京口，有兵艘数千。大兵渡江，遁入东海，盘桓于崇明诸沙间。瞷娄东无人，乘虚欲据。于六月廿五日，统兵千余，自东门入。徐公闻风遁出北门，入放生庵，觅小舟，速去。荆公索之不得，迹至放生庵，斩一沙弥。是夕宿城中，无大侵扰。明日，引兵出西门，忽一校持牌来，声言大兵数万已下。荆军掩面归，走出东门，掠民赀而去，徐复来。闰六月十三日，遂有剃头之说。时统兵官张姓者，请各乡绅会议，民间窃偶语，诸绅会议出，各掩面而涕。是日午后，即闭各城门，不论军民，一概净发。是日，城内民亦汹汹思变，各立街巷间，相视以目，有急为避出者，有迟疑不动者，无一人敢发难端，俯首受剃。吾镇于是晚亦知之。次早，讹传郡民因剃头各持梃相击，大兵几尽，李侍郎被杀。于是乌龙会中倡乡兵合剿之说，鸣金聚众，排门之夫，共二三千，日晡即发，各以白布缠头，持一竹竿而走，既无纪律，又不晓击刺，但闻郡民得胜，气骄甚，即智者亦谓此举必成。而会中尤扬扬意得，谓诘朝必城破，城破即横行如旧。是晚薄城营，小北门民房一带，纵火焚烧，与城上兵相詈。次早，掠民间干面几石，至淮云寺作饼，嬉嬉然绝不防敌在近也。忽炮响一声，兵三人开门杀出，大北门又一骑杀出，两相要截，无不丧魄狂走，互相蹂躏，其奔脱者抱头而去，其殿后及食饼者无不被杀。方早膳时，败兵踉跄北归，掩蔽而下。至亭午，到者皆身被数创。至晚不归者皆覆没，共百十余人。吾宅前后两巷即十人。是晚哭声满衖，民情大惧，携妻子走者遍市，吾家亦觅小艇，迁眷属于七都龚孚仲宅，疑必迫剿此一方民也。十六日，民情愈急，风鹤皆惊，各饱饭以待，一有警即为走计。午后，忽有呼于市者曰："兵至矣！"于是合镇奔走，如风雨声，屋瓦皆震。余亦门不及掩，赤身而走，人如山海拥至。余气喘步急，过曾家桥，循高真堂迤北行，离镇便觉胆小定。引首南望，走者亦渐稀，知为讹言，乃稍稍复还南，缓步至家。是夜人情终恐。日晡即各晚膳，锁门以俟。又月蚀，天气黑暗，人愈惶惑，至更余，无不奔走四窜，藏于乡之小屋。是后镇民日则守舍，夜则归乡，一人作饭，一人伺门，食毕，即扃门，立于通衢以望。七月初三日，闻轰声如雷，声在东南。不知嘉定已破，如侯广成（峒曾）辈皆婴城，至是屠戮无遗，掠辎重妇女无算。初六日，而昆山复破。昆山前令杨公名永言，滇南人，癸未进士。为令有贤声。江南既下，匿于陈墓之陆家，阴招勇士，为恢复计。至削发令下，昆民杀县丞，焚公廨，杨公乘间入，与各乡绅极力守御，自昆而西，至真仪维亭，皆设乡兵镇守，使郡兵不得东下。自昆而东，至清洋蓊子，亦昼夜巡徼，使娄兵不得西冲，扼大兵之咽喉，东西声援俱绝，屹然一保障，昆民避兵者皆入城中。至初五日，忽有兵艘百余，自郡乘流而来，至真仪维亭，与之小斗，皆败。突入城，毁屋焚舍，杨公出不意，无可奈何，而平日应募者，稍稍匿去。杨亦跳身走，城竟破，杀戮一空。其逃出城门践溺死者，妇女婴孩无算。昆山顶上僧寮中，匿妇女千人，小儿一声，搜戮殆尽，血流奔泻，如涧水暴下。两邑之惨，惟昆为甚，瞟次之。是时，惟虞山婴守不下，虞山故子长严公为拒守。严公名栻，甲戌进士，官拜知州，文靖公之孙，有才略，素为邑人所附，同胡来贡、时子求率此为捍御计，颇知昆山故事。昆既破，人谓旦夕必下虞城，而故徘徊不发。破昆之后，席卷入郡，娄中兵若干，亦载辎重西行，竟不知所之。至十四日，遣一支，从齐门而北，出不意，疾破之。胡来贡遁，时子求反以火炮赍之，复走七星桥，为乡兵所杀。严公不支，亦遁。城外烧毁一空，男女杀死者无算，颇不亚于昆。

吾城自削发后，惟乡民梗顽自如。有发者不得城行，削发者不得下乡，见者共杀之，乡城闭塞。会城兵西去，乡兵复起，谓今可以相持，不似前之望风走也。杨林塘一带，兵最多，吾沙镇继之，日日饱饭持竿望风，凡湖川塘以北，其削发者，即举火焚之。削发者领兵冲出，亦四路举火，男女见之即杀。杨林塘以过，一望萧条，禾麻遍野，无人收拾，如是将一月。而陈瑶甫者向为乌龙会魁，后党散，避入常熟。至是，捏一总兵名色，持牌至沙溪，谬称大兵十万，檄两都地方，搭厂长寿寺，两地方皆匿去。阅几日，果来，纠合一二十人，即会中平日卖菜佣龌龊者也。妄批曰某人守备，某人把总，某人参将，一群皆为官，各以爷自呼。无几，获一削发者至，陈瑶甫以酒劳之，披红鼓吹，使其持牌入城，云有精兵六万，约日索战。是时，李都督方统马兵七百，悍兵三千，暂扎娄东，为攻取云间计。李见之，疑一劲敌，即缓云间攻，疾趋而下，是为七月三十日。早膳后，报者踵至，吾镇狃于平昔，知远不过数里，或放火一村，或杀人数辈，即便回兵。又皆城中本营，不足虑也，故人人狎听不为动。瑶甫处报者迭至，方以渐鼓吹开门，及两路人马拥出，瑶甫党抱头星散，兵马已各处冲到矣。见者即逼索金银，索金讫，即挥刀下斩，女人或拥之行淫，讫，即掳之入舟。凡丛竹茂林，及芦苇深处，无不穷搜，驱马数周，以惊人起。镇南则三四里以赊，镇北则常熟界，镇东则东洋泾，西则自镇而止，方幅数十里，杀人如麻。虽茅屋半间，必搜索殆尽，遇男女，则牵颈而发其地中之藏，少或支吾，即剖腹刳肠。初一日，兵至潢泾，所过柴荡，约百余晦，芦苇丛密中藏人数千，婴儿一声，数千人立尽。日中火起，烟焰蔽天，一市焚烧大半，杀人更惨于沙溪，日晡回兵。初二日，兵至直水，镇上一空，杀人仅百，至任阳，杀人反千计。是役也，沙溪、潢泾两所，掠妇女千计，牛亦千计，童男女千计，杀人万计，鸡犬之属不胜算，积尸如陵，七浦塘一水，蔽流皆尸，水色黑而绿，行人以草塞鼻，真可哭可涕。所掠财物数千艘，衔尾载去，舟不能容，则委之水。自潢泾头塘，至七浦以至盐铁，凡铜锡古窑衣服之类，处处皆有捞取者，数月不尽。妇人入城，丑者则许人赎，耕牛亦赎，童子亦赎，间有携至浙江赎回者。佳者鼓吹成亲，或百金赎之不得。是举马兵六百，骑步兵三千，皆骁勇善战，合本营步兵共万人。廿九日晚扎营城外，拟半夜发兵穿城出，适城门锁，钥因主者误醉，辗转相托，至黎明未得。城外李都督见门久不开，疑有变，即举炮向内城，急登城告故，觅铁工撬开，日升而后发兵，至镇已上春，入市者皆散，居民亦得望风脱走。不然，黑梦斫杀，无一漏矣。既屠两镇，即拟至沿海一带，因急欲赴云间，有令箭追提，以故得免。吾家自闰六月十五日移至龚宅，廿二日又移至沈知县家人宅，因湫隘不堪，七月五日复挈眷归家。然一夕数惊，家累甚重，不得安枕卧。十六日又移至东洋泾祖墓，才举擢，闻镇中讹传，人尽遁，黑夜东西狂走，至有娩妇裹血而行者。吾家因避入乡，得安枕。是时吾儿抱病，内人亦负微疾，情绪不宁。三十日，方亭午，忽传大兵下镇，举首西望，即有烟气数道，避难者狂奔而来。然终意为城中细兵，不属意。下午，宜仲家一妇人裹血而来，方惊询，而东来避兵者已狼藉而至。吾乃手抱病儿，内人持囊，杂群队中，望东走，至佃户许家宿焉。次日未五鼓，即饱噉以待兵至。黎明即有避兵者，群向东，我复携儿过中沟，至许大家小顿。有乘屋望者，见西洋泾人马无数，冉冉望北，忽乘屋大呼曰："来矣！"急跳下，余乃身入芦苇中，内人抱儿趋入芋中，各半身沾湿，举体无干衣，斯时性命悬呼吸，不觉泪盈盈也。少顷，乃知兵至潢泾，气少定，即望见潢泾起火，烟焰蔽空。至下午，疑其回兵出吾道，人人徬徨，余等仍至苇中，日晡，知免矣。晚见西向烟火烛天，炮声渐渐远，余独私幸其已回，而人言籍籍，明日即举兵六公市，一支从潢泾、一支从闸口发，吾等正在夹缝中，必无生理，余不能无过忧。未三鼓，即有避兵纷纷负儿女，欲走海上者，吾辈不能从也。黎明接一信，知兵已回，方有破颜笑者，而忽云至矣。余等复抱儿走，实村人驱牛西来，人从雾中疑为马也。余等从西走，盖谓昨被兵之处，必不复兵，一路死尸横地，掩袂而过。至沈知县家人宅，本人夫妇避兵出，惟空房，余前所寄亦一空，相对浩叹。日午，本人方归，炊饭一饱。下午，仍至墓所。初六日，合家出镇，人地荒凉，为之出涕。所幸燕巢无恙，仍得栖止。气甫定，而侯四、陈瑶甫复行劫掠，声言欲杀剃头者，驻兵六公地，无赖子蜂起附之。鹤王市复有凌伯祥者，亦聚众百余，午后即出焚掠，东西烟火不绝。吾镇以剃发故，两面受敌。十六日，望东举火，又复急觅小艇，至镇西五里外，晚不敢回家，即于镇西尾小家宿焉。二十日，东南烟焰触天，知兵已下鹤王市，吾等方额手，然此举仅浦君舒领营兵千人，掠物而返，营兵反有被杀者。是时城中请兵书日上，适天雨连旬，平地水数尺，苏州塘岸水啮，马不得过，缘此无一骑来，顽民愈横。二十八日，汪都督步兵自常熟来，驻营西门。九月十四日，郡中马兵亦到。十五日早，水陆并发，先至鹤王市，杀伤略见，至茜泾，而张素庵之川兵伏焉。张本娄东人，为指挥张氏家奴，束发事戎行，久将兵于外。崇祯朝为河北总戎，大兵南下，领劲卒数千，战艘百余，泛海至崇明，为恢复计。以娄东桑梓，不欲犯，当事者遣人招之，有降意，然不即报。至是日，汪兵至茜泾，猝与兵遇，所谓川兵素骁勇，盔甲精坚，标锋长丈余，骤遇之，皆愕然。欲与议和，竟不可得，为死战计，以步兵居前，骑兵居后，步兵奋身入其队，其长枪不得用，因以马骑冲之，遂溃，杀三十余人，余皆四面走。所掠财物妇女，亦以百艘载回。是役也，持三日粮，欲扫沿海一带，不意猝遇劲兵，汪又懦弱，兵亦不练，仅得胜。汪既回，即以劲兵上控吴抚台。抚台以二十日至州，所领马步兵以二万计。廿五日发兵，是日大风雨，素庵兵亦来攻，中途猝遇，势既不支，遂东折而至海，将为浮海计。奈东北风猛甚，无一艇得离岸，遂以军入刘河城，吴军四面围之，势既窘，而素庵兵故与吴兵善，本旧识，人人有反面意，有阴出城纳款者。张公知事不谐，乃自缚诣军门，为舆榇状。吴则释缚，与之杯酒论心，驻师三日，而六公、花浦一带，亦皆以游兵掠定，略见焚杀。廿八日凯旋入城，所掠物，皆负而归，自晨至昏黑，络绎不绝。素庵卧一榻，两人舁之，又二青兜子，则其妻妾在焉。兵甫旋，而顾三麻子复掳刘河城以叛。顾本海盗，出没波涛间，前兵宪程峋招抚之。弘光时，统水师京口，至是拥海艘百余，来往诸沙间，鱼肉百姓。素庵既败，泥首入娄，顾复据刘河城，为倔强意。吴抚台发兵追讨，顾复跳入海。是时唐藩在闽、浙间，崇明诸沙，遥属声援，闻遥拜三麻子为总戎，挂将印。顾遂衣蟒玉，骄傲自如，目无戎行。有王佳者，亦武弁，与顾为辈行，见其气张甚，遂谋之，谬称户部沈廷扬为折简，邀顾同过沈所。与款语间，谭及马肥瘠状，挈之入厩，壁间伏者猝出杀之。顾既杀，海上之氛稍定，已复有高捷者，为明朝总戎，拥劲兵千余，战艘百号，航海至崇明，声势方张皇，而与吴都堂为甥舅，一语相招，遂帖然入籍，无一跳梁。有荆本彻者，向尝驱兵入娄，至是，复来海上，首鼠两端，崇明一海终不能无小阻。会李成栋驻兵云间，向屠沙溪，即其人也。为出海计，于十一月廿七日大雾中忽绝流而渡，从诸沙北掩杀而南，屠戮无算，本彻仅以身遁。吾镇隔海百余里，犹见烟尘蔽空，越海来逃者，数十里不绝。自此县公得以握篆视事，崇明在郡县中（下缺）

皇清之下江南也，吾娄首先迎之，得一城保全。其孝廉之削发从缁者，则赵自新我完也。远避不归者，华乾龙天御、陈瑚言夏也。张受天以乱民之祸，身走他邑，俱不在附降之列。后赵公以云间事（吴胜兆案），牵染成狱，归竟病死。华君则教授里中，不与户外事，人亦罕见其面。陈君颇走声气，喜讲学。张公避地玉峰，未几死。此吾娄节义诸君也。

顺治二年秋，大兵初定江南，城中有雨丝之异，于青天皎日中，如绵櫬者纷坠，吾镇亦间有之。

郡城之殉节者，刘公公旦（讳曙，癸未进士）、杨公维斗（名廷枢，庚午元，惨死）。徐公九一（名汧，戊辰进士），削发令下，从容自尽。有子名枋，字昭法，孝廉也，亦走外不归。后闻逻者获至，土军门询之，坐地不开一语。土杖逻者，竟纵之去，亦可谓善全人节矣。

云间殉节者，夏公允彝、陈公子龙、李公待问、奚公士龙（皆进士），皆以一死自靖。孝廉如徐公孚远，则间走浙、闽，至今不归。诸生中则如王子玠石，同弟名世，皆知名士也。一旦退隐，耕于陇上，人无一知者。

客至则与话桑麻，高风隐节，人皆义之。又金山卫指挥侯怀玉，父子力守孤城，大兵临之，被杀者千万计，城破惨死，可谓铁中铮铮矣。（下缺）

顺治五年，四月初三日，雨雹，小者如棋，大者如卵，满天飞舞而下，屋瓦皆碎，庭中积起盈寸。康熙三年四月十六日，亦有此异，竹林中往往如牛者。

弘光者，福藩之子，中州寇乱，流窜江淮间。先帝龙升，马士英迎立之。既当璧数月，有妃北来，谓寇乱相失，飘零异所，今闻正位，匍匐来归。独弘光不谓是也，使在廷杂治之，五毒备至，而妃终无异词。旁观者皆叹息泣下。或谓妃既流离有日，难保守身之节，故虽故剑，弘光不无讳言之意。或谓弘光实福藩庶子，冒嫡承统，妃风闻误听，有错认并州之意，故词极相左。不知遭时不造，名花飘坠，纵抱琵琶，何伤冰玉，即处之别宫，岂曰害义？若果福藩正妃，于义为兄嫂，尤当权宜相处，使之不失富贵，何忍毙之？狠心辣手，天理人情，殆已尽绝，宜不日有覆国祸也。

如皋县有许元博者，于顺治二年避兵居乡，因授徒于吴心田家。偶阅《岳武穆传》，欣然有感，遂于胸前刺“不愧本朝”四字，左臂刺“生为明人”，右臂刺“死为明鬼”。忽一日脱衣洗澡，为人所见，语泄，本县捕之，按臣具疏，即于本处正法。妻朱氏，给功臣为奴，父拟戍，吴心田拟流，邻里拟徒。嗟乎！元博不过广陵一男子耳，未食朝廷升斗禄，而镂形刻骨，誓以死报，岂其为身后名哉？血性发愤，不可禁制，所谓山河之气，日月之精，造物千锤百炼而有此一男子也。为先朝开一代生面，岂可作等闲看乎？

陈奇瑜者，山西保德人，丙辰进士。先帝朝，为五省督。清既抚有中原，陈公慨然有复仇之意，知事不可为，遂乃于顺治四年十二月，张黄盖，衣蟒玉，头顶进贤冠，发鬖鬖满顶，扬扬乘轿，竟诣州馆，与州守贺熊飞相谒。州守诧骇，即将其违制衣服褫去，质之库中，而姑听乡绅暂保出外。即飞报督臣，督臣即飞报于朝，而竟于本处正法。（下缺）

张献忠之破蜀也，赤地千里，杀戮无孑遗，至塞井夷灶，焚屋伐木，蚕丛数百县，无一草一树鸡犬存者。积尸至与峨眉齐，流血川江，数百里不绝。方其下成都也，吾娄吴志衍（名继善）为成都令、沈岱来（名云礼）为华阳令，前任州守刘瞻父（名士斗）为司理。既将诸官杀之，而独以刘、吴贤声大著，贼欲活之。刘公终不屈，死之。而吴公则勉就官，慕其文才，骤升为吏部尚书。一旦献忠于成都僭帝位，使吴为郊天文。吴虽就官，心终不平，于文中连用“铜马黄巾”等事。献忠怒，立诛醢之，夫人、一子皆被杀。吴，丁丑进士，善文章，淳笃著乡党，人皆爱慕之。当其万里就官，有爱之者，谓宜单车行，其夫人不谓是也，乃同行。献贼至成都，弟士衍欲挈侄先逸，而夫人曰：“此吾一块肉，必不以付他人。”后士衍竟间关得遁归，而夫人与子俱不免，吴为若敖鬼，嗟乎！同时被难者有季子恕先、黄子锡侯，恕先以理讼往，锡侯以授书往，皆血化游魂，身膏野草，悲夫！刘公士斗，辛未进士，广东南海人。任吾娄二年，廉明仁恕，为立州以来第一人。失意于郡，推官周之夔讦之，罢官。解任日，州士民为之罢市，有愁叹者，有涕泣者，有愤愤不平者。其去也，千万人至以石塞门，攀号不得出，后以听按公之处分也。复还娄，千万人自玉峰迎之，皆执香前导，蚁簇欢呼，如赤子之望见慈母。嗟呼！吾娄虽薄俗，然即此可见天理之在人心，公道之不泯，亦为开州以来第一盛举。后终迫于上官之议，将周之夔两罢之。颠踬既久，复起为成都司理，而遭贼手，虽游魂不归，而忠贞之气，廉明之名，与吴蜀两邦同为千古。

唐世桢者，吴兴巨族，兄弟皆成进士。江南破，世桢以青衿弟子走浙、闽间，从唐藩起义，建牙两粤。后大兵长驱入，唐藩失守，而岭以东西亦建瓴破。公束身走归，不入吴兴，竟诣土御史，骂其背国。土爱之，发之郡侯，郡侯亦笑受其骂，申之兵道赵，其所骂如前，赵亦不为忤。巡抚卢传，方镇娄东，即以申之按公。而公既入，挺立不为跪，指发吐骂，戟手顿足不休。按公怒，斧断其齿，血肉狼藉，口内喃喃不绝。随曳之仪门外，痛决四十，筋肉皆断，无一语号呼，惟骂声而已。杖毕，奄然如尽，舁出而终。是日观者千百，无不泪涔涔交睫，惟有扼腕抚膺，长叹不置。嗟乎！忠臣烈士，不出于缙绅，而出于一青衿弟子；不出于食禄大臣，而出于偏藩几日之薄官，其为明朝结三百年之报，惟公一人矣。独抚道诸公，虽不能优视之，犹能作一刘荆州，而按公独甘为黄祖，嗟嗟！祢衡而下，千载遂有两人，而黄祖之狂骇，按臣直一人收之矣。

王之仁者，崇祯朝为吴淞总戎。弘光当璧，移入宁、绍间，统水师海口，组练千余，皆称劲甲，为东南一巨镇。我朝既下江南，至丙戌夏，统大兵渡钱塘，郡中望风倒戈，王公方欲整师为螳臂计，称兵海口，磨厉俟之，而飓风忽发，巨浪如山，兵艘皆飘泊震荡，散析无存。王公知事不谐，仰天长叹，乃手缚妻子数十人，沉之大江，单身走吴门，诣土御史，责其背国，且谓："吾不即死，然贪数日活，乃欲大骂洪内院，小骂土军门，然后归身斧锧，使天地间男子一吐不平耳。"遂洋洋走金陵，见洪承畴，其所以责之者，一如土御史。洪悯而欲官之，又劝其作黄冠隐。王大笑曰："吾若欲求活，茫茫大地，岂无一穴，乃向汝作此丑事耶？"居无何，金陵顽民，有欲效刘盆子故事者，一时煽起。公以人望居城中，遂无活理，使群卒拥出，以乱刀斫死，殡之雨花台僧舍中。

吴日生者，名易，松陵人，与余有文字交。癸酉，相遇金陵，与之同僦一小邸，相对三日夕。其人飘飘秀雅，寡言笑，绝无名士习，与余不言而神契。后遇试辄晤。至丙子，日生登贤书，自此隔不相值。癸未，成进士。弘光当璧，为兵曹。时烈皇惨崩，河北已丧，闻日生喜谈兵，结剑客奇材，走马驰槊，为恢复事，心窃异之。继而大兵南下，江南覆没，日生父母妻子皆死乱，而日生独跳身湖海，结义勇，出入波涛为巨敌。大兵四面围杀，终不能尽其根株，隐然抵东南半壁，如是相持，几一岁。一日，走嘉禾，饮一巨绅家，竟为所绐，付大兵执之去。时贝勒征钱塘，解至军前，欲官之，不屈，遂赴法死。嗟乎！余与日生别十年，当其相遇，意甚恂恂，初不意其作此志局也。心欲为文丞相之业，而天命已去，奈何？然而一夫跳梁，湖海鼎沸，螳臂御轮，足见其勇，亦人杰也哉！

吴胜兆者，明朝旧将，投诚于清，用为苏松提督，驻兵云间。丁亥之岁，思反正，结连湖党与四方缙绅，刻期举事。然吴为人浅而疏，未败之先，踪迹已露，忌者已潜备之。一日，忽呼云间司理、华亭县公及诸参将入署，酒将半，忽厉声曰："外间传吾反正者，是汝曹耶？汝罪当斩！"众皆踧踖，不道一字。帐下士已腾出，将司理、县公即座斩之，缚两参将，曰姑以祭纛。时吴公虽发此举，而实漫无成画，外人已哄知吴公反正，一夜密操备，而所缚参将詹者，狡而黠，漏一纸于外。天明，外兵已拥入，生擒吴公，而四方之党亦阴散。内院洪承畴疏闻于朝，传旨枭斩于市，而一时株连者，皆天下名士。如陈子龙、侯峒曾、顾咸正、蒋雯阶辈，无不狼藉诛夷，妻孥俘掳。陈，丁丑进士。弘光时，为兵科，诗文擅一时才，海内望如山斗。与吴深相结。事既败，亡命山泽，踪得之，缚至抚台土公所，长揖不跪。一子甫六龄，缚者以刀劈之，自顶至踵，见之无一泪落。将解至江宁，于舟中跃入水，时有一卒持之，与卒共入水，浮沉半顷，起之，已死，斩以徇。

云间又有夏公允彝，字彝仲，与陈子龙同年进士。诗文皆擅绝海内。大兵破云间，夏公从容赋诗，遗嘱家事，赴水而死。一子名完淳，字存古，年方典谒，天才俊发，所著诗文，几欲驾两公上。父既殉节，存古慷慨悲歌，志未尝须臾忘死。会吴胜兆潜蓄异谋，遂与相结，凡誓檄诸文，一切大手笔皆出其手。吴既败，存古亦逮至江宁，下之狱。而娄有王明先者，瑗公门下士也，适在江宁，就狱一探。存古泣谓曰：“一死无恨，惟室中方妊，所不能遗者，此一块肉耳！今以累汝。”明先颔之。既归，潜走云间，伺其妊，即潜抱归。而明先亦以事败，起大狱，仓皇不得所。其戚友徐方平复抱之归。闻存古之受祸也，其族人利富贵者，欲以此儿为袁粲之子，眈眈视如几上肉矣，而赖两君以免。所称

“孙枝一叶是君恩”，非耶？后存古卒斩于市。

洪承畴者，闽人，万历丙辰进士。崇祯朝，为大司马，总督诸道兵，与我朝战，阵溃，疑洪亦陷没矣。天子震悼，赐祭九坛，立碑于其战死之地，所以议恤议赠者甚厚，而洪公竟不死。当战败，为大兵席卷而去，乃死心事清，宠幸在人臣之右。当时之士大夫，竟无一知者。及新天子平江南，公以内院大臣镇抚江宁，人方知其不死，无不啧啧惊怪。而石斋黄公之起义也，逮至江宁，面责之曰：“若岂洪承畴耶？如果洪承畴者，则当年战死，天子且为祭九坛矣。若等故从北方来，独不见穹然道左者洪承畴碑，而安得冒若名耶？”是时，洪汗簌簌下，几不能仰面，而黄公卒死。后洪还朝，旋统大师，剿抚秦楚，勋名富贵，当时无两。

野史氏曰：方洪之释褐为进士也，实惟丙辰，时天命皇帝方以一旅起事三韩以北。蛟龙欲起，而不知佐命元臣，已于唱名五色云中见之。君臣遇合，如磁引针，如薪引火，真宰潜召，异哉！

我朝之初入中国也，衣冠一仍汉制，凡中朝臣子，皆束发顶进贤冠，为长袖大服，分为满汉两班。有山东进士孙之獬阴为计，首剃发迎降，以冀独得欢心。乃归满班，则满以其为汉人也，不受，归汉班，则汉以其为满饰也，不容。于是羞愤上疏，大略谓：“陛下平定中国，万事鼎新，而衣冠束发之制，独存汉旧，此乃陛下从中国，非中国从陛下也。”于是削发令下，而中原之民，无不人人思挺螳臂，拒蛙斗，处处蜂起，江南百万生灵，尽膏野草，皆之獬一言激之也。原其心，止起于贪慕富贵，一念无耻，遂酿荼毒无穷之祸。至丁亥岁，山东有谢迁奋起，攻破州县，入淄川城，首将之獬一家杀死，孙男四人，孙女孙妇三人，皆备极淫惨以毙，而之獬独缚至十余日，五毒备下，缝口支解。嗟乎！小人亦枉作小人尔。当其举宗同尽，百口陵夷，恐聚十六州铁铸不成一错也。

士在明朝，多方巾大袖，雍容儒雅。至本朝定鼎，乱离之后，士多戴平头小帽，以自晦匿。而功令严敕，方巾为世大禁，士遂无平顶帽者。虽巨绅孝廉，出与齐民无二。间有惜饩羊遗意，私居偶戴方巾，一夫窥瞷，惨祸立发。琴川二子，于按公行香日，方巾杂众中。按公瞥见，即杖之数十，题疏上闻，将二士枭斩于市。又其初士皆大袖翩翩，既而严革禁，短衫窄袖，一如武装。间有乡愚不知法律，偶入城市，仍服其衣，蹩躠行道中，无不褫衣陵逼，赤身露归，即为厚幸。后幸禁少弛。

吾娄受先张公，素以搏击豪强为名，于衙蠹门役虎而翼者，尤绳束不稍贷，断断不肯相宽。而党中有陶千金数人，尤桀黠多犯科，张公屡以法中之，饮恨入骨，无以报。会大兵渡江，乱民煽起，城中一哄动。至五月十七日，晨色始霁，张公方卧起，忽有数十人入张公堂，求张公语事。张公出不意，即短衫秃巾迎之。数人仰谓曰："有大案未了，可至州辩状。"盖张公于崇祯十四年，境内大祲，张公祖常平遗意，每亩加米二升，官贮之，减价以食贫者，随复收值，即更贮米，以无穷利所增额外之米几数千石。一时任事者，皆贪而黠，见金即不能无色动，人人作染指计，入囊腹中，张公亦不无沾染，以是病之，为一生瘢痏。数人因即借为口实，挟其辩状，牵之走。甫出门，即两木夹而行。张公不胜楚，脱及地，即掣发狂奔，已身无完衣矣。南关门外至州治前，几数里，一路惨毒备至。每至士大夫门，即屈之叩首，头欲裂。至州治，烟客王公闻之，易敝衣出，好言和解，扶之入中堂，麾众且退，谓："即有未白事，吾一身可任，虽千金不靳也。"是时，党羽益众，门外声嘈嘈，志在必杀之，本无意于辩白。而张公故强项，又不肯即屈。王公见势汹汹，不无内惧意，而又无可奈何，姑放之行。益惨打，至城隍庙，挟令据案书侵剋者姓名，书既已，拖入墀中，堂上声鼓一通，即势如风雨，至铁石并下。又一通，复如前，如是者数番，而张公竟奄奄绝矣。复惧其佯为绝也，乃以利锥长数寸者，自耳旁及腰腹以下，皆锥数寸，遍千洞穴，而又汲井水数斛灌之。此时已无一息矣，乃牵之入小教场，欲作坎为瘗，系索于颈，两人曳之走，头与地相击有声，身无寸肤得完者。至教场，欲持锄断其首，从旁不平者，呵之，乃止。而此数人已气尽，各散去。一沙弥见其鼻犹有息，乃毁寺中一绰楔舆之，旁有好义者，共扶至南关外宅内，作法相调理，得渐苏。会此时大乱，城中纷如麻，无暇纠举，按绳墨。张公犹惧祸不测，扁舟走出，阅一月，而此事微闻。上台以为乱民，下一檄至州。一夕，昏暗中，浦君舒牵出，斩二人于市。

是时，州守朱公（名乔秀，闽人，癸未进士）犹在治所，素与张公不协。因公屡发其恶，心不平，无以报，于此不无颐指之意。故一时行凶皆衙恶，而州守无一言。且其散也，疑已毙，遂有“豪宦张采既死诸人不得更乱”一示，闻者皆欲食其肉，而后竟遁归，可恨哉！（下缺）

五月十七日之后，张公避走玉峰，结庐乡村，故交门士，皆莫能见其面。及四五年而病死。死后，一椽萧然，两子沦落，西华练裙，见者流涕，二十年进士，不如一田舍翁，然后知向者受谤受诬，有不尽然者，所谓捐馆而先生之心迹明也。盖其立身太峻，任事太切，皎皎易污，白璧易瑕，故末后受此惨祸，所谓廉于持己，勇于任事，不至于圣贤。（下缺）

吾里吕石香，名云孚，与余比邻。少攻经史，即不肯为时俗文字，搜奇选僻，每至不可句解。一文出，人怪笑之，至诟詈，吕不顾也。吕既不得意于里中，时张公天如以古文倡导东南，收召后进为羽翼。石香念非彼无以立名，乃投贽于张，称弟子。张一见，叹为绝伦，荐扬于当世名公，居然奇士矣。时吕年十九。楚中鱼山熊公为吴江令，与张公相合，遂荐于熊，使入松陵试，熊公拔置前茅。是年，补博士弟子，为吴江生员。未几，张公联捷，门人吴骏公掇大魁，张声党几遍天下。石香名益盛，试于学使，最高等，两第一，而独于闱不利。文终务为险怪，每一引笔，征用古实，如獭祭鱼，累累陈列，而其间割裂断碎，赝伪杂出，取为新异而已。然性绝孤介，居恒终岁不出户，人欲见之，亦闭门不纳，与处终日，或不交一谈，故人益庄惮。居无何，大兵屠吾里，石香辈金帛出奔，舟至镇北，兵已至，曳之岸上，刃之再下，血淋漓偃卧田间，舟中物皆风雨去。日暮，迹者至，匍匐扶归，被创甚，勺水不入口，呻吟十余日死。遗一子，方二岁，得脱，抱持至五岁，亦死，家竟破。嗟乎！以石香之才，使昌明浩大，为清庙明堂之业，岂不可以取世荣宠？而乃务僻务奇诡，已知骨命非贵且寿，而以三十五惨死，一子不禄，身为若敖，悲夫！吾娄前故有沈君烈者，名承，亦才士，试辄高等，三居第一，声价蔚起，四方高才，皆与结社，竟于甲子下第，死，年四十余。未几，妻薄氏死，一子褓褓。天如张公时为诸生，怜而育之。后七岁，携至京，亦病死，竟斩其后。此与石香相类，然有幸有不幸。君烈受知学使毛公，后出抚吴中，知其已死，捐金刻其诗文，今《即山集》也，千百年后，犹知有君烈其人者。而石香盖棺后，遗文澌灭，亦无故交门人收录。不十年，与冷烟衰草同尽，此其不幸一也。薄少君于君烈死后，为悼亡诗百首，不一年，哀痛死，清风明月，两人吹笙跨鸾于云雾间，今石香嫡阃杨氏，确守共姜之节，而生子妾陆，已别抱琵琶矣，此其不幸又一也。闻君烈落拓，不事边幅，善谭笑，以肝胆与人，故得天如之报，而人亦多道之。石香于松陵诸子交最厚，出入必共，形骸都忘。及死，余于辛卯岁，一遇吴扶九（翻），间以言挑之，绝无挂剑意，此何耶？同时又有朱昭芑（明镐），亦娄人，一试冠军，声名鹊起。时两张皆先达，咸折节与交，而昭芑亦抗颜比肩，不以弟子进也。后再冠军，风格弥峻，海内咸以大儒目之。而鼎革后，裂青衿，浮沈诗酒。及壬辰而夫妇同死。时慎交狎主盟，以其宿望也，招之。昭芑一赴而物故，慎交诸人，倾郡毕吊，坐中有哭失声者，而吴扶九泪交睫不止。夫扶九与昭芑宜疏，而独人琴一恸，此其所以得之者，又何故耶？后二三年，扶九死。嗟乎！名者，不祥物也。

按：石香家素封，所积不赀，藏书亦夥。及其殁，不过二三年，家业散，藏书尽耗杨、陆手。杨字澄紫，石香妇翁也，石香父公右素恶之。自娶其女入门，绝不通鱼雁，终岁无一介之将。而杨君亦不敢一迹其门，间从圭窦中呼女一谈，即匿影去，石香父子如不知也。石香死，杨遂盘踞其家，父子四五人往来如织，攫其赀立尽，而吕氏之政，一出其手，藏书次第窃去。陆字子融，进士大行公之子，石香妾父也。石香以杨不宜男，购副室，陆觊其多金，以女为奇货，遂与之缔婚。女既入，绝之如杨，不许通一足之信。陆每探女，依僧寺，石香仅以百钱授之。石香死，其女怀一子，陆遂阑入，与杨中分吕氏之枋，阴噬其肉几尽。藏书窃去，售之富家。凡城内名胄家，案间皆石香钤印书。当是时，吕氏千指，无出一声，即石香嫡弟，亦不置片喙。

吾里有陆子冯者，名京，以素封起家。为诸生，不得意，弃去，南游太学。属崇祯晏驾，弘光当璧，马相用事，有西园卖爵风，诸生以贿进者，至二千石。子冯心艳之，捐金千余，得为翰林待诏。待诏固美职，非孝廉不得躐，惟文徵明以诸生居是官，为吴中美谭。子冯一旦得掇之，拥盖，从卤簿，书大字帖游行里中，扬扬如也。既居南京久，因兵警急归，而大兵渡江。会削发令下，时搢绅在城中者，皆俯首受剃，又各捐百余石，为军资用。子冯以菟裘在乡，得免。城中有招之云："急宜剃发，为入城计！兼参诸上台，为异日进身阶，百石之助，当从诸搢绅后！"子冯惟恐以不得与诸搢绅为耻也。急去发，取米百石，驾舟入城。既晤诸上台，上台以好言慰之，啗以大爵，便使入乡谕诸民，毋恋发以干大戮。子冯扬扬归，去城数里，天已黑，至戴家桥，月渐皎。是时顽民蜂起，见一净发者必杀之。子冯一舟摇漾，诸顽民瞷舟中人皆净发，一哄群起，尽杀舟中人。子冯叩首，许以千金，亦不免，身为数段，共死八人，惟一舟子凫水逃，得传讣至家。越日，至其处求骸骨，不得，恸哭而已。嗟乎！子冯一素封子，无他长，以父遗业，拥良田数千，又年少美姬二三，兰玉四五，盘桓乡曲间，亦甚快，而必羡一进贤冠，傀儡衣衫，逢场骄倨，亦甚得志，遭时不造，逃隐山中，可以终老。而又必求竿头一进，卒至身首分离，游魂无所归，不得如卖菜佣，寄骨一抔土。人生无全福，富可矣，又欲贵焉，自贻伊戚，陆子冯之谓矣。

吾娄风俗，极重主仆。男子入富家为奴，即立身契，终身不敢雁行立，有役呼之，不敢失尺寸，而子孙累世不得脱籍。间有富厚者，以多金赎之，即名赎而终不得与等肩，此制驭人奴之律令也。然其人任事，即得因缘上下，累累起家为富翁，最下者亦足免饥寒，更借托声势，外人不得轻相呵，即有犯者，主人必极力卫捍，此其食主恩之大略也。乙酉乱，奴中有黠者，倡为“索契”之说。以鼎革故，奴例何得如初。一呼千应，各至主门，立逼身契。主人捧纸待，稍后时，即举火焚屋。间有缚主人者，虽最相得、最受恩，此时各易面孔为虎狼，老拳恶声相加。凡小奚细婢，人主在所者，立牵出，不得缓半刻。有大家不习井灶事者，不得不自举火。自城及镇，及各村，而东村尤甚，鸣锣聚众，每日有数千人，鼓噪而行，群夫至家，主人落魄，杀劫焚掠反掌间耳。如是数日，而势稍定。城中倡首者，为俞伯祥，故王氏奴，一呼响应，自谓功在千秋，欲勒石纪其事，但许一代相统，不得及子孙，转控上台。而是时新定江南，恶一代之言不祥，斥之。自是气稍沮，属浦君舒用事，恨其为罪首。忽一夕，牵出斩之，而天下始快。迨吴抚台至州，州中金姓以乱奴控，斩一人，重责四人，又悬示不许复叛，而主仆之分始定。

吾娄广文杨先生，蜀中宦家子，少年领乡科应南宫试，不第，遂留京。会烈皇崩，本朝定鼎，因缘觅一官。秉铎时，蜀中大乱，张献忠杀人无孑遗，杨妻子在蜀，无可奈何。而娄之盛泰昭方释褐，为陕之略阳令，略阳与蜀为南北襟喉，杨以杯酒饯之，曰："倘至彼中，得吾家消息，勿靳片鸿！"盛姑颔之。赴任一载，偶以事出，见有妇人，负书匍匐道左者，衫襟敝裂，行止仍大家。物色之，即杨之室也。乃假之一椽，周以薪米，飞书广文。妇人啮落二指，以血作字，同指裹来。杨得之恸，即出二百金，授来足，使僦车南下。已而南宫期近，杨例得同应公车，竟不能忘情鸡肋，束装且北。舟至京口，有北舟欻然而南，讶问之，则杨夫人之舟自陕来也，相别十余年，流落万死，又不意猝遇于两舟之偶触，相对大恸，诚不能使其铁石作心也。向使早暮无打锣之警，即两舟觌面失，广文且至北，又不知几阅月后乃晤矣。杨于是意惨甚，断绝公车念，谢同行者，拥夫人南。有一女，方杨出门时，尚在襁褓，今已觅婿，同两家丁出入万死，吴尾秦头，一朝合镜，诚古今一奇也。

巡方一职，同于汉之绣衣，威权至重，每骢马一临，山岳震动。然数十年来，以余所见，未有如祁公彪佳、张公慎言、秦公世桢、李公森先者。祁公，浙东人，天启壬戌进士。风神冠玉，娇好如妇人。执法如山，精绝吏事，几于降魔照胆。其按吴中也，元凶巨奸，搜访毕尽，杖头立毙。在苏于承恩寺中公鞫，观者万人，元恶一人杖死，百姓欢声如雷。在娄则访巨蠹董云卿于州前，笞一百，不死，以绳牵其吭，立毙，陈尸三日，当时望之如雷霆青天。后十年，弘光当璧，复抚吴中，而时事日非，施未竟而去。至本朝定鼎，巡方之职纵滥已甚，每至，辄以拔富为名，访其家素封，一朱单拿之，万金之家，风卷雨尽，不庭鞫而两造行金已足，即释放归田。五六年来，吴民无不破巢者。至顺治七年，主爵耳热，乃廷议简清正御史一员，而张公慎言奉命来。

张公慎言，山右人。崇祯丁丑进士。貌不及四十，慈容蔼然，而风裁凛凛。初下车，即禁铺设，禁拔富，禁衙蠹，禁司道府县差快，州县无不懔懔奉法。会朝议汰冗员，首及巡方御史，吴民百万，皆垂首丧气，奸吏豪胥，则酹酒相贺。然张公仍访衙蠹周宗之者，贪赃数十万，杖之，不毙，乃牵死于狱。已殓，仍剖棺验尸，露暴丛冢，奸胥股栗。而堂帖已下，立促登道，吴民号泣，同于十二金牌之召也，夺之甚速，东南一恨事也。后二三年，张公复赴北畿抚按。

秦公世桢，字瑞寰，辽东籍。不由科目，先由浙省巡方，丰裁太著，不终任罢。自张公后，巡方已废，逮一年，朝议复之。天子更重礼诸省各员，皆赐茶召见，而秦公实得江左。初至，闻其在越中风采，人固慑之矣。而吾娄备兵使者胡公以泓贪秽已甚，初下车，即驱出署，复遣人收其印敕。劾章下，即牵入狱，如风雨乍至，雷霆乍惊。胡掩面踉跄，挥袍雪涕，三吴之民，且笑且詈，且喜且异，拍手顿足，喧阗衢壤。又有常熟令瞿四达，由进士起家，贪酷倍甚。一至亦即收之，匍匐对簿，囚首垢足，道旁揶揄之。后长系狱中，屡经讯鞫，卒以罪去。其余六府中司道守令，凡贪赃为暴者，率累累缚至，一银铛系之，蹩躠道上，不可胜计，平日呵殿生风，从卤簿，尊严如神者，至此如缚。□□□□□□□北郡县为之一空。而最后则有都御史土公，□□□□□，在先朝为总戎。大兵初下，土公即在行间，□□□□颇有德政。后改文阶，竟为都御史，巡按吴中。其时无□□亦相安。未几，以罪量改江宁按察使。俄而复领节钺，再抚吴中。初至，谬示风采，即擒娄中猾吏数十，人皆额首望，而诸奸行金上下，作冰雾散。于是人情大哗，乃复贪婪，肆为鄙秽，人人饮恨。秦公至，土亦深备之，为食不下咽者数日。而秦公与之阳为好也，凡起居私处，土无不密遣人伺之，语言嚬笑，即以报。而秦公不露，土略有喜色。未几，公在毗陵，忽行符至苏，街衢用密栅，于一日夜督成，又遣总戎王公提兵防御，人不知其故也。又一密札至苏，大府以下，悉至军门。时晨光尚早，击鼓以进，土出不意，急迎之。大府以下曰："有旨收公。"凡敕印旗牌之属，皆次第收出。于是土窘甚，且传缇骑逮者即至，乃取署中金玉珍宝明犀象贝，丛积如山，一火焚之，火光竟夜烛天，又酒酣拔剑，咄嗟自诧。爱一幼子，抱之竟夕环走，走一夜，弯弓自缢死，次早方知。乃籍其余财入官，而以一薄棺盛其尸。故事，抚按章奏，必会稿乃发。此弹章，秦公密上而土不知。严纶已下，土耳目络绎在京，无一人知。三吴之人，胸膈肠胃，无不豪爽痛快。时奸胥如沈碧江、邵声之、钱望云、陆显吴、张执之、陈止生辈，布满州郡，其余不可胜纪，皆把持上官，脔嚼细民，专事罗织，以啖富家，起家数万，宫室帷帐比王侯，奇丽珍宝充满，眉睫一动死人，于是达官贵人，无不到门求悦好。而其人亦酒浆豆肉，呼卢喝雉，娼优歌舞，镇日不休，诚古今异事。秦公一至，先访其魁沈碧江，收之。时沈见公风采，已遁入吾里，收符下，复入郡，将走越中，而迹者得之。后其支党，四面捕至，皆严刑拷讯，后牵死狱中，或杖头立毙，如去恶草，平民酹酒称快。陆显吴、张执之、陈止生为娄东人，虽收捕，而了此案后，当再捕时，公将报命。此三人，皆谓公不久还都，中道逸去，虽捕不得，而公还朝。公既去，三人稍稍出，尚匿圭窦间。适白公莅娄，耳三人名，终欲得之。获陈止生，将解府，而娄民数万，群聚州治前，俟其出，梃石俱下，不一刻，已齑粉矣。执之后至，不死。而陆终盘桓不出。未几，秦公巡抚浙中，密行一檄于吴抚张公，必欲杀此二人。陆与张同解军门，方暑月，各杖六十，于阊门外立枷半日死，于是吴门冤无不雪矣。秦公抚浙，几二年，擢为操江都御史，方履任，即罢。

李公森先，山东平度人。崇祯庚辰进士。自秦公去后，继之者皆不称职。无何而李公来。公为人宽厚长者，而嫉恶特严。当秦公时，大憝元恶，皆已草薙无余，而踵起者犹蔓衍不绝。公一一擒治之，始根株尽拔无孽矣。其最快者，优人王子玠，善为新声，人皆爱之。其始不过供宴剧，而其后则诸豪胥奸吏，席间非子玠不欢，缙绅贵人，皆倒屣迎，出入必肩舆。后弃业不为，以夤缘关说，刺人机事，为诸豪胥耳目腹心，遨游当世，俨然名公矣。一旦走京师，通辇下诸君。后旋里，扬扬如旧，其所污良家妇女，所受馈遗，不可胜纪，坐间谭及子玠，无不咋舌。李公廉得之，杖数十，肉溃烂，乃押赴阊门，立枷，顷刻死。有奸僧者，以吃菜事魔之术，煽致良民，居天平山中，前后奸淫无算。公微行至其所，尽得其状，立收之，亦杖数十，同子玠相对枷死。当时子玠所演《会真》《红娘》，人人叹绝，其时以奸僧对之，宛然法聪，人见之者，无不绝倒。又有一金姓者，为宰相金之俊宗人，恃势横甚，而家亦豪贵，为暴甚多，前有杀人事，未白。李公既来，复聚全吴名妓，考定上下，为胪传礼，约于某日，亲赐出身，自一甲至三甲，诸名妓将次第受赏。虎阜，其唱名处也，将倾城聚观。公廉得之，急收捕，并讯杀人事，决数十，不即死，再鞫，毙之，欢声如雷。此其彰明较著者。会公收捕贪墨，内有淮安司理李子燮、苏州司理杨昌龄，皆巧宦，善夤缘，后诸上台皆荐剡，而公独发其奸，收之下狱。两司理既百计欲脱而挤公，诸上台曾腾荐，恐天子震怒，将株及，亦媒蘖之，不遗余力。一日，公在郡考察诸吏，以次入，其超异者，鼓吹绯酒送出，吴人谓几百年无此快典。方掩署，忽有缇骑数人，排门突入，即于堂上缚公，出片纸，云："有诏就械。"即拳梏不少纵，而搜检衙署如风卷，幸贫无金。是时公固大骇，不知事所从来。而吴民相聚号呼，知即日械送京，乃立柜通衢，曰：“愿救李御史者，投金于此！”顷刻满。彼缇骑既缚公，而又须多金，今公贫无所得，乃长吴两令及巡抚张各醵金十万与之，张公固所谓媒孽者也，至是解橐亦甘心矣。停一夕，械去，吴民送者，道路泣，咸愿一见李使君。时公已入舟，缇骑不得已，露一面与之，公挥涕谢诸父老：“幸自爱，毋念我。”送者数十里不绝，至梁溪稍返。有感公德者，变装挟金，间道尾公，愿随至京，以身代。闻公在路备极楚毒，缇骑以公入皮袋中，挂两马间，身据其上，体无完肤。至京，方知在云间曾出一重犯，而有人于其间中伤，以为必入贿出狱，以此激天子怒，遂下于理。当鞫时，凡四十一棍，奄奄几绝矣。后上怒稍解，知其无罪，仍赐复原官，入西台理事，江南额手相贺。乃入台未几，而公姜桂之性愈辣，前有建言诸人，以论事触上怒，流上阳堡。后虽阴用其言，而赐环无日。公入台，以为事莫切于此，即抗疏廷诤，愿予生还。上复赫然怒，谓：“方湔涤汝，复哓哓。”再下狱，部议公徒罪，上不允。按：李公硕然伟长，貌极慈仁，紫髯过腹。待人以恩，绝不以尊官自恃，而顿折殆甚。当烈皇朝，即以科场事下诏狱，兴难者云间杨枝起，救之者桐城孙晋也。后李贼破京，亦受辘轲，至此再蹶。秦公短小，如不胜衣，两目闪闪有光，而貌严冷，专以搏击为事，李公则威断中复兼恺悌，要之两公皆千载人，而秦终任去，李遇奇祸，使竟其施，必更有可观者。

余束发游庠，彼时子衿入泮，从未有以贿得者，惟达官贵人真子弟，方得勉附其末。然非大势者不能，即有势力，而子弟旁者亦不从也。后积弛而干请嘱托得者，每案中有三四见矣。然亦不甚落人口，即为是者，亦多方掩敛，每耻人知，有谈及者，辄面发红。至今日，而督学使者，以此为囊橐之资，每案发，其贿得居大半，而父兄不务藏饰，子弟不知掩蔽，若天壤间固宜有是事。然未有如张能鳞之甚也。能鳞，北直人，其校士吴中，前后名有定价，有为之关节者，遍行搜括，既厌足已，而后旁润其余，搢绅达官广文孝廉承差役吏，无不及也。一案出，而真才不一二矣。至童子科为尤甚，未试则先以帖下州县，每县坐一二十名，刻期交纳。州县承风旨，多方收揽，至库上交银，如收捐纳，如纳税金，无顾避。至将试，而府道之所属，台宪之所致，乡大夫之所恳，教官之所求，庖厨隶胥之所渎收，牙婆媒氏之所关说，几于如烟如海，不可胜计，每至溢出额外数倍，必裁之又裁，有担数百金，望望然以投，玉不得当，收涕以归。亦有既报捷，交银稍后，更有昂价以夺者，覆案出，仍在孙山之外，至大哭而返。或案出而富家子不即得与，仍更有为之居间，许其窜易姓名以入者。其既得者，父兄师友沥酒相贺；不得者，奄奄丧气，不敢以面目示人。不特素封豪富乐此，即家仅供馆粥，亦必变产市业，或乞子母钱而为之。举国如狂如醉，以供张公之网罗，古今一灾异也。于时吾娄有诸生李汉者，目击不平，条其事，上之按君李公森先，李公即面授张。张面如土色，叩首谢无状，即辞病告归，而按君故持之，意将有所搏击。适被祸去，张于是肆为贪滥，狂澜至不可收拾，乃索李生甚急。李生遂亡命江湖，于张任不敢归。更可怪者，张喜道学家言，修辑宋儒书而布之梓，吾娄陆桴亭道威实助之成。每搜诸生小过，坐以罚金，为梓费，而要其梓费无多，盖一书成，而张之囊橐累累矣。其造玉峰书院，亦用是术。

科场之事，明季即有以关节进者。每科五六月间，分房就聘之期，则先为道地，或伏谒，或为之行金，购于诸上台，使得棘闱之聘，后分房验取，如握券而得也。每榜发，不下数十人，至本朝而益甚。顺治丁酉、壬子间，营求者猬集，各分房之所私许，两座师之所心约，以及京中贵人之所密属，如麻如粟，已及千百人。闱中无以为计，各开张姓名，择其必不可已者登之，而间取一二孤贫，以塞人口，然晨星稀点而已。至北闱尤甚，北闱分房诸公，及两座主，大率皆辇下贵人，未入场，已得按图挨次，知某人必入，故营求者先期定券，万不失一。不若各省分房必司理、邑宰，茫然不可知，暗中摸索也。甲午一榜，无不以关节得幸，于是阴躁者走北如鹜，各入成均，若倾江南而去之矣。至丁酉，辇金载宝，辐辏都下，而若京堂三品以上子弟，则不名一钱，无不获也。若善为声名遨游公卿者亦然，惟富人子，或以金不及额，或以价忽骤溢，逊去，盖榜发无此中人矣。于是蜚语上闻，天子赫怒，逮系诸房官。而虞山有陆贻吉，崇祯癸未进士，官给事中，为举子居间事发，立就狱，明日，腰斩西市，家产入官，妻子长流上阳堡。一子方四五岁，妻妾皆殊色，间关万里，匍匐道左，行人为之泪落。同时受祸者共七八人，其姓名不能悉详也。至举子株及者亦七八人，皆严刑搒掠，三木囊头。陆庆曾子立，云间名士平泉公之后，家世贵显，兄弟鼎盛，年五十余矣，以贡走京师，慕名者皆欲罗致门下，授以关节，遂获售。亦幽囹圄，拷掠无完肤。一时人士，相为惋惜嗟叹，而其余则不能悉详也。南场发榜后，众大哗，好事者为诗为文，为传奇杂剧，极其丑诋。两座师撤棘归里，道过毗陵、金阊，士子随舟唾骂，至欲投砖掷瓦。桐城方姓者，冠族也，祸先发，于是连逮十八房官及两主司。总督郎公又采访举子之显有情弊者八人，上言于朝，其八人即于京师就缉，同主司严讯。凡南北举子，皆另覆试，北场为先，天子亲御前殿。士子数里外携笔砚，冰雪僵冻，立丹墀下，顷刻成数艺，兵番杂沓，以旁逻之，如是者，三试而后已。榜发，黜去数人。南场覆试最后，皆不得与会试，所覆一如前，亦黜去十余人。而最后一二十人，复停三科，其解首则竟为进士。是役也，师生牵连就逮，或就立械，或于数千里外，锒铛提锁，家业化为灰尘，妻子流离，更波及二三大臣，皆居间者，血肉狼藉，长流万里。

明季戊辰、己巳之间，天如张公、周介生倡为复社，一时主盟，如维斗杨公、勒卣周公、卧子陈公、彝仲夏公，其余皆海内人望，文章为天下冠冕。燕齐豫章，声气毕达，所牢笼天下士，率取其魁杰，以故仰其盟者如泰山北斗，而士一如登龙门。若纨袴子富家世裔，不以文鸣者，虽费千金，莫得雁行。每一榜发，其中俊伟能文之士，一望知为复社君子，几于取士分柄。至鼎革后，而此事溃散，诸公相继湮没。乃未几而吾吴复有同声、慎交，为三宋所主：德宜右之、德弘畴三、实颖既庭，而佐之者尤侗展成，彭珑云客也。初与同郡章素文为莫逆交，素文有《沧浪社书》一选，其表扬诸子备至。而后忽以言语相参商，与素文为敌国，遂跳而有慎交之约，应之者梁溪、松陵、练川。而其下娄东也，娄东诸公为东道主。时七邑之士毕至，爰订盟书，盟书中有云："与斯盟而中已者，是谓寒盟，寒盟者，七邑之人共弃之。与斯盟而复与他社者，是谓败盟，败盟者，七邑之人共讨之！"其意攻素文也。每邑推一人为主，高声朗读，使诸友各书花押，而后即席，指挥顾盼，旁睨四座者，尤展成、彭云客及三宋也。章素文悒悒在家，而阴遣其友王禹庆、钱宫声，随群而至。书押之时，禹庆执笔不肯下，众苦之，奋袖出。及宫声，宫声亦相持数言，长揖去。时娄东虽为东道主，而王维夏、郁计登、周之杰与素文约，不欲附也，相率不肯署名。停笔者可一饭顷，而张敬修其乐与也，奋笔先书，和之者络绎不绝，而子俶辈不得已亦书，于是水火之形判。时王次谷俯首署名，掷笔长叹，人皆侧目。其局既罢，素文于是扁舟来东，与娄东玉峰诸子，更建旗鼓，联络四方，复有同声之约。主之者素文，佐之者赵明远、沈韩倬、钱宫声、王其长也。癸巳之春，各治具虎阜，申订九郡同人，四方来者，可得五百人。先一日，慎交为主，以大舰十余，横亘中流，舟可容数十席，中列娼优，明烛如星，数部伶人，声歌竞发，直达旦而后已。九郡中搢绅冠带之士，无不毕与。次日，同声为主，设席于虎阜之颠，列星开筵，伶人迭奏，将散时，如奔雷泻泉，远望山上，如天际明星，晶莹围绕。其日，两社诸公各誓于关壮缪之前，以示彼此不相侵叛，此同声、慎交之大略也。其时吴、浙之间，各有部署，如娄东有端社，有起韩，有棻斐堂，有七录斋，每社各数十人，以为倡和，推之各邑，无不皆然。大率复社为局，声气一合，而今则瓜分豆裂。复社之取人专以才学，而今则专以势要，复社每切磨文字，讲求声誉之术，而今则置文字不言，但取干局，取通脱，取纵横，凡高门鼎族，各联一社以相雄长，大约如四公子之养士，鸡鸣狗盗，以备一得之用而已。固时势为之，而人心风俗，亦另一机杼已。

当西铭先生主坛坫，四方之士走娄东者，先生但以杯酒论心；其余好事者，间一款留，亦不过剪烛谈笑、豆觞楚楚而已。后来复社聿兴，四方宾至，无不征歌选舞，水陆杂陈，广引宾朋，主客互乱，烛影之下，对面不识。明日相见，即同陌路。又数月为聚会，数十百人，酒斝纵横，娼优凌乱，一哄而散，竟不知为谁何。余尝戏谓今日社宴，几同斋主散食，仔细思维，真可笑也。

吾苏故有五通神，庙立吴山之颠。神兄弟五人，能司祸福，间亦游戏人间，择好子女，与之冥通，当其意，即能变致金银，凡所祈求，无不随手至者。其家往往以此暴富，而亦卒无所害。吾镇有某族，亦著姓，妻妾四五，而一女方当冰泮。忽神降其家，与之绸缪婉好。神绣袍花骢，韶美少年，矫言即五通神，每至必舆骑杂沓，赫如王侯，而旁人不见。女即冥冥如与之通，虽笑言如故，而精神已潜合矣。间或随神至其所，则洞天福地，别一世界，珍珠绮罗，触目奇丽，后房窈窕，环绕百千，真非人间所有，如是几月余。而其妾亦端丽，别有一神来降，矫称州城隍神。据其妾，不得与某通，某至寝所，即时捽其妾作苦。某无以为计，召善符箓者，登坛作法。神附人吐言，大为诟厉。而所谓五通神者，为之调人，许彼此各轮一宿，成议而罢。先是，女已及笄，订丝萝矣，其夫家闻之，必欲改婚。而某婪于财，闻五通神最能变致金银，而神实许其于旬日内，获银数万，于是订吉期如人间受聘礼。后所言渐已不应，乃稍稍觖望，而更闻海虞有善符水术者，复召之来，设法驱逐，天神皆降，其物亦微现形，大约如龟豖之属，而不可明了。后亦渐敛戢，而某亦移虞山，不复知所终。

按：神言云：我神道中，皆贪声色，爱子女，游行人间，蛊惑窈窕者，比比也。屹立不挠，始终作铁石心肠者，惟关圣一人尔。

吾娄王大司马在晋，当哲皇帝朝，经略辽蓟，赐蟒玉、尚方剑。后入中枢，为娄中第一显官。然其诸子皆败类，藉父势，喑呜叱咤，金钱狼藉，当大司马未盖棺时，而家业已荡废涂地矣。有一孙，号宸章者，习俳优，善为新声。家业既破，僦一小屋，日与伶人狎。吾镇周将军（恒祁）承幕府檄，治兵沙溪，一日开燕，呼伶人祗候，宸章即厕身其间，捧板而歌，与鲍老参军之属，共为狡狯变幻。时周将军与里中客岸然上座，而宸章则氍毹旋舞，不羞也。有观者叹曰：“是固大司马文孙也。”使王大司马在，且奔走匍匐，叩头恐后，固无敢仰视腰玉贵人。即宸章贵公子，敢一涕唾其旁？而今且傲睨行爵自如，宸章不过在羯鼓琵琶队中，博座间一笑，图酒肉一犒而已。嗟乎！沧桑陵谷，近在十年，人安可不自立！而家门熏灼，欲为久计者，亦何可不回头看也！

按：司马居官无墨行，即居乡，亦不甚作恶，然碌碌无短长。而其诸子皆不善绳束，纵之作奸犯科，为虐人事不少。当其经略辽蓟也，受天子宠任，不能戮力边疆，但取支吾报事，亦负此鞶带，故其殁后景况最为不堪，诸子皆流离饿死，而存者亦狼藉殆甚，娄中宦家无此极辱者。嗟乎！百世之德，及其子孙。人无厚德，而欲以一时徼幸之富贵贻其后，吾不信也。

丁酉之役，江南两座主及分房诸公与逮系举子，既讯鞫后，天子不复严问，以为可因缘幸脱，或长系狱中矣。至岁杪，忽降严纶，两座师骈斩西市，十六分房诸公，皆绞死于长安街；举子则各决四十，长流宁古塔，而财产皆入官；诸父兄妻子，各随流徙。按宁古塔，在辽东极北，去京七八千里。其地重冰积雪，非复世界，中国人亦无至其地者。诸流人虽各拟遣，而说者谓至半道为虎狼所食，猿狖所攫，或饥人所啖，无得生也。向来流人俱徙上阳堡，地去京师三千里，犹有屋宇可居，至者尚得活。至此，则望上阳如天上矣。分房诸公，向有一司理，主者以其甲科，必欲援入内帘，而三拈阄，皆得外，于是不乐殆甚，而孰知反得首领无恙。又吴江一富家子，已道地为之关节矣，而乃父知之，严呵止，必不欲为，因贱售于一贫者，竟相株连，举室北辕，长为异域之鬼。祸福所倚，思议难及，而守拙守命，结为颠扑不破。分房一选，向以为宦途极荣，而夤缘幸窦，得登桂籍，尤为艳如花、热如火者，岂知俱送入鬼簿乎？

丁酉南闱举子，天子既廷覆之，黜数人，余各有所殿最矣。至己亥二月，忽奉严纶，再行覆试。郡县敦促上道，闻命之日，仓皇束装，父母兄弟，挥涕而别，虑必发遣。既去，一日数惊，有谓持械登舟者。是役因震霆之后，诸家无不罄产捐资，以为道地，以因缘上下，一榜俱安然，而道途之踉跄，腰缠之忙迫，孝廉风景煞尽。

吾镇去海五六十里，自闽寇鸱张，朝廷设兵防汛，吾镇遂有武弁统兵驻守。其帅为王，为钱，为杨，为周，相次建櫜，远者一二年，少者数月，各赁房为公署，而兵则散处庵观间，虽民实甚苦，不至大扰。迨游击周公垣既去，遂有袁诚者来握兵，势张甚。先期州守白姓者，行一牌，将寺院缁黄悉行逐出，空其地为屯兵所，民固已惴惴惧矣。至日，则白亲自陪临，寺院不足，封民房一百二十间，十家为甲，十甲为保，每甲出屋一间，立刻报名，即行驱逐。而又以诸裨将之无居也，又封大宅八所，有阴为之上下者，得贿数千金，辄另封，虽宅止八，而破人产已不胜指屈矣。袁帅则封冯姓大宅一，居阛阓中，最为冠冕。其时流离奔窜，呼号载路，俯仰巢幕，人不自保。而又诛求器物，一锅一笠，无不向民间索者，扰攘数日乃定。是虽袁帅不法，而实白守导之，其封占诸屋也，悉出自白守，与之左袒甚密。民间初以奉宪意，不敢抗，后知其自行己断，且欲以诸屋为公买，销算钱粮三千余，民乃恨之入骨。吾镇去海远，本非驻兵地，且沿海诸镇俱得免，而独沙溪压以重帅，民窃窃不平。时直指马腾升适按娄，环辕门而哭者千百人。马公发尽指，抗疏上闻，谓必得严谴。适海上之役兴，军兴旁午，总督郎公檄之守建康。其时南北梗塞，不知中旨若何。袁遂得提兵去，民弹指窃叹，不能伸其愤云。

己亥五月，直指马公欲按部至崇明。先是，巡方御史绝无渡海者，时总帅梁公建牙其地，统兵万人，戍守海外，马公欲亲至巡之。五月十三日，已轻舠过吾镇矣，至次日，忽闻按公回舟，果从东来，仍入娄城。询之道路，皆云舟至海口，梁帅羽书急报，谓闽师千艘，忽然狎至，海不可渡。马公归，疑梁帅不欲马公渡海，设此局以间之也。然未几而海艘果大集，千航竞下，驻泊崇明，如是者二十日，而举帆直指京口，瓜步、淮扬，破竹而入，京口一城，亦乘虚径捣，建康且岌岌矣。当事乃檄帅提师入卫。于是梁公拔寨而来，兵士六七千人，而所携妇女老少又数千人，舳舻首尾衔接。六月二十九日，兵过沙溪，排门撞进，停泊军马，刻意诛求，直入卧闼，供顿少不如意，即老拳恶声相加。民魂颤魄夺，望风逃匿，因而席卷裘橐，搜括至尽，然后满载而去，如是者六七日始尽。最后则陈、佟二帅，亦梁公之部曲也，于七月初四日过镇，已剽掠无余矣。既去，民方幸，以为从此可室家相聚，得保菟裘矣。而初六日忽闻兵转，果次第艅艎自西而来，佟兵稍有纪，以渐而去，不至大害。独陈兵悍甚，骄蹇不奉法，至直水，停顿不肯行，欲逗留于沙溪、直水二镇，不欲再渡东海。陈帅委曲喻之，当晚至沙溪，大呼入人家，民竭力供亿，其晚已东行矣。至半夜，有逃兵数百人，各执火械，结队而过，皆佟兵也。因佟帅必东渡海，兵不乐行，一哄而散。陈帅知之，甚恐，乃许兵再到沙溪。次早，复连舰而至，大肆剽掠，盘踞人家，呼酒索食，民苦之，如坐炉炭。次日，陈以出哨为名，统其半先至六尺，而留者复如故。后数日，方尽去，与佟帅同渡东海，镇崇明。是役也，自沿海以及娄城外，如玉峰、姑苏、梁溪、晋陵、曲阿、京口，兵所过，靡不残灭无遗，数百里几绝人烟。而吾镇户无大小，男女逃窜，室家空亡，供亿之苦，破产捐赀。余家两被抄掠，百人突入。虎狼席卷而去，酒食供应，络绎不绝，半月方罢。比之乙酉七月大兵一屠，惨状相似，而但无横尸分首者，民何不幸，两遭其厄？然闻晋陵以上，残破更为不堪。

戊戌（下缺）

海师既破京口，据瓜步，围江宁，以拥戴先朝为名，人咸拭目观望，以为中兴事业，反掌可致。而余独观其顿兵坚城，徘徊两月，无尺寸效，窃疑其志虽果，从古如邓艾之灭蜀，王濬之伐吴，桓温之取李势，苻坚之擒慕容，克人国者，无不星行电迈，雷动风驰，速者一二月，缓者三月四月，即君臣面缚，舆榇出降，举国江山，皆归版籍。若迟留进退，情见势屈，则衅隙潜生，溃散必不旋踵，此自古已然之明效也。彼连舰数千，直指石头，势似建瓴，而究不进割州郡，徒旅泊于风涛险恶之中，此岂有全理？宜乎一战而溃，胜势都失也。褚裒伐赵，不克，退还京口，闻哭声甚多，以问左右，曰：“此必代陂死之家也。”嗟乎！今日京口哭声，不知何似？然闻大兵焚杀已尽，恐觅哭声，又不可得矣。

按：海师之围江宁也，相持一月，不能乘锐

崩之，而日纵酒作乐。七月廿三日，大破之，廿四日，又溃之，而海师遁。既遁，遂纵兵焚掠，靖江、泰兴一带，皆遭其毒，而又退至崇明，攻焚剽掠，遂使梁镇之兵，络绎再过我地，复见侵扰。初时四方响应，皆谓中兴，闻扬州百姓，有以大明皇帝龙牌迎其兵入城，而逡巡不敢入。既破京口，主者日间则守城，夜退归海船，丹阳至京口，仅九十里，不能据其冲，而使援兵长驱入白门，如此举动，岂能成事？徒使大兵克复京口，大肆杀掠，江南之民，肝脑涂地，嗟乎！亦可痛也。

海氛既退，凡在戎行诸臣，以失律败者，各遣缇骑捕之。以锒铛锁去，如缚羊豕，而间连染于列邑搢绅，举室俘囚，游魂旦暮。吾吴新抚蒋公，甫受事，即有镇江之败，亦在逮中。一缇骑至门，即褫裂衣裳，赤体就缚，行金数千，然后拳梏少宽。吴中宪臣械逮，前见巡方李公，今见巡抚蒋公，皆极惨酷。然李公之械去也，吴人痛之，通国狂奔；而蒋之械也，苏人欢喜。盖蒋年少性刚，当镇江败，其在吴中，一夕数惊，恐城民为变，欲屠之。已将发矣，按君马公、部台某公力保其无他，然后仅免。当时苏人为几上肉者，几希矣，故民积愤。而其在镇江，兵士不无纵掠，无德江南。然是时列郡，望风迎溃，重臣各有思授款者，独蒋公倔强不从，卒能保此半壁。不然，一随脚根，百城势解，后来事机反覆，江南之民皆陷，中朝出片纸，草剃而禽狝之，岂有遗类哉？故蒋虽怨毒在人，不可不思此一番气力也。闻其操抚时，贤名噪人耳，以其受事新，未究厥施，而又不幸，遘兹阳九，卒遭祸去，人固不可无遇哉！

吾镇建纛袁公，里人控之直指，直指疏于朝。民日夕望其严谴，而适以金陵告急，遂提兵去。后闻有该部从重议处之旨，佥谓不复来矣。未几，兵兴事已，复提兵至镇，里人不寒而栗，恐其为报复计也。果于八月二十日，到镇统兵千人，排门打入，每家四五人，或八九人，呼酒索肉，供亿下者破产，上者亦捐橐。至九月中旬，而始稍稍分汛去，存者亦自备供餐。三十日之中，民弹指饮泣，日坐针毡，几不欲生矣。然不能寻主名报复，不过概行荼毒，于是陆生数十人各醵金为公宴，与之绸缪杯酒，而袁亦张筵酬答，稍调停得安。而枢部覆疏，已谓袁诚原奉旨驻扎吴淞，何得违旨离汛，攘占民居，招引劫盗。拟著该抚提问迫拟具奏。是时抚公新被逮，代者虚无人，袁公犹得招摆徙倚，但鼓吹放炮，以渐裁去，萧萧冷署而已。无几，而署篆者李公廷栋，即总镇梁公部曲，从海外来代，至沙溪，凡袁羽仪卤簿及帐下健儿，俱迎事新帅。袁一兜子蹩躠道中，几如故将军为醉尉所呵。至交代日，跪上印绶，服故衣，泪下如涌。

吴下固多邪教，如大成、圆果之类，各立门墙，以十数计，专以吃菜事魔惑人。一入其党，终身不敢毁，或聚说法，或立坛宣咒，乡愚狐行鼠伏，晨出夜归。而一二黠者，为之号召，一呼百应，裹粮以从，识者久知其有揭竿之变。顺治庚子夏，湖寇蠢动，其党潜与相应，糗粮衣甲之属，皆备具矣。乃草一檄文，以大板书之，数十人潜舁至府学前屹立，其大旨无非假名义帝之类。见者哄然，思迹捕之，而其党即扁舟至穹窿足下，大张筵会，优舞杂沓，山民疑焉，踪迹追捕，得其渠魁几人，攀染株及，几遍东南。府县承风追缉，穷村荒落，虽家无担石，亦必饱索金钱去。至姓名在籍者，则合门围捉，罄扫而后已。是役也（疑有脱误）应小创，而蚩蚩之民，不详厥故，谓吾茹素，曾何预县官事，愚可哀已！

吴下钱粮拖欠，莫如练川，一青衿寄籍其间，即终身无半镪入县官者，至甲科孝廉之属，其所饱更不可胜计。以故数郡之内，闻风猬至，大僚以及诸生，纷纷寄冒，正供之欠数十万。会天子震怒，特差满官一员，至练川勘实。既至，危坐署中，不动声色，但阴取其名籍，造册以报。时人人惴恐，而又无少间可以窜易也，既报成事，奉旨即按籍追擒，凡欠百金以上者，一百七十余人，绅衿俱在其中。其百金以下者，则千计，时抚臣欲发兵擒缉。而苏松道王公纪止之，单车至练川，坐明伦堂，诸生不知其故，以次进见。既集，逐一呼名，叉手就缚，无得脱者。皆银铛锁系，两隶押之至郡，悉送狱，而大僚则系之西察院公署，此所谓一百七十余人也。其余犹未追录，原旨械送都下，抚臣令其速行清纳，代为入告，即于本处发落，于是旬日之间，完者十万。犹有八千余金，人户已绝，无从追索，抚臣仍欲械送，道臣王公及好义乡绅各捐金补偿，乃止。然额课虽完，例必褫革，视原欠之多寡，责几十。枷几月，以为等杀，今犹未从决遣也。独吾友王惟夏，实系他人影立姓名在籍中。事既发，控之当道，许之题疏昭雪，惟夏亦谓免于大狱。不意廷议以影冒未可即信，必欲两造到都合鞫，于是同日捕至府，后其余免械送，惟夏独行。

郡中有王其长（发），孝廉王贞明子，吾友章素文之妹丈也。能书画，别骨董，为人通脱，与余一见为莫逆盟，夹辅素文功最多，然性豪奢不检。丁酉，吴兴沈相国之孙以科场事发，且有首其逆谋通海寇者，起大狱。其家仓皇无计，以数万付其长，令其走江宁，为之道地。其长既得数万金，招摇于路。至江宁，即制衣饰数十箱，万金归寄群妾，身卧红罗帐中，恣为浪费，而又故持其金，不肯上下行嘱。于是逻者得焉，突入其邸，将数万金疾卷去而牵之就狱。既入狱，逡巡论报，竟斩于市。呜呼！园池邸第，家擅金阊，罗绮钗钿，美姬四五，而又遨游声气，衣冠流水，亦为得志，奈何怀璧走险，能不凭吊痛之！

辛丑正月，大行既宾天，哀诏至吴。吴县令任某者，素贪秽，郡人恶之，至是复以漕米遍粜易金，以饱抚臣朱国治，于是郡人大哗。而诏适至，吴诸臣哭临，郡诸生数百人，环聚于龙驭之前，愬县令不法状。抚臣愕然大惊，而又阴触其讳，遂唱言此谋逆者，即以银铛系诸生，闭之狱，具疏于朝，特敕大臣勘状。勘臣至江宁，诸生十八人皆械讯，箠数十，夹几棍，幽系牢中，狱就，骈斩于市。而郡绅顾松交（予咸）素与抚臣议左，抚臣心衔之。诸生之变起，抚臣始亦欲松交为调人。松交不应，于是愿得而甘心。既具疏，勘臣至，逼诸生，并牵染松交，亦即逮至江宁，同闭狱，去不死无间矣。松交好友张无近为之行金上下，捐数万金与四辅，特批免绞，并免革职，得不死，而诸生斩。未斩之先，抚臣在江宁，一夕驰归，郡守余公（名廉徵，浙江遂安人）午入议事，阴谕之。至晚，同郡倅领骑四出，将十八人，及顾家，一一抄没，男女啼号奔走，即逾墙越河者，缚之无一免，而财尽入官，舆皂及诸上官，各累累挟归。质明，将诸人送狱，黄童白发，啼哭满路，后皆流上阳堡。

诸生有金圣叹者，有逸才，批七才子书，一

时纸贵（《西厢》《水浒》《左传》《史记》《离骚》《楞严》《唐诗》）。是变，为哭庙文，亦入狱，同日斩。

己亥，海师至京口，金坛诸搢绅有阴为款者。事既定，同袍相讦发，遂罗织绅衿数十人。抚臣请于朝，亦同发勘臣就讯，既抵，五毒备至，后骈斩，妻子发上阳。又昔年所获大成、圆果诸教，至是狱定，亦磔于江宁，所谓江南十案者也，共得数百人，同于辛丑七月，决于江宁市，血流成河，无不酸鼻。

吴下钱粮一案，练川之狱，得千余人，其前就缉一百七十人，以恩赦免提，余俱革去衣顶，照例处分。乃抚臣更立奏销法，岁终，将绅衿所欠造册申朝。时吴中士子未谙国法，有实欠未免者；有完而总书未经注销者；有实未欠粮，而为他人影冒立户者；有本邑无欠，而他邑为人冒欠者；有十分完全，总书以织怨，反造十分全欠者，千端万绪，不可枚举。苏、松、常、镇四郡，并溧阳一县，绅士共得三千七百人，既达于朝，部臣议覆，吏部先议：绅既食禄，不当抗粮，现任降二级调用，在籍者提解来京，送刑部从重议处；已故者提家人，其革职废绅则照民例，于本处该抚发落。吾州在籍诸绅，如吴梅邨、王端士、吴宁周、黄庭表、浦圣卿、曹祖来、吴元祐、王子彦，俱拟提解刑部，其余不能悉记。时诸生惴惴恐，乃礼臣议覆，俱革去衣顶，照依户部所定则例处分。但先有旨，于旨前完者，免解刑部，余则否，于是总计续报完清者得万人，其未续报得八百人。八百人中，吾州三人，一为陶师侃，一为陈昌祚，一为凌稽。师侃春初以人命系狱，已问辟矣，昌祚则两试劣等，已褫青衿，皆于功名事不问，竟不续报。而凌揩者，误凌稽也，欠册误“揩”为“稽”，后续报仍书“揩”，抚军驳云：“原册无名。”于是完不报完，而凌稽姓名，实在欠册，于是下州捕逮三人。而有凌玑者，与“稽”同音，即指“玑”为“稽”，然玑实已报完，有册可验，不能混。稽之即为凌揩，人共知为两人，各至州庭辩鞫，各费千金，而不能脱。

绅士当解刑部，可数百，吾郡顾（兼山）贽、顾（松交）予咸、沈（韩世）奕辈，极力营干，遂得免解。

抚臣朱国治，既以钱粮兴大狱，株连绅衿万余，又杀吴郡诸生一二十人，知外人怨之入骨，适以丁忧罢。故事：隶旗下者，例不丁忧，守丧二十七日，即出视事。公守丧毕，具疏请进止，朝议许其终制，另推新抚韩公世琦。尚未莅任，朱恐吴人为变，仓猝离任，轻舟遁去，吴中为幸。朝议以大臣擅离汛地，拟降五级，而严旨切责，革职为民。

后于康熙十一二年，复抚滇中。值吴三桂变，提去开膛枭示。

弘光之后，为隆武，为永历，南走滇黔，已而更入缅甸。我兵持之数年，于顺治十八年辛丑十二月，平西王吴三桂，以兵临之缅甸，戮其一门，献俘军前。大将李定国奔入景线，巩昌王白文选亦以所部降，明遂绝。

娄东鼎盛，无如琅琊、太原。琅琊自王倬起家少司马，子忬亦少司马，被法。忬子世贞、世懋，一为南司寇，一为南奉常。世贞子士骐，为铨曹主事，四代甲科。士骐子庆常，则习为侈汰，恣声色，先世业荡尽无余。子最繁，号圆照，名鉴者，袭荫为廉州太守，精绘事，粗持名检。余皆落拓无生产，有入沙门者，其季两人，为优，以歌舞自活，余亲见其登场，大为时赏，而司寇之德泽尽矣。世懋子士騄，以孝廉为宪幕，子瑞国，亦孝廉，能守家声。其子景，字明先，即以狎邪为不法，几破家，狱经年不解，受榜笞无数。摈之远郊，不列士类。其余别后（疑有脱误）如昊字惟夏，为诸生有声，亦以钱粮事受祸，而奉常之德泽亦衰矣。太原自王文肃起家少保，鼎爵为学宪，文肃子衡，以廷试第二人为编修，早殁。子时敏为奉常，子最众。次子揆，举进士。然诸子家渐落，恐亦为强弩之末也。

吾镇之宿重兵，自乙未始。先是，游击防汛，自袁公以副总戎至，而兵势益张矣。袁公既被里人讦去，而继之者张公大治，系辽左人，家世从龙，先为沂州总帅，以事左转黄州副阃。复以侄督楚中，例应避，调岭北，又调至沙溪。甫至，兵艘衔尾百余，人人股栗，州官封徐氏宅建牙，颇戢御兵弁。居半载，以大总兵升任崇明，继之者王公光前，即张侄婿，向为左协副阃，镇黄浦，今调沙溪，未半载，朝遣苏、宜两大人，按行海上，以为七鸦口仅沟水耳，何烦副总戎为镇，撤去之。王调防上海，民始就枕无惊。

朱国治之抚吴也，自知吴民衔怨，旦夕防变，密疏于朝，请以郎大将军镇苏。时郎公在杭，兵二万，皆八旗精选。郎公位同王侯，未至，郡守即自娄门一带及阊门大宅，悉行封夺，每屋各粘一票，云："所封之房，即系军房，擅拆军房者斩！"居民悉行驱逐，数里内外，几无人烟。既至，未几，将军以闽中败绩，株连逮去，继者为祖大将军。祖公年少，善抚驭，其按行海上白茅，归郡，从沙溪假道，马数千骑，奄忽而至，无一人下马饮杯水者。早自白茅发，暮抵奣子，屯营几二百里，衔枚疾走。但所发人夫千余，扛抬重物，亦二百里不一停顿，时当四月。

苏、宜两大人之按行海也，以为海寇陆梁，皆由娄人潜为内应，议将沿海一带居民尽逐去，空其地，庶进无所掠，退无所藏。于是汉满两员差官，专督其事，以军法行之。吾娄近海腴地，民一夕数惊，皆废耕种以待。既见滨海之人，稠密特甚，亦有所不忍，乃驱斥崇沙几带，号令一出，民立刻迁徙，室庐一炬，老少妻孥，狂呼奔走，浮海而死于乱流者，不可胜数，数百里之地，今皆荆棘参天，狐狸虎狼，窟宅其间，林木萧条，燕巢无主，可为浩叹！

祖大将军镇吴，凡吴之为不法者，悉鬻身于其部曲，谓之投旗。既投之后，平日小嫌细忿，以片纸上之幕府，即率组练数十，以一银铛锁其人去，非破产不已。吾娄增城令王公子彦，一家奴名马留者，小有憾于其主，挈其妻去之，不知其谁适。忽一日至娄，衣鲜服整，同伴皆韐韎武装，有密报王者，率众缚之，闻之贰守，系于狱，其同伴逸去。不两日，祖大将军檄至，拘王父子，而并提贰守王公。马留于狱中立出，其承檄一武弁，骄甚，寓僧寮，责供亿百端，闭子彦于寓。三日夕，凡家人舍中，兵弁络绎搜缉，无不挈妻子遁去。子彦堂中，亦虎狼肆踞，其宅一空，于是上下行金，仅以身免，而更求要路，白之大将军，得鞫其人，还之，然王仍许以不死。其人既归，州守笞之五十，子彦系之幽室。忽一日，裂锁逸出，不知所之，恐祸未艾也。是举，子彦废金一千五百余，而受惊受辱，亦披猖极矣。同时闻风起者，不可枚举，州治之前，累累缚去者无数。有小怨在人者，恒惴惴不自保，至有大家闺妇不得意于夫，亦欲投旗，令人绝倒。

奏销提解诸人，于康熙元年五月，特奉旨：无论已到京未到京，皆释放还乡。吾娄凌播，前以诖误提者，抚臣韩公特与之具疏辩白，部臣题覆，以为凌播于三月十九日完，事在未奏前，有司何得朦混？于是总书徐来江、知州吕与兴、知府余廉徵、署兵宪者抚臣朱国治，应各议处。奉旨依议，人心一快。

郑成功鸱张海上十数年，东南半壁，以军事驿骚数千里。己亥之役，荼毒江左生灵数百万。至康熙元年五月，闻竟遂首丘，庶几海波其不扬乎？然闻其子犹在，故部曲犹存，未知终何如尔。或有为之左袒者，以为倔强差善，曰，独不见韩蕲王太清宫梦乎？残害生灵，或当得阴谴。

康熙初，童子试无得过十五人（缺）天子有意右武，而病章句之不足取用，极意裁抑，兜鍪韎韐之夫，权在文臣之上。（下缺）

常熟许文玉之室吴氏，能诗书，负倜傥不羁之才。文玉名瑶，大司成石门公之次子。壬辰进士，为关右监司，以奏销罢归。时里中有朱姓者，富豪也。适许之家人病死，有嗾之者，以为此朱所使也。于是吴氏从二百家人，至其家，风卷而缚其主，归系死者足，榜笞无数。朱之族子名元袷者，进士，哭诉于县公，挟其舆至许处，得勉强脱之归。而吴夫人恚甚，詈文玉曰：“若固无一筹耶？吾当终扼其吭耳。”于是扬扬至吴门。时祖大将军镇吴，先以名简投副都统夫人，入而握手甚欢，次日，始一牒控之祖大将军。而朱姓者，锒铛就缚，万金风尽。朱乃愬之总督郎公，复愬之京口刘大将军。吴夫人更以其间媒孽之于刘，复费万金不止矣。总督郎公之牒，下之苏松道臣，吴夫人轻舟就讯，亦不知其事若何。适虞山友人陈昆良在娄，谈其事甚悉。同时又有柳夫人者，本一娼也，博学能古文辞。大宗伯钱公以博学重海内，柳慕之，一日，扁舟来谒，遂订终身。居恒与之角艺，钱往往为之屈，才极不羁。牧斋就逮时，能戎装变服，挟一骑护之。居家则为道人装，别有一种风调。其所与狎者，一失意即能杀之如反掌，更狎他人。吴则艳妆浓裹，每遇春花秋月，从女奴十，往来山水，盘礴登眺，旗亭萧寺，挥毫染笔，观者如堵墙，色不一动。吴之学不如柳，然才名相埒，其风流跌荡，则同为天地间一异物也。吴少年事甚多，不敢笔之于书。

吴兴朱国桢，号平涵，明朝哲宗时辅臣，撰《明史》几百卷，藏于家。至顺治时，其家已落，子孙不能守，以其稿本贸之庄姓者。庄故富豪，能文墨，广聘诸名士续成之，而更布之板，其所续烈皇帝朝诸传，于我朝龙兴事有犯，诸人不察也，盛行之坊间。闻吴兴有县令挟其事，与之为难，而庄不即答，于是首之朝。天子震怒，逮系若干人，如查继佐、陆圻、范骧，皆浙中名宿，其他姻党亲戚，一字之连，一词之及，无不就捕。每逮一人，则其家男女百口，皆锒铛同缚，杭州狱中，至二千余人。妇女衣带及发，悉剪去，恐其自经，男子皆锻炼极刑，攀染及江南。书贾陆德儒亦被祸，陆方嫁女，妇女杂集，质明祸发，悉就缚。天子遣两部臣至杭亲讯，今狱犹未决。

蘖庵和尚，姓熊，讳开元，号鱼山，湖广嘉鱼人。天启乙丑进士，筮仕为崇明令，调繁吴江令。余初试童子时，见其引童子入试，年未三十，风流潇洒，入觐，拜吏科，未几，逐去。其在吴江，喜与名士游。时天如唱文社，熊公为之领袖。既罢谏官，十年不调。至崇祯巳、午间，稍稍复起为行人副使。时宜兴再召，独秉国揆，天子宠之甚。初亦收揽时誉，后渐贪婪为不法，公独抗疏，更于密室夜对。天子以庇宜兴，下诏狱拷掠，复廷杖一百，禁之狱。未一年，而宜兴奸迹大露，天子逐之归，复提至京，于古庙赐尽。人相率贺熊公，谓不日开棍出狱门矣。然天子终护前非，遣戍浙江。不几日而甲申燕都之难作，又未几而南都沦覆。公与金公正希同举义师，志图恢复。金战死，公乃削发为浮屠，栖吴郡之灵岩山。顺治乙未，募米至沙溪，颓然老僧也。未几，主席于虞山之三峰。

《明史》之狱，发难于吴之庸，后攀染无数，凡藏书者，与著书一体同罪，严旨逮捕。吴江有两生，一为潘柽章，一为吴炎，平日闭门读书，亦私著《明史》一部，藏之家，未及梓，庄允成以其同心也，列之参评。后按籍擒捕，两县令、一司理登门亲缉。一则方巾大袖以迎，一则儒巾褴衫以迎，辞气慷慨，凡子女妻妾，一一呼出，尽以付之。两县令、一司理谓："君家少子姑藏匿，何必为破卵？"两生曰："吾一门已登鬼箓，岂望覆巢完卵耶？"悉就械，而挺身至杭就讯。既见两部官，痛骂不屈，夹二棍，骂益甚。两部官蹴其齿尽落。闻两生于我朝定鼎之后，闭关不与人通，一以著书为事。其撰《明史》也，虞山钱宗伯以书三航供其纂辑。至今发未剪，亦首阳之民。其慨然以妻子尽出者，岂真铁石心哉！一腔热血，有难言者存矣。

《明史》之狱，决于康熙二年之五月二十六日。得重辟者七十人，凌迟者十八人，茅氏一门得其七，当是鹿门后人。如庄如朱，皆在数中。朱字右明，出赀四五百万助刻，故亦株连。其余绞者数人，郡伯、司理皆与焉，外皆骈首就戮。浒墅榷关使者李继白，止以买书一部，亦与祸。书贾陆德儒，及刻匠若干人，皆不免。所籍没财产，分其半于吴之庸。若范骧、陆圻、查继佐之属，皆有首在事前，得免死释归。先是，岁辛丑，吴之庸于浙之柯大将军处，发其事。有乞之于提督梁公者，梁致书于柯，事得寝。而范、陆之徒，亦即首告，谓实不与闻，而私自列名，以此为首，得免死。事既再发，柯大将军以匿逆上闻，亦牵就狱，得减死归旗为奴。提督梁公，以书一纸，亦使对簿，而大将军先期已将书纸尽行烧毁，无从质证，得不论。而中旨亦忽发，谓奸徒忌梁功高，因以诬攀，海疆多事，仍速回供职，于是梁公得安然无恙。是役也，或谓吴之庸实伪刻几叶，以成其罪，故所行之书，大有异同。于是贾人刻手，纷纷锻炼，而竟不免。一夫作难，祸及万家，惨矣哉！

康熙二年，庙堂之议，以为此宋奸臣王安石之陋辙，士子空疏不学皆坐此，黜去制义，而独用论策。向来士子束书不观，朝夕无非排比饾饤，白首其中，今一去此，士方可以读古人之书，为有用之学，此我朝第一快事也。

明季时，文社行，于是人间投刺，无不称社弟。本朝始建，盟会盛行，人间投刺，无不称盟弟者；甚而豪胥市狙，能翕张为气势者，搢绅蹑屐问讯，亦无不以盟弟自附，而狂澜真不可挽。至康熙初年，朝廷以法律驭下，严行禁革，此风遂改，于是不称同盟而称同学矣。

康熙三年，池州太守郭某者，领凭赴任，中途忽被强贼劫，家口六十余人皆歼焉，惟一妻及幼子得生，贼竟掩为己妻子矣。贼得所有之凭，即认为真太守，扬扬至任，参谒上台，政理精明，无不爱重之。但征到钱粮，久不起解，上台诘之，谓钱粮重事，吾必亲解，不能数往来，俟数足，即当赍至，如不信，遣一吏按验可也。按之，库果累累，上台极喜。未几，郭守乡亲有往探者，每一人至，则迎入潜杀之矣，无一人得出。其乡亲在家者疑之，郭守之妻兄曰："吾当往探。"既至，则舆中非郭守，大骇，即谬为行乞者，曰："吾千里流落至此，彼府署中，日逐送水，愿供此以糊口！"府中人许之，乃担水至内衙，见其妹，妹摇手使勿言。后日再进，则妹已密书一封，投之。出视，则知郭守已为盗杀，盗共三十余人在内，乃密控县官及上台。上台以为彼有三十余人，贼非可猝擒，闻其中多精操算者，乃阳谓之曰："各县钱粮未明，闻汝署中人多能事，可为我分头一算乎？"曰："可！"于是每县遣二人行，其势已孤矣，而又密告其县，各将此二人下之狱。乃以他事召伪守，至台中，即缚之，鞫之得实。其库金八万两，满十一月，即思逸去矣。郭守之一妻一子，有称自尽，有称为上台收之署中者，未知孰是。其贼由各上台会审于江宁。